民 生 政 策 研 究

王杰秀 总主编

中国未成年人监护体系研究

倪春霞　谈志林　主　编
褚晓瑛　闫晓英　副主编

中国出版集团有限公司
研究出版社

图书在版编目（CIP）数据

中国未成年人监护体系研究/倪春霞，谈志林主编
. --北京：研究出版社，2023.12
ISBN 978 - 7 - 5199 - 1612 - 1

Ⅰ.①中…　Ⅱ.①倪…②谈…　Ⅲ.①未成年人保护
法-研究-中国　Ⅳ.①D922.74

中国国家版本馆 CIP 数据核字（2023）第 234797 号

出　品　人：赵卜慧
出版统筹：丁　波
丛书策划：王杰秀　张立明
责任编辑：张立明

中国未成年人监护体系研究

ZHONGGUO WEICHENGNIANREN JIANHU TIXI YANJIU

倪春霞　谈志林　主编

研究出版社出版发行

（100006　北京市东城区灯市口大街 100 号华腾商务楼）
北京中科印刷有限公司印刷　新华书店经销
2024 年 1 月第 1 版　2024 年 1 月第 1 次印刷
开本：710 毫米×1000 毫米　1/16　印张：17.75
字数：294 千字
ISBN 978 - 7 - 5199 - 1612 - 1　定价：68.00 元
电话：（010）64217619　64217612（发行部）

前　言

　　儿童是国家的未来，民族的希望。儿童的幸福成长，需要来自家庭、社会和国家全方位的关爱保护。未成年人监护是父母或者其他监护人针对未成年人民事行为能力不足所进行的补充、代理，以及对其人身、财产和其他合法权益所实行的监督、保护。父母或者其他监护人正确履行监护责任是确保未成年人健康成长、全面发展的法定职责和当然义务。未成年人监护构成未成年人保护的基础性、支柱性内容，也是儿童工作的关键环节和重要领域。

　　习近平总书记指出，"当代中国少年儿童既是实现第一个百年奋斗目标的经历者、见证者，更是实现第二个百年奋斗目标、建设社会主义现代化强国的生力军""全社会都要了解少年儿童、尊重少年儿童、关心少年儿童、服务少年儿童，为少年儿童提供良好社会环境"。党的二十大报告提出，"促进物的全面丰富和人的全面发展""深入实施人才强国战略""增进民生福祉，提高人民生活品质""保障妇女儿童合法权益""优化人口发展战略，建立生育支持政策体系，降低生育、养育、教育成本"。这些重要指示、重大论断和战略部署为我们全面理解未成年人监护在促进人的全面发展和加强儿童工作中的地位意义，深刻认识未成年人监护在实现人才强国战略和谋求中华民族伟大复兴中的历史使命，准确把握开展未成年人监护工作所应秉持的原则理念，提供了根本遵循。

　　未成年人监护既是家事，也是国事。未成年人监护制度的建立有利于推动家庭、社会和国家三大责任主体形成工作合力，为强化家庭及父母的责任感提供价值指引，为推进社会和政府的有效介入提供规范保障。1986年4月12日第六届全国人民代表大会第四次会议通过的《中华人民共和国民法通则》，首次引入监护制度，由此确立关于我国未成年人监护制度的立法思路和基本框架。党的十八大以来，党和政府在未成年人监护工作上采取积极措施，有效应对未成年人监护方面的新挑战、新问题，通过完善立法、完备政策和创新机制，在整体搭建、快速发展、重点突破等方面取得可喜成就。

法律支撑和制度内容不断完善。《中华人民共和国民法典》的颁布施行和《中华人民共和国未成年人保护法》的修订施行，标志着我国未成年人监护制度在实体法上有了重大进展。《民法典》在临时监护、单位监护人、临时生活照料、监护人资格撤销与恢复等方面作出制度安排。《未成年人保护法》以相关补足规定对《民法典》中关于未成年人监护的内容进行丰富和完善，将监护职责具体化并赋予民政部门实施兜底监护的法定职责，以临时监护和长期监护的主要形式对家庭监护进行补充和替代。加上相关法律法规、司法解释和规范性文件的铺陈，政策供给持续加强，具有中国特色的未成年人监护法律体系基本成型。

保障水平和服务质量显著提高。针对家庭监护进行适度规制和良性干预，重点依托强制报告、应急处置、评估帮扶、监护干预等救助保护机制，加强家庭监护指导帮助，完善家庭监护支持政策，推进家庭监护监督工作，依法处置监护人侵害未成年人权益行为，表达国家立场，突破家庭壁垒。在幼有所育和弱有所扶等方面制定国家基本公共服务标准，强化儿童福利资源的制度化供给。关于孤儿、艾滋病病毒感染儿童、流浪儿童、农村留守儿童、困境儿童、事实无人抚养儿童和因突发事件影响造成监护缺失儿童的救助保障政策，既是国家针对这些儿童群体的特殊关爱和福利体现，也是国家监护在广义解释上的直接实现。

多元化的监护服务支持体系已成规模。学校、儿童福利机构、未成年人救助保护机构、社会组织等机构资源，以及教师、医生、社会工作者、儿童督导员、儿童主任、志愿者等人力资源，各种要素纷纷被调动和激活。强制报告的社会发现机制以及监护干预的社会承载机制不断优化升级，依托社会力量的规模优势和专业优势，监护监督、监护支持等监护干预工作的专业性不断提升，服务重心不断下移。

未成年人保护工作协调机制相继建立。监护个案会商制度、部门间工作协调机制及联动响应机制等制度细节和工作内容不断充实，实现部门优势的系统集成，减少"责任稀释"现象发生。通过政策制定、动员社会力量参与、推动个案合作等方式聚焦未成年人监护工作，实现同频共振和精准解题。

我国未成年人监护体系的构建与演进，既是我国经济发展和社会文明进步的内在要求和外在显现，也是新时代维护和实现未成年人生存权、发展权、受保护权、参与权的基石和前提，成为对最有利于未成年人原则的深入诠释和有力践行。全面开启第二个百年奋斗目标，立足于中华民族伟大复兴的千秋伟业，推进和健全以家庭监护为基础、社会监护为补充、国家监护为兜底的未成年人监护制度建设，是新时代儿童工作的题中之义，具有现实价值和深远影响。

为了科学把握未成年人监护体系的总体特征和已有成就，梳理监护体系发展的规律性认识和域外经验启示，查找监护体系存在的不足，发现盲点、解决难点和疏解堵点，以便更好地服务于未成年人监护工作开展，民政部政策研究中心、中国儿童福利和收养中心就此展开课题研究并精心完成《中国未成年人监护体系研究》的报告撰写和整理出版工作。《中国未成年人监护体系研究》得以成书，是两家单位通力合作的成果。全书共分为七章：第一章为《未成年人监护体系的整体性认知：形势、现状与研究》，第二章为《中国未成年人监护内涵外延》，第三章为《未成年人监护体系中的责任主体》，第四章为《中国未成年人监护工作机制》，第五章为《典型大陆和英美法系国家未成年人监护体系介绍》，第六章为《港澳台地区未成年人监护体系概述》，第七章为《完善未成年人监护体系对策建议》。主要通过文本整理、实践检视、经验引介和路径选择等工作，从实然和应然层面对我国的未成年人监护体系进行剖析和探讨，解析所涉及的法律概念和法律关系，剖解所关联的政策安排和制度设计，厘清家庭、社会、国家的责任边界和互动模式，呈现实践现状，总结先进经验，在理念倡导、制度建设、机制创新、资源支持和组织保障等方面就进一步完善未成年人监护体系提出优化方案。

学无止境，研无止境，行无止境，我们谨以此自勉，将继续把加强监护体系系统研究和深入学习贯彻党的二十大精神结合起来，立足实际、面向前沿、力求原创，形成更多研究成果，为促进我国未成年人监护工作不断进步提供更好更全的政策建议和决策参考。

目　录

第一章　未成年人监护体系的整体性认知：形势、现状与研究

李超群　刘根盈①

我国未成年人监护体系的治理格局极为宏大，关联家庭、社会和国家三方责任主体，涉及多达 2.98 亿的未成年人②。对于这一体系的探究与重构，首先应该在把握新时代要求、梳理现实图景和明确研究脉络三个方面加强整体性认知。

一、未成年人监护体系构建的形势要求

我国未成年人监护体系已经基本建立，并因应社会经济文化的全面进步、国家治理体系和治理能力现代化的快速推进而不断健全。与此同时，社会价值观念的多元化、人口流动的规模化、家庭结构的小型化、家族内部关系的松散化，以及父母或者其他监护人、社会、国家对未成年人养育成果有了更高的预期和要求，一方面给未成年人监护带来新的困难和挑战，另一方面对未成年人监护体系提出更高的构建要求。未成年人监护体系的构建需要坚持系统思维，结合时代的发展与现实的衍变进一步完善提升。

（一）对监护愿望和需求及时回应与满足是应有之义

针对未成年人民事行为能力不足进行补充和代理，强调父母对未成年子女

---

① 李超群，中国儿童福利和收养中心儿童福利部职员，研究方向为儿童福利与未成年人保护，邮箱为 lcq@ cccwa. cn；刘根盈，中国儿童福利和收养中心儿童福利部副主任，研究方向为儿童福利与未成年人保护。

② 《国新办〈中国妇女发展纲要〉（2021-2030 年）〈中国儿童发展纲要〉（2021-2030 年）发布会图文实录》，载中国妇女网 http：//www. cnwomen. com. cn/2021/09/30/99232804. html，最后访问日期：2022 年 11 月 16 日。

负有抚养、教育和保护义务，实现对未成年人人身权利、财产权利以及其他合法权益的保护和维护，是建立未成年人监护体系的初衷和基础。社会经济文化的发展进步给人们带来了更为充沛的物质资源，也带动了更多方面的意识觉醒。在物质条件和主观意愿都具备的情况下，未成年人及其父母或者其他监护人已经并将不断产生诸如财产权益保护、科学教养未成年人、全面促进未成年人发展、防治未成年人严重不良行为等更为多元、迫切的监护愿望和需求。只有对这些现实的监护愿望和需求及时加以识别、捕捉和归纳分析，相应加强对未成年人监护体系有关要素的补充和调整，并做好与社会保障和公共服务的有效衔接，才能使不同类型、不同层面的监护愿望和需求持续得到回应和满足。唯其如此，未成年人监护体系存在的合理性、有效性和可持续性才能不断更新并长久保持。

（二）与未成年人保护体系建设融合推进是应作之为

未成年人监护是未成年人保护的子系统和基础性、支柱性内容，未成年人保护是未成年人监护的坚强后盾和力量来源。《中华人民共和国未成年人保护法》对未成年人的父母或者其他监护人进行正确引导和全面规范，不仅在家庭保护专章中对履行监护职责的积极行为、禁止行为作出明确规定，侧重家庭内部的自主构建，还在学校保护、社会保护、网络保护、政府保护和司法保护各章中分别融入国家在指导、支持、帮助和监督未成年人的父母或者其他监护人履行监护职责方面所采取的措施，强调由外而内的立体推动。未成年人监护体系的构建必须抓住《未成年人保护法》最新修订并施行、"六大保护体系"建立健全的契机，在融合式推进和发展中对未成年人监护体系的结构和要素进行合理优化，顺应公法化社会化趋势，将国家公权力引入监护领域，对父母与子女之间的身份关系进行适度规制和良性干预。唯其如此，未成年人监护体系才能跟上未成年人保护体系建设的步伐，携手推动未成年人各项权益的最大化实现。

（三）为人才强国战略深入实施奠定基础是应尽之责

国家的发展和强盛离不开人才。国民经济和社会发展第十四个五年规划和2035年远景目标纲要提出，到2035年建成人才强国，为此需要培养造就高水平人才队伍。然而，当前我国人口出生率处于1978年以来历史最低位并呈现进一步下滑趋势，人口老龄化问题亦不断加剧。一边是对人才要求的不断提高，另一边是作为人才后备力量的未成年人底数的大概率减少，两相拉锯加大了人才战略的实施难度。基于这一现实，同时根据党的二十大报告作出的关于"优化人口发展战略，建立生育支持政策体系，降低生育、养育、教育成本"的重要部署，完善未成年人监护体系必须将人才战略、人口发展战略考虑进去，在未成年人监护同人口再生产、人才培养之间建立紧密联系，充分发挥家庭监护支持政策对生育意愿的正向激励作用，进一步研究出台强化家庭监护支持的利好政策，同时调整优化关于加强家庭监护指导帮助和监督干预的执行策略和推进措施，尽量为未成年人的成长成才提供更为均等、充足的条件和机会，从而整体提升未成年人监护工作水平，促进未成年人全面发展，逐步完善人口梯次构成和人才战略布局。唯其如此，才能为人才强国战略的深入实施奠定基础，助力国家人才强国目标的最终实现。

二、未成年人监护面临的难题

加强对我国未成年人监护体系的研究，推动构建更为理想的未成年人监护工作机制闭环，必须透彻审视未成年人监护的多维面向，以问题为导向，聚焦实践困境，寻求解决方案。本章通过收集整理近三年来民政部、教育部关于全国人大代表、政协委员建议提案的答复，以及最高法、最高检、全国妇联等单位发布的典型案（事）例，将其作为观察切口，重点对未成年人监护面临的难题进行探查，并对未成年人监护问题的治理思路和监护案（事）例的群像特征进行总结。

（一）家庭监护存在功能缺位或实现障碍问题

家庭是未成年人生活成长的基础性环境。随着社会结构变迁和城市化进程的加速，家庭结构发生深刻改变，家庭获取社会资源的能力和结果出现明显分化。这些现实因素和未成年人的父母或者其他监护人所存在的儿童权利观念薄弱、监护意识不足等错误认知交相作用，导致在部分家庭中出现监护功能缺位或者实现障碍问题。

1. 家庭监护存在功能缺位或实现障碍的主要情形

在坚持最有利于未成年人原则的语境下，监护更多地体现为未成年人的父母或者其他监护人依法对未成年人承担监护职责，即监护的义务属性。《未成年人保护法》第十六条和十七条分别规定了未成年人的父母或者其他监护人应当履行的监护职责和不得实施的行为，形同履行监护职责的正面清单和负面清单。若对这些应为义务和禁行事项进行归并，未成年人的父母或者其他监护人因未尽到或者未善尽监护职责致使家庭监护出现功能缺位或实现障碍的情形，大致可分为监护无力、监护缺失、监护不当和监护侵害四类。

监护无力是指未成年人的父母或者其他监护人因自身能力不足、家庭条件限制、未成年人情况特殊等原因，不能有效满足未成年人成长需要的监护情形。具体包括：（1）因未成年人的父母或者其他监护人经济困难、照护能力不足等导致未成年人面临生活、就医、就学困难的；（2）残疾未成年人在康复、照料、护理和社会融入等方面存在特殊需要，未成年人的父母或者其他监护人无力满足的；（3）未成年人的父母或者其他监护人均外出务工或一方外出务工另一方无监护能力的；（4）因其他相关原因导致未成年人的父母或者其他监护人不能有效满足未成年人成长需要的。

监护缺失是指未成年人的父母或者其他监护人因客观条件或不可抗力所致不能正常履行监护职责的监护情形。具体包括：（1）双方均因重残、重病、服刑在押、强制隔离戒毒、被执行其他限制人身自由的措施、失联、被遣送（驱逐）出境等原因，无法履行监护职责的；（2）一方死亡或失踪，另一方因重残、重病、服刑在押、强制隔离戒毒、被执行其他限制人身自由的措施、失联、被遣送（驱逐）出境等原因，无法履行监护职责的；（3）受突发事件影响而接受治疗、被隔离医学观察等，或因参与突发事件应对工作，暂时不能履行监护职责的；（4）因其他相关原因导致未成年人的父母或者其他监护人不能正常履行监护职责的。

监护不当是指未成年人的父母或者其他监护人采取不恰当的照料、教育和管束方式，伤害到未成年人合法权益但尚未达到严重危害其身心健康程度的监护情形。具体包括：（1）使未成年人目睹婚姻或者家庭暴力的；（2）放任、唆使未成年人吸烟（含电子烟）、饮酒、赌博、欺凌他人的；（3）放任或者迫使应当接受义务教育的未成年人失学、辍学的；（4）放任未成年人沉迷网络，接触危害或者可能影响其身心健康的图书、报刊、电影、广播电视节目、音像制品、电子出版物和网络信息等的；（5）放任未成年人进入营业性娱乐场所、酒吧、互联网上网服务营业场所等不适宜未成年人活动的场所的；（6）允许或者迫使未成年人从事国家规定以外的劳动的；（7）不顾未成年人的利益，随意处分、侵吞其财产的；（8）未采取适当安全措施导致未成年人处于危险境地但未造成严重后果的；（9）把未成年人交由不符合法律规定条件的人员代为照护的；（10）采取辱骂、贬损等手段侮辱未成年人人格尊严的；（11）未成年人的父母或者其他监护人存在其他伤害未成年人合法权益行为的。

监护侵害是指未成年人的父母或者其他监护人严重危害未成年人身心健康的监护情形。具体包括：（1）性侵害、出卖、遗弃、虐待、暴力伤害未成年人的；（2）放任、教唆、利用未成年人实施违法犯罪行为的；（3）胁迫、诱骗、利用未成年人乞讨的；（4）拒绝或者怠于履行监护职责导致未成年人处于危困状态的；（5）未成年人的父母或者其他监护人存在其他严重危害未成年人身心健康行为的。

2. 家庭监护存在功能缺位或实现障碍的不利影响

未成年人权利主体地位的非平等性、权利实现的不自主性、权利的易受侵害性①等种种不利因素，在一定条件下，会在监护无力、监护缺失、监护不当和监护侵害的复杂情境中被不断放大加重，导致未成年人无法获得妥善的监护照料甚至遭到各种伤害。2020 年，在"部分省市办理的涉未成年人案件中，近一半的涉案未成年人未与父母共同生活、脱离家庭监护，近 80%的案件存在父母或者其他监护人放任、打骂体罚等家庭教育方式不当问题"②。

监护无力、监护缺失和监护不当意味着家庭监护在抚养、教育和保护方面存在功能障碍。受此影响而暴露于多重不利环境或风险之中的未成年人主要包括农村留守儿童、困境儿童、事实无人抚养儿童、因突发事件影响造成监护缺失儿童等。其群体数量巨大、劣势叠加明显，构成监护体系完善的较大破口，也是强制报告、应急处置、评估帮扶和监护干预救助保护机制的重点工作对象。在 2020 年性侵害未成年人犯罪被害人之中，单亲家庭、隔代监护、留守儿童占比超过 20%③。2021 年检察机关起诉侵害农村留守儿童犯罪人数为

---

① 参见宋英辉、苑宁宁：《中华人民共和国未成年人保护法释义》，中国法制出版社 2020 年版，第 55 页。

② 《强化家庭教育指导和帮助 切实维护未成年人合法权益 最高检全国妇联中国关工委有关负责人就〈关于在办理涉未成年人案件中全面开展家庭教育指导工作的意见〉答记者问》，载中华人民共和国最高人民检察院官网 https：//www.spp.gov.cn/xwfbh/wsfbt/202107/t20210710_523411.shtml#3，最后访问日期：2022 年 11 月 16 日。

③ 《强化家庭教育指导和帮助 切实维护未成年人合法权益 最高检全国妇联中国关工委有关负责人就〈关于在办理涉未成年人案件中全面开展家庭教育指导工作的意见答记者问〉》，载中华人民共和国最高人民检察院官网 https：//www.spp.gov.cn/xwfbh/wsfbt/202107/t20210710_523411.shtml#3，最后访问日期：2022 年 11 月 16 日。

2599 人，占侵害未成年人犯罪人数的 4.29%[1]。以农村留守儿童数量 644 万[2]、未成年人数量 2.98 亿来推算，大致得出农村留守儿童数量占全部未成年人的 2.16%，4.29% 约为 2.16% 的两倍，明显畸高。

农村留守儿童、困境儿童、事实无人抚养儿童、因突发事件影响造成监护缺失儿童，面临生存困境或者监护困境。在物质、心理、社会（社会交往及社会适应）等方面可能需要承担远高于其他儿童群体的成长风险，尤其是在心理素质、性格塑造和学业表现等方面存在显著的群体差异，更易出现心理、性格与行为方面的偏差。以农村留守儿童和非留守儿童为例，刘正奎、赵喜明、王佳舟、陈雅茹、赖洪桂在《我国农村地区儿童心理健康状况调查（2022）》一文中根据实证检验结果指出，"与非留守儿童相比，留守儿童的抑郁倾向性高，生活满意度低、心理韧性发展不足且社会支持少"[3]，两类儿童之间具有的明显的群体分化现象。在调查样本中，有 28.8% 的农村儿童为留守儿童，接近三成[4]。留守儿童的主要照料人依次是奶奶（69.7%）、爷爷（47.5%）、妈妈（22.6%）、爸爸（17.6%），非留守儿童的主要照料人依次是妈妈（94.6%）、爸爸（62.2%）[5]。父母作用的弱化和祖辈功能的补偿是两类儿童的典型区别，在异地分离、成员拆分式的家庭抚育关系中，为应对父母角色的缺席，一般会以祖父母的替代补位为基本形式实现家庭内部责任的重组。家庭功能弱化、父母支持减弱以及其他主体的补偿不足（年龄大、身体差、文化低，仅能提供浅层关怀），家庭问题、监护问题便会传导转化为持续性的儿童问题，影响当下及后续的人格塑造、心理健康和社会适应，甚至出现劣势或偏差的代际传递。

监护侵害意味着家庭监护功能的失效。以虐待、遗弃、性侵等为代表

---

[1] 《未成年人检察工作白皮书（2021）》，载中华人民共和国最高人民检察院官网 https：//www. spp. gov. cn/spp/xwfbh/wsfbt/202206/t20220601_ 558766. shtml#2，最后访问日期：2022 年 11 月 16 日。

[2] 参见杨剑、李晨、魏泰松：《2019 年中国儿童福利工作发展状况分析》，载苑立新主编：《中国儿童发展报告（2020）》，社会科学文献出版社 2020 年版，第 94 页。"截至 2019 年底，全国农村留守儿童数量进一步下降到 644 万名。"

[3] 参见刘正奎、赵喜明、王佳舟、陈雅茹、赖洪桂：《我国农村地区儿童心理健康状况调查（2022）》，载中国儿童福利和收养中心主编：《中国未成年人保护发展报告蓝皮书（2022）》，中国社会出版社 2022 年版，第 284 页。

[4] 同上，第 289 页。

[5] 同上，第 290 页。

的监护人侵害未成年人权益行为（以下简称监护侵害行为）冲击社会道德和心理底线，相关事件具有社会关注度高、问题容忍度低的特点。在最高法、最高检、全国妇联等单位近三年来发布的关于未成年人保护的优秀案例、典型案（事）例和十大案例中，共有 19 例涉及监护侵害情形（见表 1）。

表 1　监护侵害案例一览表

序号	标题	监护人罪名	侵害细节	备注
1	医务人员履行报告职责 有力揭露侵害未成年人犯罪	故意伤害罪	抽打、罚跪、浇冷水等方式体罚	儿童死亡
2	及时干预救助 依法严惩监护侵害案件	猥亵儿童罪	养父猥亵	
3	依法惩治遗弃犯罪司法救助温暖困境儿童	遗弃罪	遗弃、殴打	
4	朱某某、徐某某虐待案——引导树立科学教育观念，源头预防家庭暴力犯罪	虐待罪	两次使用棍棒、鱼竿支架击打左小腿	
5	陈某甲过失致人死亡案——强化基层组织强制报告责任靠前保护未成年人	过失致人死亡罪	强制喂饭，异常养育行为	儿童死亡
6	胡某某虐待案	虐待罪	责骂、殴打	儿童死亡
7	林某虐待子女被撤销监护人资格案——全国首例撤销监护人资格判决		用菜刀划伤后背、双臂，长期虐待	撤销监护人资格
8	胡某诉张某变更抚养关系案——全国第一道未成年人"人身安全保护令"		殴打、谩骂、限制人身自由	

序号	标题	监护人罪名	侵害细节	备注
9	江某诉钟某变更抚养关系案——依法保障未成年人的受教育权		拒绝前夫与儿子相见,剥夺受教育权	
10	医务人员履行强制报告职责,有力揭露侵害未成年人犯罪	故意伤害罪	殴打	撤销监护人资格
11	入户排查救女童 检察监督惩恶父——福建司法机关依法严惩郑某某强奸养女案	强奸罪	养父强奸	撤销监护人资格
12	学校报告履行义务 保护令及时护平安——河北田某某母子三人人身安全保护令和学校发现报告案		殴打、恐吓	
13	夫妻缘尽义务在 儿童代表勇发声——上海李某诉沈某某离婚纠纷创设"儿童权益代表人"制度案		双方均拒绝单独抚养	
14	虐待养女枉人母 监护侵权依法办——北京检察机关支持民政局申请撤销刘某某监护人资格案		虐待,未尽责导致养女被性侵	撤销监护人资格
15	生而不养法不容 撤销资格尽义务——江苏撤销监护人资格后支付抚养费案		拒不履行监护抚养义务	撤销监护人资格

续表

序号	标题	监护人罪名	侵害细节	备注
16	支持起诉 协同救助 建立监护侵害案件一体化办案保护机制	遗弃罪	遗弃	撤销监护人资格
17	幼童遭遗弃 检察官助力团圆梦	遗弃罪	父亲四年未露面	
18	梅河口市儿童福利院与张某柔申请撤销监护人资格案	遗弃罪	遗弃	撤销监护人资格
19	张某某与张某申请撤销监护人资格案——法院依法撤销并重新指定监护人，让失管儿童重获安定生活		连续多日无人照料，母亲下落不明	撤销监护人资格；继父、生父同意

　　监护侵害行为具有高危害性。在表 1 所列案例中共有 11 起构成犯罪被追究刑责，涉及故意伤害罪、猥亵儿童罪、遗弃罪、虐待罪、过失致人死亡罪、强奸罪等罪名，造成 3 名儿童死亡。查小兰在《我国家庭中"虐童"犯罪现状及对策研究——基于 49 起判决文书的分析》一文中针对被害结果的统计显示，49 起家内"虐童"案件中共计 35 名儿童直接死亡，致死率高达 71%①。监护侵害行为也具有隐蔽性强、长期化、极端化特征。封闭的家内环境和紧密的亲属关系，为监护侵害行为的发生提供了便利条件，特别是性侵害所造成的多是非可视性伤害，更是带有隐蔽性和欺骗性，由此导致相关案件发案周期长，侵害结果也趋向极端化。在表 1 所列的"及时干预救助 依法严惩监护侵害案件"② 中，养父的猥亵行为从 2018 年暑期开始，直到 2019 年 5 月 9 日被害人向老师求助才被发现。在"入户排查救女童 检察监督惩恶父——福建司

――――――――――

　　① 参见查小兰：《我国家庭中"虐童"犯罪现状及对策研究——基于 49 起判决文书的分析》，载《青少年学刊》2020 年第 5 期，第 37—38 页。

　　② 该案出自 2020 年 5 月 29 日最高检发布的侵害未成年人案件强制报告典型案例。基本案情为 2007 年，李某某夫妇因婚后常年无子女，领养一名出生不久的女婴李某甲。2019 年 5 月 9 日，就读于浙江省桐庐县某小学的李某甲（女，12 岁）向其班主任老师求助，称其养父李某某从 2018 年暑假开始，在家中多次以触摸胸部、阴部等方式对其实施猥亵。李某甲曾向养母诉说，但养母不相信，置之不理，于是向班主任老师反映。老师收到求助后，当日即依照强制报告制度要求，层报至教育主管部门，县教育局于次日向公安机关报案，并向检察机关报备，本案遂案发。

法机关依法严惩郑某某强奸养女案"① 中，养父的强奸行为从 2014 年 7 月持续至 2016 年 12 月。

查小兰针对加害动机的分析显示，以管教孩子为由对儿童实施虐待的案件最多（27 起），其他加害因由分别为家庭矛盾（9 起）、儿童非亲生（7 起）和离异（6 起）②。父母教育权利的滥用，加上以家庭矛盾、非亲生以及离异为表象的家庭结构不全、家庭功能缺失、家庭关系混乱，共同构成虐童、伤童的心理通路和环境因素。在表 1 所列的 "医务人员履行报告职责 有力揭露侵害未成年人犯罪"③ 一案中，加害人李某某与杨某某为同居关系，因发现被害人钟某某（李某某的女儿）偷玩手机而对其进行体罚，造成故意伤害。在表 1 所列的 "朱某某、徐某某虐待案——引导树立科学教育观念，源头预防家庭暴力犯罪"④ 中，被害人朱某甲是加害人朱某某与他人非婚生女儿，朱某某及其同居女友徐某某经常以家庭琐事及学习问题为由对朱某甲殴打虐待。

（二）监护监督、监护支持等监护干预工作存在短板弱项

对于家庭监护所存在的功能缺位或实现障碍问题，需要政府、社会两大外部主体突破家庭自治的限制，对家庭监护情况进行干预。加强监护干预，并不

---

① 该案出自 2019 年 11 月 28 日全国妇联发布的第三届 "依法维护妇女儿童权益十大案例"。基本案情为被告人郑某金居住于福建省漳州市某县，曾是被害人郑某某（女，案发时年龄未满 11 岁）的养父。2014 年 7 月某夜，被告人郑某金将被害人郑某某叫到二楼隔层，并与之发生性关系，此后至 2016 年 12 月间，又多次侵害，直至被害人郑某某怀孕。

② 参见查小兰：《我国家庭中 "虐童" 犯罪现状及对策研究——基于 49 起判决文书的分析》，载《青少年学刊》2020 年第 5 期，第 38 页。

③ 该案出自 2020 年 5 月 29 日最高检发布的侵害未成年人案件强制报告典型案例。基本案情为自 2019 年 11 月起，犯罪嫌疑人李某某因其女儿钟某某（女，10 岁）贪玩，常以打骂罚跪手段体罚钟某某。2020 年 2 月 6 日上午，李某某安排钟某某在家写作业。13 时许，外出回家的李某某与杨某某（与李某某系同居关系）发现钟某某在偷玩手机，二人便用抽打、罚跪、浇冷水等方式体罚钟某某，直至钟某某出现身体不支状况。后李某某、杨某某发现钟某某已出现无法下咽且有牙关紧咬的情况，李某某意识到事态严重而拨打 120 急救电话，后医生接诊时发现钟某某伤情疑似人为所致，李某某对其致伤原因有意隐瞒，遂履行强制报告职责果断报警，本案由此案发。

④ 该案出自 2021 年 10 月 25 日最高检、全国妇联、中国关工委联合发布的在办理涉未成年人案件中全面开展家庭教育指导工作典型案例。基本案情为朱某甲（女，案发时 9 周岁）系朱某某与他人非婚生之女。2018 年以来，被告人朱某某及同居女友徐某某因家庭琐事及学习问题，经常采取掐拧、抽打等方式殴打朱某甲。2019 年 10 月，朱某某先后两次使用棍棒、鱼竿支架击打朱某甲左小腿致伤，后因治疗不及时，导致伤口溃烂感染。2020 年 5 月 12 日，朱某某、徐某某因涉嫌虐待罪被江苏省连云港市赣榆区人民检察院提起公诉，后分别被判处有期徒刑十个月和六个月，均适用缓刑。

是对家庭监护的否定，而是在家庭监护出现问题时对之进行的全方位救济，是过程而非目标。由于资源投入有限、政策配套不足、监护侵害行为隐蔽等原因，监护监督、监护支持等监护干预工作存在欠缺和不足。

1. 家庭教育指导工作存在不足，需要进一步加强

家庭教育与未成年人监护有着内在的逻辑关系。开展家庭教育指导工作是巩固和强化家庭监护主体责任的必然要求，也是加强家庭监护指导帮助的重要手段和基本内容。家庭教育指导应用场景广，法律出处多，在《未成年人保护法》《中华人民共和国预防未成年人犯罪法》《中华人民共和国家庭教育促进法》中都有专门规定。通过引导、帮助和督促未成年人的父母或者其他监护人"依法带娃"，提升家庭教育能力、提高监护照料水平，对于监护无力和监护缺失是补弱固强，对于监护不当和监护侵害则是祛病除害。

涉案未成年人家庭教育指导工作是家庭教育指导工作的重要细分领域，开展涉案未成年人家庭教育指导工作具有强化监护支持和加大监护监督的双重属性。近几年来，各级检察机关对该项工作着力甚深，既有《关于在办理涉未成年人案件中全面开展家庭教育指导工作的意见》的制度成果，也有《在办理涉未成年人案件中全面开展家庭教育指导工作典型案例》的经验总结。"陈某盗窃案——构建规范化工作机制，有力解决未成年人失管问题"[1] 即为5起典型案例之一。在该案中，当地检察机关联合妇联、民政等单位和部门开展综合评估并启动家庭教育指导程序，借助数字工具实现动态监管，通过制发督促学习令确保工作成效，针对该单身母亲的家庭教育指导工作充满力度和温度。

尽管在制度建设和经验探索方面已取得不少成就，但是家庭教育指导工作仍然存在系统性、专业性和强制性不足等问题。一是家庭教育指导工作维持多部门协同管理的制度设定。"九龙治水"式的管理模式和执法体系，等于将家庭教育管理和家庭教育指导的工作分散在多个行政部门、司法机关和群团组织之中，在实际工作中可能会衍生出协调联动不畅、实施力度不足、工作整合不够等问题。二是现有工作多是面向一般大众的普适性指导服务，对于存在监护

---

[1] 该案出自2021年10月25日最高检、全国妇联、中国关工委联合发布的在办理涉未成年人案件中全面开展家庭教育指导工作典型案例。基本案情为2021年2月5日，陈某因涉嫌盗窃罪被依法逮捕，其女儿陈某甲（6周岁）因无人监护暂由当地社会福利中心临时监护。同年2月25日，陈某被浙江省杭州市萧山区人民法院以犯盗窃罪判处有期徒刑六个月。经查，陈某还于2019年6月10日因犯盗窃罪被判处有期徒刑七个月。由于陈某系未婚生育陈某甲，在其服刑期间，陈某甲被安置在福利院临时监护。

无力、监护缺失、监护不当和监护侵害等特殊情形的家庭，缺乏针对性帮扶内容，缺少赋能增效的具体措施。三是已有的法律规定多属于倡导式规范，缺少关于介入亲职过程与家庭关系的程序化权限、组合性工具和操作性指引，没有为推动家庭教育指导工作落地和确保工作刚性提供更多的政策支撑。四是家庭教育指导工作的开展不够充分和均衡，城乡之间优质资源不对等现象依然存在，家庭教育指导服务站点在空间分布上也有盲区死角，需要继续发力以推动实现资源辐射和服务标准在城乡、区域、人群之间的全覆盖和一体化。

2. 监护支持工作存在不足，需要进一步完善

对于监护无力和监护缺失，应着重于完善家庭监护支持政策，采取以提高家庭监护能力为目标导向的指导帮助和优待帮扶，巩固和强化家庭监护责任。在脱贫攻坚的历史背景下，针对农村留守儿童和事实无人抚养儿童的关爱保障不断凸显，一直是监护支持工作的优先对象。《国务院关于加强农村留守儿童关爱保护工作的意见》《国务院关于加强困境儿童保障工作的意见》为加强农村留守儿童关爱保护和困境儿童保障工作给出系统性的制度设计，《关于进一步健全农村留守儿童和困境儿童关爱服务体系的意见》《关于进一步加强事实无人抚养儿童保障工作的意见》《关于进一步做好事实无人抚养儿童保障有关工作的通知》为加强农村留守儿童、困境儿童和事实无人抚养儿童的关爱保障工作提供精细的政策支持。如何做好农村留守儿童、困境儿童和事实无人抚养儿童的关爱保护也一直是两会代表、委员非常重视的议题。在近三年来公开可查的民政部关于代表、委员建议提案的答复中，可以看出共有14件涉及儿童福利和未成年人保护，其中有6件是关于加强农村留守儿童关爱保护的建议提案，1件是关于加强困境儿童权益保障的提案。

儿童福利资源配置不足、基层福利服务功能存在局限以及专业优质社会力量极度欠缺，使得面向群体而非聚焦个体、重资源赋予而轻服务链接的工作模式成为必然。监护干预工作既缺乏弹性也缺少穿透力，不能及时对监护无力、监护缺失等家庭去功能化问题做出修复性、支援性处理。无法有效应对童年逆境、儿童抑郁情绪以及儿童"越轨"行为所带来的权益保障盲点和健康成长风险[1]。此

---

① 参见万国威：《我国农村儿童的权益保障现状及政策优化研究》，载中国儿童福利和收养中心主编：《中国未成年人保护发展报告蓝皮书（2022）》，中国社会出版社2022年版，第250—251页。"越轨"行为主要指违反校规的行为，包括抽烟、喝酒、旷课、沉迷网络、早恋、夜不归宿和赌博等非攻击性行为，以及打架、辱骂、起侮辱性绰号、携带刀具、攻击他人、偷拿东西和强行索要财物等攻击性行为。

外，农村留守儿童关爱保护和困境儿童保障属于地方事权，很多地方政府财力保障能力不足，在现有资金和资源的约束下，缺乏加大资金投入和进行实践创新的积极性，所开展工作也多限于完成规定动作，主要是系统数据的收集上报以及保障对象的发现和救助上，而在推动各方资源开展个案层面的合作以支持家庭提高监护能力和提供家庭监护指导等方面少有进展。如何在政策执行层面将上位规定落实落细，将已有政策资源用足用够（比如困难群众救助补助资金可用于监护支持、精神关爱等支出①），回归政策制定本意并扩大财权事权匹配力度，以便拓展服务范围和内容、创新服务方式和形态、提高服务质量和效益，一直是重大挑战。

关于农村留守儿童关爱保护、困境儿童保障和事实无人抚养儿童保障的政策设定都是以弱势关怀为原则的，福利资源的投放是定向的，总量也相对稀缺，导致在保障对象的识别环节以及资源的使用环节，如何实现精细排查、精确认定、精准保障始终成为问题。以事实无人抚养儿童保障政策为例，一是在政策执行过程中存在过于强调基本生活保障的客观倾向。督促落实监护责任和优化关爱服务机制是非常关键的政策内容，但是受制于基层儿童福利服务体系的不健全、不匹配，很多配套服务并未深入开展，在福利供给形式上，偏重于定期性的现金给付方式，而缺少其他类型的服务供给和监护支持。导致该项政策在实操中被简化为一项强化基本生活保障的经济救助政策，对于监护困境的多方关注异变为针对生存困境的单一解决。二是在政策对象的瞄准过程中出现与最有利于未成年人的政策价值理性相悖离的问题。邓锁在《事实无人抚养儿童保障政策的执行与优化研究》一文中提到"家庭监护惩罚"的悖论问题，即事实无人抚养儿童保障政策因对"失联"要件严格且机械的认定要求，造成未成年人与偶有联系的父或母彻底失去联系以得到政策回应的意外情况发生②。对于类似"爹死娘嫁人"的"实质失联"情形，母亲失联的法律性认定往往无法成立。由于祖父母或者其他替代照护人担心母亲被查找到而影响孩子的归属，申请或者起诉意愿不高，加之法院宣告或者判决较为谨慎，"通过正

---

① 《民政部对"关于进一步做好〈未成年人保护法〉贯彻工作的建议"的答复》（民函〔2021〕611号）：自2020年起，中央财政明确困难群众救助补助资金可用于农村留守儿童、困境儿童、流浪乞讨儿童的应急处置、救助帮扶、监护支持、精神关爱等未成年人社会保护支出。

② 参见邓锁：《事实无人抚养儿童保障政策的执行与优化研究》，载中国儿童福利和收养中心主编：《中国未成年人保护发展报告蓝皮书（2022）》，中国社会出版社2022年版，第398页。

式司法手段进行失联认定在实际操作中受到较大阻碍"①，造成这些儿童的"漏保"现象。尽管可以通过将其纳入特困或者低保对象的变通方式进行兜底保障，但是在保障水平（在医疗康复保障、教育资助救助等方面存在"福利落差"）、保障重点（遮蔽了监护保护的政策本意）和保障稳定性等方面有着实质性区别。

3. 监护监督工作存在不足，需要进一步推进

对于监护不当和监护侵害，应着重于推进家庭监护监督工作并依法处置监护侵害行为，及时启动针对不适格父母或者其他监护人的训诫提醒、督促帮助和撤销监护人资格等监护监督程序。对于未成年人的父母或者其他监护人履行监护情况的有效监督有赖于前端的主动发现机制以及后续的干预惩治措施，形成对监护不当和监护侵害的防治屏障。《中华人民共和国反家庭暴力法》《未成年人保护法》《关于做好家庭暴力受害人庇护救助工作的指导意见》《关于依法处理监护人侵害未成年人权益行为若干问题的意见》（以下简称《处理监护侵害的意见》）《关于建立侵害未成年人案件强制报告制度的意见（试行）》（以下简称《建立强制报告制度的意见》）等法律和规范性文件，为做好家暴受害人庇护救助和监护侵害行为处理确立了主要依据和关键制度，建立了行政保护和司法保护相衔接的完整保护路径以及以未成年人救助保护机构为中心的监护侵害治理架构。

受到社会管控机制弱化、监护侵害行为隐蔽以及家庭伦理观念包庇等多重因素的影响，监测预防、发现报告难以及时启动，调查处置、干预保护只能事后开展，很难做到早发现、早阻断和早干预，不能满足未成年人保护对于急切性和有效性的要求。一是村（居）民委员会虽然具有了解社情民意的优势，可以就近就地开展家庭监护监督工作，但是人员组成少、法律地位弱，且相关工作人员在理念、知识、技巧等方面存在欠缺。作为开展监护监督工作的主要承接力量②，村（居）民委员会在人力、职能、专业方面的局限导致监护监督工作的滞后和片面。针对困境儿童、农村留守儿童所开展的建立信息台账、更新信息系统和定期走访等工作，可以作为村（居）民委员会对于监护人履行

---

① 参见邓锁：《事实无人抚养儿童保障政策的执行与优化研究》，载中国儿童福利和收养中心主编：《中国未成年人保护发展报告蓝皮书（2022）》，中国社会出版社 2022 年版，第 398 页。

② 《国务院未成年人保护工作领导小组关于加强未成年人保护工作的意见》："二、重点任务（一）强化家庭监护责任。3. 推进家庭监护监督工作。指导村（居）民委员会等相关组织对未成年人的父母或者其他监护人履行监护情况开展监督。"

监护情况的重要发现渠道。由于儿童主任普遍存在专业能力不足问题，缺乏发现和识别的意识与手段，影响了这一信息采集机制的实际成效，出现信息失真、判断失误和上报延迟的问题。二是强制报告制度建立了监护侵害行为的大众发现机制，并规定被侵害或者疑似被侵害的情形均作为强制报告的内容，有效兼顾了对于监护侵害行为的事前预防与事后救济。但是强制报告制度存在薄弱环节和贯彻障碍。关于强制报告主体的规定不够细化和具体，过多地强调单位和组织，对于个人的覆盖面较为狭窄亟待扩容。社会大众关于强制报告的权利意识和责任意识不够普及，仍然存在"不清楚、不知道、不归我管"的"三不思想"。在制度细节上，强制报告的方式、渠道比较传统和单一，《未成年人保护法》和《建立强制报告制度的意见》关于受理部门的规定宽窄不一，管理权限、处置流程和立案标准也不够优化和统一。三是关于监护监督的标准化建设相对落后，没有为开展调查、评估、监测和跟踪等实务工作提供足够的技术支撑，缺乏相关的适用原则、操作规程和量表工具，比如未成年人监护评估标准、监护风险等级评估标准等。"缺标""少标"严重影响监护监督工作的严谨性。

对于监护侵害行为的刑法惩戒存在局限。民事责任或行政责任承担是主要的规制方式，包括批评教育、出具告诫书、给予治安管理处罚、临时带离、执行人身安全保护裁定等措施。构成犯罪的依法追究刑事责任仅作为兜底条款，刑法适用范围非常狭窄。非刑法化的追责体系道德引导性强，强制约束力弱，适用宽泛、力度轻缓，对于监护侵害行为存在评判虚置、效力疲软的情况[1]，无法形成有效震慑。为了从根本上对监护侵害行为进行防治，应加大刑法保护和刑法纠错的力度，提高加害人的预期刑罚成本，尽量降低监护侵害行为发生的可能性。

（三）监护权转移及监护人资格撤销存在堵点

监护干预措施包括对监护权进行重置，涉及监护人的变更、监护人资格的撤销和监护人的重新指定。撤销监护人资格和民政部门兜底监护均为国家监护对于家庭监护的彻底介入，打破原有的监护关系。监护人资格撤销是后续安置措施跟进的重要前提，撤销监护人资格案件的审理启动和判后安置面临多重难题。

---

① 参见陈伟、熊波：《儿童监护失职行为的刑法规制——基于互联网媒体报道的 907 个案件的分析》，载《青年研究》2018 年第 1 期，第 46 页。

1. 监护人资格撤销的启用极为谨慎，对部分儿童造成误伤

在表 1 所列案例中，共有 8 起监护侵害案例明确提及撤销监护人资格，撤销事由包括虐待、暴力伤害（殴打）、性侵害（强奸）、遗弃和拒不履行抚养义务等严重侵害情形。撤销监护人资格作为监护干预的终极手段，《处理监护侵害的意见》和《民法典》分别以列举、概括的形式对其法定情形作出规定。《处理监护侵害的意见》所细分的 7 种情形，均在严重滥用权利、严重义务懈怠的行为之外，追以"严重损害""导致""致使""严重影响"等使得未成年人处于危困状态的结果限制。对于个别伤害情形，规定了"经教育不改的""三次以上批评教育"等前提性规定。"行为+结果"的事实基础、批评教育的前置措施，体现了公权力干预对于监护人资格撤销手段启用的慎重态度。

在司法实践中，针对"存在潜在侵害情形但证据尚不足以支撑撤销监护权的案件时"，相关判决也较为审慎，多驳回撤销申请①。其背后可能是出于对原生家庭的信任和维护考虑，也有可能是出于对后续安置措施有效性的疑虑。鉴于吸毒、赌博等恶习以及家庭暴力的循环性和反复性，未成年人迟迟不能脱离原有的家庭结构并建立新的稳定的监护关系，对于未成年人保护而言可能并非最佳选择。

2. 检察机关职能优势未能充分发挥，不利于提高司法效率

在表 1 所列的 8 起撤销监护人资格的案例中，多处体现出检察机关的重要角色。在"支持起诉 协同救助 建立监护侵害案件一体化办案保护机制"② 一案中，从强制报告的启动到协调上海市普陀区民政局及时介入再到关键的两次起诉环节，上海市普陀区人民检察院发挥全过程驱动的作用。除了这些个案之

---

① 参见李睿龙：《反思与重构：我国监护权撤销制度研究——以 242 件司法案例为样本》，载《应用法学评论》2020 年第 1 辑，第 205 页。

② 该案出自 2021 年 5 月 31 日最高检发布的检察机关与各方力量携手构建未成年人保护大格局典型案（事）例。基本案情为 2017 年 7 月，路某某（男）、袁某（女）将出生仅一个月的非婚生女儿"小红豆"遗弃在上海市儿童医院，并拒绝支付医疗费用，导致"小红豆"长期滞留在医院。2018 年 10 月，儿童医院将上述情况告知上海市普陀区检察院，普陀区检察院立即启动刑事立案监督程序，并协调区民政局将病愈康复的"小红豆"送往区福利院进行临时监护。2019 年 8 月，经普陀区检察院提起公诉，法院以遗弃罪分别判处路某某、袁某有期徒刑八个月和六个月。2019 年 11 月，普陀区检察院支持区福利院提起撤销路某某、袁某监护资格之诉，法院采纳检察机关意见并指定上海市儿童福利院为"小红豆"的监护人。2020 年 1 月，普陀区检察院分别支持上海市儿童医院、普陀区福利院向路某某、袁某提起追索因监护侵害行为产生的医药费、抚养费民事诉讼。经调解，路某某、袁某与上述单位达成调解协议。

外，2021 年，全国检察机关进一步加强了监护侵害监督工作，对于符合撤销监护人资格条件的，支持个人或单位起诉 464 件，同比上升 49.2%，提出检察建议 294 件，同比上升 45.54%[①]。

在撤销监护人资格的制度设定中，在告诉主体资格泛化安排的情况下，将检察机关排除在外缺少合理性。一是不利于进一步发挥人民检察院开展监护权检察监督的职能优势。二是不利于更好地打通撤销监护人资格司法通道，如由检察机关（特别是未成年人检察部门）直接提起撤销之诉，可以减少中间环节，提高司法效率。

3. 监护人资格撤销制度存在缺陷，影响了该项制度的执行效果

一是申请主体不完整。除了检察机关的缺席之外，由于未成年人监护制度以未成年人无民事行为能力或限制民事行为能力为基本前提，《民法典》对于未成年人的申请主体资格作出限定，将其一概排除，这一点相较于《处理监护侵害的意见》第 30 条第一款规定（书面告知未成年人及其临时照料人有权依法申请撤销监护人资格）存在倒退之嫌。二是触发情形不完备。撤销事由均为严重侵害未成年人人身权益的情形，没有引入财产侵犯、精神伤害的惩戒机制。撤销监护人资格的法定方式只有全部撤销一种，缺乏部分撤销机制。三是缺乏接续支持。司法实践中将起诉职责与后续义务挂钩的做法造成各类主体的消极避让，不起诉就不用举证也可以避免被指定为监护人。而向被撤销资格的原监护人追索抚养费则存在难度大、成本高的问题，而且抚养费用并无分担机制，对担任监护人的意愿造成打击。在表 1 所列的"生而不养法不容 撤销资格尽义务——江苏撤销监护人资格后支付抚养费案"[②] 及"支持起诉 协同

[①] 《未成年人检察工作白皮书（2021）》，载中华人民共和国最高人民检察院官网 https://www.spp.gov.cn/spp/xwfbh/wsfbt/202206/t20220601_ 558766.shtml#2，最后访问日期：2022 年 11 月 16 日。

[②] 该案出自 2019 年 11 月 28 日全国妇联发布的第三届"依法维护妇女儿童权益十大案例"。基本案情为武某某（化名），男，2004 年 11 月出生。2006 年 5 月法院判决武某某父母离婚，武某某由其父抚养，母亲宋某某每月支付抚养费 140 元至武某某年满 18 周岁止。2007 年 7 月武某某父亲与赵某再婚，武某某随之一起生活。2014 年武某某父亲因病去世。武某某继母赵某以其在精力和经济上无力抚养为由诉至法院，要求变更武某某的监护权，由其生母宋某某抚养。法院于 2016 年 6 月 6 日判决，武某某于判决生效之日由宋某某抚养。但宋某某自判决生效之日起，未履行抚养义务且未支付武某某的生活教育医疗等费用。民政局委托律师向法院申请撤销宋某的监护资格。宋某某监护资格被撤销后，民政局考虑到未成年人成长的需要和生母应尽的养育义务，再次以武某某名义，委托律师向法院提起诉讼，要求其母宋某某支付未成年子女武某某的抚养费。2017 年 12 月 7 日，法院下发民事判决，判决宋某某在判决生效起十日内给付原告拖欠的抚养费 2100 元；支付原告自 2017 年 10 月起每月 400 元生活费，直至原告满十八岁时止。

救助 建立监护侵害案件一体化办案保护机制"两案中，民政部门只能通过民事诉讼的方式追索抚养费，过程烦复。

三、未成年人监护体系研究的特点及演进趋势

学术界和实务界关于未成年人监护体系的研究和讨论已比较充分。本章使用 Citespace 软件绘制自 2006 年以来关于未成年人监护体系研究的可视化和序列化的知识图谱，对未成年人监护体系研究领域进行文献计量和全景再现①，主要就关键词的词频、聚类、热点进行描述性分析，展示未成年人监护体系研究的热点主题和演进趋势。

（一）关键词共现及热点分析

通过 Citespace 的 Keyword 模块对 293 篇文献中关键词的出现频次进行统计，汇总其中出现超过 2 次的关键词，得出主要关键词出现频次表（见表 2），借以判断未成年人监护体系研究领域关键词的核心地位和重要程度。

表 2　主要关键词出现频次表

关键词	出现频次	关键词	出现频次	关键词	出现频次
未成年人	95	家庭监护	8	委托监护	4
监护	78	强制报告	7	立法	4
监护制度	35	民法总则	7	儿童监护	3
监护权	27	亲子关系	6	儿童利益	3
监护监督	17	国家亲权	5	监督	3
留守儿童	16	儿童	5	国家干预	3
亲权	15	儿童权利	5	保护	3
监护人	14	代孕	4	儿童保护	3
国家监护	13	家庭教育	4	比例原则	3
民法典	10	国家责任	4	完善建议	3
完善	10	困境儿童	4	拟制血亲	3

---

① 以中国知网（CNKI）数据库为检索平台，设定"未成年人监护""监护""监护权"为检索主题词，进行模糊匹配检索，前后共获得 304 篇文献。为保证数据质量，考虑相关文献的学术影响力及规范性，经人工筛选和剔除，最终确定 293 篇有效文献构成基础数据库。

由上表可知，主要关键词多达 33 个，涉及未成年人监护体系的内容、主体、对象、程序、目的和原则等，这些关键词是未成年人监护体系研究主题的精炼表达和高度概括，也是未成年人监护体系研究的基础性要素和关键支撑，体现了未成年人监护体系研究的广度和深度。

为了更为直观地展示未成年人监护体系研究的总体内容以及研究内容之间的相互联系，借助 Citespace 提供的关键词共现分析功能，得出关键词共现的关键路径及其网络图谱（见图 1），集中展示未成年人监护体系研究的主要脉络和不同关键词之间的共现关系①。

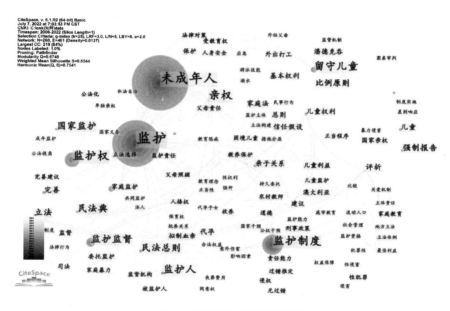

图 1　关键词共现网络图谱②

如表 2 和图 1 所示，出现频次超过 10 次的关键词包括未成年人、监护、监护制度、监护权、监护监督、留守儿童、亲权、监护人和国家监护，它们是

①　其中节点的大小表示关键词出现频次的多少，节点越大说明所代表的关键词的频次越高。节点之间的连线表明不同关键词之间的共现关系。只要关键词在同一篇文献中出现过，两者之间就会有一条连线，某一关键词周边的连线越密集则表明该关键词越是研究领域中的主要话题。

②　Citespace 依据网络结构和聚类的清晰度，通过 Q 值和 S 值两个指标来衡量图谱绘制的效果。Q 值（Modularity）为聚类模块值，Q>0.3 表明聚类结构是显著的。S 值（Weighted Mean Silhouette）为聚类平均轮廓值，S>0.5 表明聚类是合理的，S>0.7 表示聚类是高效率且令人信服的。该图谱的 Q 值为 0.6748，S 值为 0.8544，聚类结构和聚类结果是显著和可信的。

未成年人监护体系研究的重点领域。对兼具制度属性和法律属性的监护做理论考察，就强化监护监督、完善国家监护及加强留守儿童支持体系建设等提出政策建议，是未成年人监护体系研究的热点。除了对监护制度、监护监督、监护权等法律、制度方面的热点话题展开讨论外，随着监护关系的多元化，代孕子女监护、同性伴侣子女监护等也为学术界所留意。对这些非传统意义上的监护关系做学术上的探讨，体现了未成年人监护体系研究不回避小众问题的特点。

（二）关键词聚类及研究主题分析

在关键词共现分析的基础上，通过 Citespace 的共被引耦合分析功能生成关键词聚类标签，得出关键词聚类图谱（见图 2），客观反映未成年人监护体系研究领域的核心议题。

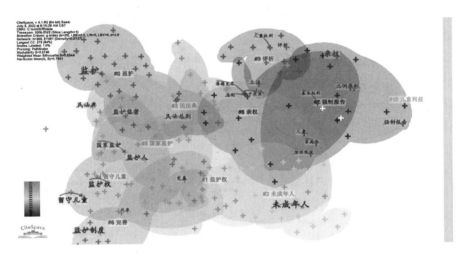

图 2　关键词聚类图谱①

上图中每个颜色的色块代表一个聚类，色块的大小表示该聚类标签的研究热度。共得到 11 个聚类标签②，分别为#0 监护、#1 监护权、#2 未成年人、#3 民法典、#4 留守儿童、#5 国家监护、#6 完善、#7 强制报告、#8 亲权、#9 评

---

① 该图谱的 Q 值为 0.6748，S 值为 0.8544，各个关键词联系紧密，聚类也是成功的、令人信服的。

② 根据研究对象的相似性，每个聚类由多个紧密相关的词组成，数字越小，聚类中包含的关键词越多。

析、#10 儿童利益。为进一步整合聚类结果，通过对重要文献的精读和总结，根据关键词组合和文章立意，可将未成年人监护体系研究概括为三大主题。一是关于未成年人监护体系的民事研究，以监护制度所涉及的应为义务和禁行事项为研究对象。结合《民法典》《未成年人保护法》等重要法律制定修订的时代背景，对监护权、监护制度进行理论检视和规则形塑。及时跟踪有关社会热点事件，就完善监护周边制度展开学理分析和适用选择。强调亲权的先在性以及国家监护的突破性。从学术和实务层面对未成年人财产监护进行实践反思和制度设定，注重与相关制度的接驳与兼容。二是关于未成年人监护体系的刑事研究，包括实体法研究和程序法研究。研究监护失职与未成年人涉罪的相关性及其实践表征，对性侵、虐待、拐卖儿童犯罪进行法益追问和规范再造，针对扩大刑法规制与刑法谦抑主义的纠结提出融合发展的主张。三是关于未成年人监护体系的行政研究，包括基础理论研究与实务经验研究。对"国家亲权"理念进行重点阐释，为国家监护提供理论依据。引入比例原则①，为弥合国家公权力与家庭私领域之间的张力提供校正标准。对未成年人监护制度立法现状进行评估分析，对域外监护制度展开比较分析。对强制报告、监护监督和监护侵害处理的实施路径以及机制完善进行制度反思并提出构建策略。

（三）关键词突现及演进趋势分析

通过 Citespace 的突变词检测、时区视图功能，探测并识别未成年人监护体系研究在不同阶段的主要关键词及其发展趋势，得出突变词变化时区视图（见图 3），从时间维度上全景展示监护体系研究热点的演进过程。

上图中横轴表示关键词演进的不同时区，越靠近右侧则关键词出现的时间越近。图中纵轴表示关键词的频次分布情况，上半部分的大节点为当时时区出现频次较高的关键词节点，下半部分的小节点则大多为新出现的、具有创新意义的关键词节点。

通过 Citespace 的 Burst detection 功能探测监护体系研究领域某一时段内关

---

① 比例原则用以解决国家权力对个人权利干涉的限度问题，处理的是目的与手段之间的关系，在目的正当的前提下，手段必须满足适当性、必要性和均衡性三项标准。

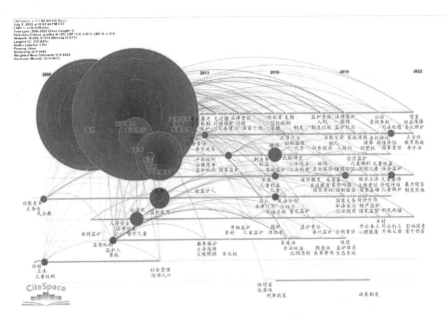

图 3 突变词变化时区视图①

键词衰落或者兴起的情况（引用量的变化），得出关键词突现强度排序图（见图4）。分析关键词的兴衰时段和突现强度，借以判断未成年人监护体系研究的演进特征和发展趋势。

从突现性强度来看，位于前列的关键词依次为完善、监护权、强制报告、国家责任和立法。2019年6月，十三届全国人大常委会第十一次会议对民法典婚姻家庭编草案和民法典继承编草案进行审议，10月，第十四次会议对未成年人保护法修订草案进行初次审议，两大基础性法律的立法工作全面展开。2019年6月出台的《关于进一步加强事实无人抚养儿童保障工作的意见》是国家在儿童福利服务方面大胆改革的又一次政策努力，意味着对困境儿童分类保障政策较大缺口的补齐。"完善"成为突现强度最高的关键词，说明2019年学术界对这些政策面变化的乐观反应和持续关注。"强制报告""国家责任"作为未成年人监护体系研究领域长期聚焦的研究热点，事实上形成学术研究对政策制定的倒逼，推动通过立法手段完成对二者的制度构建，一个是问题发现

---

① 该图谱的 Q 值为 0.5688，S 值为 0.8632。图中节点的大小表示关键词出现频次的多少，节点越大说明所代表的关键词的频次越高。

Top 25 Keywords with the Strongest Citation Bursts

Keywords	Strength	Begin	End	2006 - 2022
强制报告	3.44	2006	2018	
国家责任	2.8	2006	2020	
未成年人	2.68	2006	2009	
困境儿童	2.33	2006	2019	
儿童保护	2.1	2006	2020	
国家亲权	2.09	2006	2017	
家庭监护	1.82	2006	2015	
国家监护	1.73	2006	2013	
委托监护	1.67	2006	2017	
家庭教育	1.67	2006	2017	
民法总则	1.6	2006	2015	
评析	1.77	2007	2022	
民法典	1.72	2007	2014	
监护权	3.85	2013	2015	
性别平等	1.52	2013	2022	
监护人	2.54	2014	2016	
监督机构	1.54	2014	2022	
立法	2.7	2016	2022	
留守儿童	2.05	2017	2019	
儿童	1.94	2017	2020	
儿童权利	1.94	2017	2020	
国家干预	1.77	2017	2022	
亲子关系	1.69	2018	2020	
保护	1.45	2018	2022	
完善	4.15	2019	2022	

图 4　关键词突现强度排序图

机制，一个是问题解决机制。

根据 Citespace 探测的突现关键词及其被引历史曲线，未成年人监护体系研究的演化链条可以概括为"监护体系制度建设——监护体系权利讨论——监护体系完善",即以"监护体系法治与制度建设"为主题到"监护权的完善"再到"监护体系的完善"。随着研究对象时空环境的变化、概念的整合变迁以及研究视野的拓展更新,未成年人监护体系研究的重心和关注点也随之挪移。依据时间轴可将未成年人监护体系研究大致划分为3个阶段。

第一阶段(2013年之前):以"监护体系制度建设"为主题。学者们探讨的对象包括监护监督的必要性及其制度构建、未成年人监护制度中的监护人范围及监护类型,困境儿童监护问题及法律保障等。针对《中华人民共和国民法通则》关于监护制度规定的有限性和形式性,强调从立法规制上加以完善和重构。针对农村留守儿童、流浪儿童等儿童群体,关注其致困原因与经济社会等外部因素的高度相关性,提倡政府主体在公法视野下建立综合性的监护支持体系。

第二阶段(2013—2015年):以"监护体系权利讨论"为主题。2013年1月4日袁厉害事件、2013年6月21日南京饿死女童案,2013年5月6日民政部发布《关于开展未成年人社会保护试点工作的通知》、2013年6月19日民政部发布《关于开展适度普惠型儿童福利制度建设试点工作的通知》,这些极端事件的发生以及以民政为主体所开展的政策探索,引发学术界关于未成年人监护体系、儿童福利政策的现状检讨与完善思考。监护权开始成为学术界研究的热点话题。对国家监护、国家义务、监护监督、责任追究以及监护不力量刑的讨论,将未成年人监护制度的认知与建设推入一个更加完善的阶段,同时完成对于未成年人监护体系责任伦理和权利边界的建构。强调私权绝对化向私权有限化转变,将家庭内部监护关系纳入国家公法领域,尊重儿童在争取国家正式支持过程中的主体性。

第三阶段(2016年至今):以"监护体系的完善"为主题。2016年,《国务院关于加强农村留守儿童关爱保护工作的意见》《国务院关于加强困境儿童保障工作的意见》先后出台,适度普惠型儿童福利制度正式建立。学术界关于儿童权利、留守儿童、亲子关系等内容的探索,反映出随着未成年人监护制度体系的逐步完善,更多具有时代特色的监护课题开始成为学术界关注的重点。这些课题注重家庭监护的弥补与回归,强调国家干预的限度与边界;有意识地区分福利和保护的功能差异和不同取向;呼吁给予困境儿童更多的政策与服务关注,并对政府提供普惠式支持提出愿景。

第二章 中国未成年人监护内涵外延

李 娟 徐泽生[①]

未成年人是祖国的未来和民族的希望。对未成年人依法实施监护、保障其合法权益，事关亿万未成年人身心健康成长，事关广大家庭幸福和谐生活，事关中国式现代化建设持续高质量发展，事关中华民族伟大复兴事业薪火相传。党和国家历来高度重视和保障未成年人合法权益，将其纳入增进民生福祉提高人民生活品质国之大者范畴，尤其是党的十八大以来，以习近平同志为核心的党中央把培养好少年儿童作为一项关系红色江山永不变色的战略性、基础性工作，坚持最有利于未成年人原则，踔厉奋发、勇毅前行，采取一系列有力有效举措保障未成年人合法权益，不断实现未成年人对美好生活的向往。

对中国未成年人监护内涵外延进行厘清，是开展未成年人监护研究的基础和前提。为进一步夯实研究基础，力求在同一维度和频道上进行探讨，本章对中国未成年人监护历史沿革进行了梳理，以明晰发展脉络，对中国未成年人监护相关概念阐述和辨析进行了细化，以厘清界定思路，旨在使本研究更具严谨性、针对性和实效性。

一、中国未成年人监护历史沿革

对中国未成年人监护历史沿革进行研究，有助于更加深入探究我国未成年人监护发展变迁现象背后的因果关系，更好地理解以往的情况、汲取良好经验做法、指导推动今后的工作，使本研究更趋全面化、纵深化和理性化。

我国古代把父母将未成年子女托付给他人照顾的行为称为"托孤"，可类

---

① 李娟，中国儿童福利和收养中心儿童收养部副主任，研究方向：未成年人保护，电子邮箱地址：lj@cccwa.cn；徐泽生，中国儿童福利和收养中心儿童收养部主任，研究方向：未成年人保护。

比于未成年人监护制度。[①] 虽然中国古代无形式意义的未成年人监护制度，但是却有实质意义的监护举措，它采诸法合体的形式，以"礼"为道德规范和行为准则，监护人对被监护人进行教化、惩戒和管理财产，以近亲属监护为主、同族人的社会监护为辅，立足于家庭或者家族的利益，以选任男性监护人为原则等。[②]

在我国，监护作为一项正式法律制度，只有一百多年的历史，其历史沿革呈现出吸纳融合、迭次演进、脉络清晰和成效显著等特点。在收集梳理近年来学术研究成果的基础上，从我国未成年人监护发展的历史逻辑和理论建构视角出发，并结合我国不同历史阶段的现实背景和时代特征，本章尝试对中国未成年人监护历史沿革进行归纳，认为主要分为以下几个阶段：

（一）起步发展阶段（1903 年至 1949 年）

1903 年，汪荣宝、叶澜编纂的辞书《新尔雅》，在"民法"类词条中使用了"后见人"一词，其含义与对未成年人的监护相近。[③] 直到 1911 年，监护才第一次出现于《大清民律草案》中，随即《民国民律草案》和《中华民国民法》开始沿用这一称谓，标志着中国近代民法中正式确立起监护制度。[④]

在民国时期，由于战乱和饥荒等原因，流浪及孤贫儿童较多，流浪及孤贫儿童民间救助慈善机构增多，大多比较重视教养兼施，其中，比较有代表性的是北京香山慈幼院，积极推行学校、家庭和社会"三位一体"的教养模式，[⑤]是民国时期未成年人监护的一个真实缩影和典型代表。

在革命战争年代，中国共产党在瑞金兴办孤儿院，主要任务是收留抚养烈士子女，让烈士子女得到妥善安置，在党的关怀下健康成长。《中华苏维埃政府婚姻法》于 1934 年 4 月颁布，在处理离婚后孩子的抚养方面这样规定：所生的小孩及怀孕的小孩的抚养权首先归女子，男子负担小孩必须生活费的三分之二，直到 16 岁为止。如果女子不愿抚养的，则归男子抚养。《中华苏维埃政

---

① 参见陈惠馨：《亲属法诸问题研究》，月旦出版公司 1993 年版，第 314~315 页。
② 参见董思远：《未成年人监护制度研究》，西南政法大学 2018 年博士论文，第 60 页。
③ 曹思婕：《完善未成年人监护立法的思考》，载《理论探索》2016 年第 4 期，第 123 页。
④ 曹思婕：《完善未成年人监护立法的思考》，载《理论探索》2016 年第 4 期，第 123 页。
⑤ 北京日报客户端：《从静宜园到双清别墅 香山慈幼院的百年传奇》，载北京日报报业集团网 https://baijiahao.baidu.com/s?id=1622874277329848525&wfr=spider&for=pc，最后访问日期：2022 年 11 月 19 日。

府婚姻法》还单列了"第六章：私生子处理"，规定一切私生子得享受本婚姻法上关于合法小孩的一切权利，禁止虐待抛弃私生子，①较早地以法律的形式对离婚后孩子的抚养、私生子权利等事宜予以规定，体现出党对未成年人监护的高度重视。

在抗日战争时期，党中央在延安成立了边区儿童保育院，主要是收容抚养战区难童、烈士遗孤、出征将士子弟，免去了革命干部的后顾之忧，为我党培养了一大批优秀民族后代、革命事业忠实可靠的接班人。毛泽东同志为边区儿童保育院成立书写题词"儿童万岁"，从此，儿童优先的理念如星星之火逐步燎原，传遍革命圣地延安，②也为新中国的儿童工作指明了前进方向和提供了根本遵循。抗战时期还成立了战时儿童保育会，邓颖超、刘清扬等老一辈革命家为之四处奔走呼吁、广泛发动社会各界力量积极参与，③搜救、转送和教养战时难童近3万人，④我国未成年人监护有了进一步的发展。

（二）逐步推进阶段（1949年至2012年）

1954年，首部《中华人民共和国宪法》颁布，第九十六条规定：婚姻、家庭、母亲和儿童受国家的保护。⑤明确了对未成年人予以特殊保护的原则，重视培养未成年人在品德、智力和体质等方面全面发展。新中国成立后，党和政府逐步接管和改造原有的"救济院"、"慈善堂"、"教养院"等旧社会慈善团体和救济机构，建立儿童福利院收养社会弃婴、孤儿与流浪儿童。截至1978年，全国建立儿童福利院49个，收养婴幼儿童0.4万人，其中，1959年至1961年三年严重困难时期，上海等部分省市孤儿院收留的弃婴数量剧增，孩子们吃不饱的问题日益严重。消息传到党中央后，周恩来总理希望内蒙古支援一些奶粉给这些

---

①　福建省高级人民法院：《共和国法治从这里走来（66）｜历久弥新的婚姻法》，载搜狐网 https：//www.sohu.com/a/563757479_ 672938，最后访问日期：2022年11月19日。

②　王东亮：《赓续红色基因 把党的儿童福利和未成年人保护事业传承好发展好》，载《社会福利》2021年第7期，第50页。

③　文秘帮：《邓颖超与战时儿童保育会》，载文秘网 https：//www.wenmi.com/article/pxt8vy0077wh.html，最后访问日期：2022年11月19日。

④　周文冲，韩振：《"战时儿童保育会"烽火中救助近3万难童：当年的孩子》，载中国军网 http：//www.81.cn/gnxw/2015-07/26/content_ 6600800.htm? rsv_ upd=1&ivk_ sa=1024320u，最后访问日期：2022年11月19日。

⑤　《中华人民共和国宪法（1954年）》，载共产党员网 https：//news. 12371. cn/2015/03/18/ARTI1426665514681575. shtml，最后访问日期：2022年11月19日。

孤儿，内蒙古人民给出了"让草原人民把他们养育大"的回答，成就了"三千孤儿入内蒙"和"国家孩子与草原母亲"的感人传奇故事。[1]

改革开放以来，1986年颁布的民法通则第二章第二节对监护做了专门规定，明确了我国未成年人监护的基本原则与基本内容等，至此，我国未成年人监护制度框架初步搭建。1991年颁布的未成年人保护法，主要是在家庭保护专章中对未成年人监护作出规定，是对1986年民法通则关于未成年人监护规定的补充、细化和完善。1999年颁布的未成年人犯罪法，从预防未成年人犯罪的教育和对未成年人不良行为的干预等角度，对强化未成年人监护做出相关规定，与民法通则和未成年人保护法在未成年人监护领域互为呼应和补充。2017年颁布的民法总则大体沿袭了民法通则关于未成年人监护的立法设计思路，并根据时代形势发展和未成年人监护实际诉求大幅度作出调整、补充和完善，有力助推我国未成年人监护实现历史性、跨越式和创新性发展。2018年修正的《宪法》第四十六条规定，国家培养青年、少年、儿童在品德、智力、体质等方面全面发展。第四十九条规定，父母有抚养教育未成年子女的义务。禁止破坏婚姻自由，禁止虐待老人、妇女和儿童。[2] 如此表述包含两层意思：其一，父母对未成年人负有第一责任，履行监护职责是一项《宪法》规定的基本义务；其二，国家对未成年人身心健康和全面发展负有最终责任，当未成年人存在问题时应当采取最有利于未成年人的措施。《宪法》相关条文，为法律调整未成年人、家庭、国家三者之间的关系提供了根本依据。父母或者其他监护人是监护的第一责任人，当其无法或者不能履行监护职责时，由国家介入和补位。[3]

（三）发展完善阶段（2012年至今）

党的十八大以来，中国特色社会主义进入新时代，我国持续加大未成年人监护顶层设计力度，印发《国务院关于加强困境儿童保障工作的意见》《国务院关于加强农村留守儿童关爱保护工作的意见》《民政部 国家发展和改革委

---

① 王东亮：《赓续红色基因 把党的儿童福利和未成年人保护事业传承好发展好》，载《社会福利》2021年第7期，第50页。

② 新华社：《中华人民共和国宪法》，载中华人民共和国中央人民政府网 http://www.gov.cn/guoqing/2018-03/22/content_ 5276318.htm，最后访问日期：2022年11月19日。

③ 苑宁宁：《国家监护制度为未成年人成长护航》，载全国人民代表大会网 http://www.npc.gov.cn/npc/c30834/201910/fbde9bc3613f4769abe4f9d535a0c589.shtml，最后访问日期：2022年11月19日。

公安部 司法部 财政部 国家卫生和计划生育委员会 国家宗教事务局关于进一步做好弃婴相关工作的通知》《最高人民法院 最高人民检察院 公安部 民政部印发〈关于依法处理监护人侵害未成年人权益行为若干问题的意见〉的通知》《民政部 教育部 公安部 司法部 财政部 人力资源社会保障部 国务院妇儿工委办公室 共青团中央 全国妇联 中国残联关于进一步健全农村留守儿童和困境儿童关爱服务体系的意见》《"十四五"民政事业发展规划》等政策文件，分别从不同层级、多个维度补充完善了未成年人监护制度，重点聚焦农村留守儿童、困境儿童和流浪未成年人监护落实情况，着力强化未成年人监护能力建设等，逐步夯基筑台、搭建四梁八柱，为后续涉及未成年人监护相关法律法规颁布实施奠定了坚实的制度基础。

2020 年 5 月 28 日《民法典》颁布，这是新中国成立以来第一部以"法典"命名的法律，是新时代我国社会主义法治建设的重大成果，标志着我国依法保护民事权利将进入全新的"民法典时代"。①《民法典》总体上吸纳原《民法总则》关于未成年人监护的立法安排，并结合新时期未成年人监护新形势新变化新情况适当进行补充和完善。2021 年 6 月 1 日实施的《未成年人保护法》对中国特色未成年人法律制度的发展产生重大影响。② 当前我国未成年人监护的制度规范主要是由《民法典》和新修订的《未成年人保护法》共同构成的。这两部法律从不同角度对未成年人监护作出了相应规定，明确了未成年人监护的总体原则、实施主体、职责义务、争议处置等，搭建了更为完善更为合理的未成年人监护制度架构，为未成年人监护落地落细落实提供了更有针对性更具可操作性的法律依据。

《最高人民法院关于适用〈中华人民共和国民法典总则编〈若干问题〉的解释》（以下简称《民法典》总则编司法解释）、《最高人民法院关于适用〈中华人民共和国民法典婚姻家庭编〉的解释（一）》［以下简称《民法典》婚姻家庭编司法解释（一）］进一步对监护作出细化规定，涵盖父母对未成年子女负有的义务、未成年人的监护人范围、监护人确定与变更、监护职责、撤销监护人资格、恢复监护人资格、监护关系终止、监护能力认定等。新修订的《预防未成年人犯罪法》和新颁布的《中华人民共和国家庭教育促进法》

---

① 参见黄薇：《中华人民共和国民法典总则编释义》，法律出版社 2020 年版，第 1 页（前言）。

② 参见宋英辉，苑宁宁：《中华人民共和国未成年人保护法释义》，中国法制出版社 2020 年版，第 1 页（导言）。

（以下简称《家庭教育促进法》），进一步丰富我国未成年人监护内容。

至此，我国未成年人监护形成了以《宪法》为统领，以《民法典》和新修订的《未成年人保护法》为主干，以相关法律法规、部门规章、规划纲要、规范性文件为重要组成部分的制度，不断创设和完善未成年人监护相关内容，积极回应未成年人监护所涉民事主体在现实生活中存在的各种诉求，同时也为更全面更有效地保护被监护未成年人的合法权益提供了有力的制度依据。

我国未成年人监护制度既兼收并蓄，具有其他国家未成年人监护制度的普遍共同特征，更有基于自身国情的中国特色，这是中国独特的客观条件决定的，是中国社会制度和治国理政理念决定的，也是中国在实现现代化长期实践中得到的规律性认识决定的。综观我国未成年人监护制度历史沿革，其沿袭和演进的渐进式发展路径和过程，体现了我国未成年人监护的发展脉络和立法思路调整历程，既关乎未成年人身心健康成长，又蕴含国家尊重和保障人民群众合法权益的宪法要求及理念，更充分彰显了中国式现代化的中国特色，为有力有效地保障我国未成年人合法权益、促进社会公平正义、全面推进法治中国建设发挥了积极作用，为国际社会维护未成年人合法权益提供了更好的中国方案，为人类增进民生福祉崇高事业作出了新的贡献。

相关主要法律规定沿袭演进概况表
（按颁布时间倒序排列）

序号	项目	新修订的《未成年人保护法》	《民法典》	原《民法总则》	原《民法通则》
1	涉及未成年人监护的条文数量	25条（第七条、第十五条至第二十四条、第三十三条、第四十三条、第七十一条、第七十六条至第七十七条、第九十二条至第九十六条、第九十九条、第一百零八条至一百零九条、第一百一十八条）	12条（第二十六条至第二十七条、第二十九条至第三十二条、第三十四条至第三十九条）	12条（基本同《民法典》，个别条文内容略有不同）	2条（第十六条、第十八条）

续表

序号	项目	新修订的《未成年人保护法》	《民法典》	原《民法总则》	原《民法通则》
2	涉及的方面	6个（家庭保护、学校保护、社会保护、网络保护、政府保护、司法保护共计六大保护）	13个（在原《民法总则》基础上，进一步新增：临时生活照料措施）	12个（在原《民法通则》基础上新增：尊重被监护人的真实意愿、最有利于被监护人的原则、监护人资格撤销后的义务、恢复监护人资格、监护关系终止）	7个（含：监护人、监护人确定及变更、监护职责、监护责任、社会监护、国家监护、撤销监护人资格）
3	补充完善的主要内容	重点对未成年人监护制度进行了补充、完善甚至修正性的规定，比如一些核心理念和重要制度，包括列举监护人的应当及禁止行为、创制委托照护制度、确立临时监护和长期监护制度等。	在原《民法总则》基础上，进一步补充完善：监护责任、临时生活照料措施等。	在原《民法通则》基础上，主要补充完善：监护人范围、监护人确定及变更、监护遵循的原则、监护职责、监护人资格撤销后的义务、恢复监护人资格、监护关系终止等。	在相关法律法规基础上，规定了监护的基本原则与基本内容等。
4	主要涉及的原则	增加最有利于未成年人的原则，从而确立未成年人保护的顶级原则，以便指导未成年人保护相关规定的制定和实施，并在规定不足时可以依据这项原则进行变通实施。	同原《民法总则》	在原《民法通则》基础上新增尊重被监护人的真实意愿原则、最有利于被监护人的原则。	国家公权力适度干预原则

续表

序号	项目	新修订的《未成年人保护法》	《民法典》	原《民法总则》	原《民法通则》
5	解决的主要问题及成效	在原有家庭保护专章、学校保护专章、社会保护专章和司法保护专章基础上，增加了网络保护专章和政府保护专章，从"四大保护"拓展为"六大保护"，从不同实施主体、不同层面、不同维度等进一步细化补充未成年人监护相关规定，着力构筑更为完善更加有效的未成年人监护网络。	在原《民法总则》基础上，进一步增加：1. 细化和压实法律责任，强化监护责任的法定性和严肃性；2. 在突发事件等紧急情况下安排必要的临时生活照料措施，以使未成年人得到妥善照料。	在原《民法通则》基础上，增加：1. 凸显对被监护人最大利益的关切；2. 充分尊重被监护人的参与权；3. 强调监护的法定顺位性、扩大监护人范围，防止监护缺失；4. 增加监护人资格撤销后的义务、恢复监护人资格和监护关系终止等规定，使监护形成相对完整的闭环。	1. 避免监护缺失；2. 明确监护职责；3. 明晰监护责任；4. 确立国家监护制度。

二、中国未成年人监护相关概念阐述

"概念乃是解决法律问题所必需的和必不可少的工具。没有限定严格的专门概念，我们便不能清楚地和理性地思考法律问题。"① 因此，有必要根据《民法典》和新修订《未成年人保护法》等相关法律法规和政策文件，按照未成年人监护、监护关系主体、监护职责义务、主要监护类型、监护关系终止等法理和实践逻辑，对我国未成年人监护相关概念予以梳理和厘清，以更清晰更准确地认识、理解这些概念，有助于更好开展后续研究。

---

① ［美］E. 博登海默：《法理学—法律哲学与法律方法》，邓正来译，中国政法大学出版社2004年版，第37页。

（一）监护

1. 监护的概念

监护的概念有狭义与广义之分，以亲权为主要区分标准。亲权，是指父母对于未成年子女人身方面的照顾、教育、管束、保护和财产方面的保护、管理的权利义务。[①] 英美法系多持广义监护观点，即对不论是否在亲权保护下的无民事行为能力未成年人和限制民事行为能力未成年人，均为保护其人身权利、财产权利以及其他合法权益而设置监护法律制度。大陆法系则多持狭义监护观点，即对不在亲权保护下的无民事行为能力未成年人和限制民事行为能力未成年人，为保护其人身权利、财产权利以及其他合法权益而设置监护法律制度。

有学者认为，我国自 1986 年原《民法通则》始，即确立了广义监护的立法体例，并贯彻至今。[②] 也有学者认为，在我国，由于现行立法采用了广义的监护概念，将亲权内容纳入监护制度中，为全体未成年人统一设定了监护。[③]《民法典》和新修订的《未成年人保护法》虽未明确规定亲权，但相关规定仍将亲权所具有的精神内核纳入其中，即我国对于未成年人监护的立法是在承认广义监护立法体例下，同时区分父母及父母以外的其他监护人对未成年人实施的监护。因此，总体而言，我国未成年人监护属于广义监护，既包括父母实施的监护，又包括其他监护人实施的监护。

以法定成年年龄划分，监护可以分为未成人监护与成年人监护。其中，未成年人监护，是指对未成年人的人身、财产和其他合法权益进行监督和保护的制度。[④]《民法典》相关法条对未成年人监护作出总括性、原则性规定，确定了我国未成年人监护的总体框架、遵循原则和法律基调等。在《民法典》关于监护规定的基础上，新修订的《未成年人保护法》聚焦近年来未成年人监护领域的新形势新情况新问题，首次清晰描述了未成年人父母或者其他监护人应当履行监护职责的具体内容，包括：（一）为未成年人提供生活、健康、安全等方面的保障；（二）关注未成年人的生理、心理状况和情感需求；（三）教育和引

[①] 参见陈苇：《中国婚姻家庭立法研究》（第二版），群众出版社 2010 年版，第 387 页。

[②] 朱广新：《监护监督制度的立法构建》，载《苏州大学学报（法学版）》2020 年第 1 期，第 1 页。

[③] 参见孔祥瑞、李黎：《民法典亲属编立法若干问题研究》，中国法制出版社 2005 年版，第 198 页。

[④] 参见董思远：《未成年人监护制度研究》，西南政法大学 2018 年博士论文，第 10 页。

导未成年人遵纪守法、勤俭节约，养成良好的思想品德和行为习惯；（四）对未成年人进行安全教育，提高未成年人的自我保护意识和能力；（五）尊重未成年人受教育的权利，保障适龄未成年人依法接受并完成义务教育；（六）保障未成年人休息、娱乐和体育锻炼的时间，引导未成年人进行有益身心健康的活动；（七）妥善管理和保护未成年人的财产；（八）依法代理未成年人实施民事法律行为；（九）预防和制止未成年人的不良行为和违法犯罪行为，并进行合理管教；（十）其他应当履行的监护职责。新修订的《未成年人保护法》相关规定对《民法典》总括性、原则性规定作进一步补充、细化和完善。

2. 监护的性质和特点

明确未成年人监护的性质和特点，有助于更加全面地归纳总结未成年人监护相关情况，更加深入地认识理解未成年人监护内在属性和外在特征，进而明确研究范畴、内容和方法等，有助于促进本研究精准化、精细化。

我国民法学界关于监护性质的认识存在不同看法，大致有权利说、权力说、职责（义务）说、权利义务统一说、社会职务说等几种观点，但对于监护的主要内容认识是一致的，即监护人对被监护人的人身、财产和其他合法权益依法实行监督和保护。[①]

根据《民法典》、新修订的《未成年人保护法》和相关司法解释和政策文件规定，我国未成年人监护的性质和特点主要体现在以下几个方面：

第一，具有救济性和补足性。

从法律角度来看，监护是对无民事行为能力人和限制民事行为能力人的人身和财产权益等进行监督、管理和保护，弥补其民事行为能力不足的重要民事法律制度。[②]

因未成年人的身体、心智发育还没有完全成熟，未成年人为无民事行为能力人或者限制民事行为能力人，不能独立实施或者只可以独立实施部分民事法律行为。《民法典》设立未成年人监护法律制度是对未成年人实施救济性行为，弥补其民事行为能力不足缺陷，含对未成年人进行抚养、教育和保护，代理未成年人实施民事法律行为，保护其人身权利、财产权利以及其他合法权益

---

① 梁春程：《公法视角下未成年人国家监护制度研究》，载《理论月刊》2019 年 3 期，第 103 页。

② 孙萍，尤丽娜：《监护侵害案中撤销监护权的适用》，载《中国检察官》2020 第 8 期，第 25~26 页。

等。新修订的《未成年人保护法》对近年来未成年人监护领域的家庭教育、家庭安全环境创建等社会普遍关切问题进一步作出细化规定，比如，第十五条规定：未成年人的父母或者其他监护人应当学习家庭教育知识，接受家庭教育指导，创造良好、和睦、文明的家庭环境。第十八条规定：未成年人的父母或者其他监护人应当为未成年人提供安全的家庭生活环境，及时排除引发触电、烫伤、跌落等伤害的安全隐患；采取配备儿童安全座椅、教育未成年人遵守交通规则等措施，防止未成年人受到交通事故的伤害；提高户外安全保护意识，避免未成年人发生溺水、动物伤害等事故。这些规定，也都体现了对未成年人监护的救济性和补足性特点。

第二，侧重义务和责任属性。

学术界对监护属于权利还是义务有三种不同观点：一种是监护权利说，认为监护是一种权利，把监护称为监护权；另一种是监护义务说，认为监护是法律课加给监护人的义务；还有一种认为监护是一种职责，是权利与义务的有机统一。① 有专家认为，监护权利主要是由监护职责和义务衍生而来，主要用于对抗侵害未成年人合法权益的其他主体，抵制损害未成年人人身权利、财产权利以及其他合法权益等行为，以更好地促进未成年人身心健康成长。《民法典》和新修订的《未成年人保护法》对未成年人的父母或者其他监护人作出约束性的规定，目的就是使被监护人的合法权益不受侵害，这也正是法律设计监护制度的初衷。② 一方面，明确监护权利是因履行监护职责而产生，将监护职责置于更为优先的位置，更加强调监护的责任和义务属性，即监护更多的是履行职责、承担义务，以进一步压实监护职责，更好保护未成年人的合法权益；另一方面，明确监护人在履行监护职责过程中享有一定的权利，如为保护未成年人的财产权益而享有的财产管理权和支配权、在未成年人受到侵害时而享有的代理诉讼权等，监护人享有这些权利是为履行监护职责所需，目的还是在于保护未成年人的合法权益。因此，监护作为一种对无民事行为能力人、限制民事行为能力人进行监督和保护的法律制度，其更多的是强调承担义务和履行职责，以更好保护被监护人的人身权利、财产权利以及

---

① 《监护》，载百度百科网 https：//baike.baidu.com/item/%E7%9B%91E6%8A%A4/267093?fr=aladdin，最后访问日期：2022年11月19日。

② 李健：《居民委员会、村民委员会作为基层群众性自治组织履行民法典确定的监护职责相关规定解读》，载《中国民政》2020年第14期，第58页。

其他合法权益。

第三，兼有身份法和亲属法双重色彩。

《民法典》总则编第二章"自然人"第二节就监护作出总括性、原则性规定，明确了监护需要调整的身份关系以及由此发生的权利义务，符合身份法的法律特征。《民法典》婚姻家庭编就父母的权利义务和相关民事责任作出补充性、具体性规定，具有鲜明的亲属法特征。这些规定很好地反映出未成年人监护主要是在父母和近亲属之间进行的特殊实际，表明我国未成年人监护兼有身份法和亲属法双重色彩。

第四，兼具私法和公法双重特点。

（1）私法特点

就未成年人监护的理论探源来说，监护本属于家庭私人事项，是一种生命的保障和信任，也是法律上的一种身份。[1]

《民法典》和新修订的《未成年人保护法》强调未成年人的父母或者其他监护人依法对未成年人承担监护职责，强化家庭监护在未成年人保护中的基础地位。在创设委托照护制度中，细化了未成年人的父母或者其他监护人委托照护的应当和禁止行为，明确未成年人的父母或者其他监护人在确定被委托人时，应当综合考虑其道德品质、家庭状况、身心健康状况、与未成年人生活情感上的联系等情况，并听取有表达意愿能力未成年人的意见。由此可以看出，我国未成年人监护具有较强的私法性质。

（2）公法特点

监护制度的设立在一定程度上是对家庭保障职能的反映和确认，对于无法受到家庭监护的未成年人，就应当通过设立政府性、社会性和公共福利性的机构作为国家或社会监护的主要载体，保障未成年人的合法权益，这对于国家的社会保障制度具有一定替代作用，此为未成年人监护制度带有"公法"功能色彩的社会保障职能。[2]

此外，当家庭监护存在问题时，国家有义务和责任介入，像父母对待子女一样采取行动。首先，国家负有普及和推广家庭教育的职责，让成为父母或者即将成为父母的成年人了解相关知识，掌握必备技巧，为家庭监护打下一个良

---

① 梁春程：《公法视角下未成年人国家监护制度研究》，载《理论月刊》2019年3期，第103页。

② 参见蒋月：《婚姻家庭与继承法》，厦门大学出版社2007年版，第214页。

好的基础。其次,对于能力薄弱、保障不力、功能不足的家庭,国家负有支持家庭监护的职责,提供针对性的帮扶和服务。再次,发现不履行监护职责或者侵害未成年人权益的,国家应当采取措施予以劝诫、制止,必要时可以责令父母接受家庭教育指导,发出人身保护安全令,判令撤销监护人资格等,即担负起监督家庭监护的职责。此外,国家还负有替代家庭监护的职责。当父母暂时无法履行监护职责或者暂时不适宜担任监护人的,由国家进行临时监护。待上述情形消失后,让未成年人再回归家庭。当父母确定丧失监护能力或者不再适宜担任监护人且无其他依法具有监护资格的人的,国家进行补位和兜底,在儿童福利机构内进行养育,符合条件的可以寄养、送养。[①] 从这个角度来说,我国未成年人监护同时又具有公法特点,体现出国家监护在未成年人监护领域所发挥的兜底性作用,是公权力基于最有利于被监护人、最有利于未成年人原则,对私权利的适度干预和介入。

(二) 监护人

1. 监护人

监护人是无民事行为能力人和限制民事行为能力人的监督保护人,代理或协助被监护人从事民事活动,保护被监护人的人身、财产及其他合法权益。[②]

《民法典》关于未成年人监护人的规定有两个主要的方面:一是除规定父母是未成年子女的监护人外,未成年人的父母已经死亡或者没有监护能力的,由具有监护能力的人按顺序担任监护人,含祖父母、外祖父母、兄、姐等,强化未成年人监护的法定顺位性;二是明确其他愿意担任监护人的个人或者组织,扩大了未成年人监护人的范围,在出现监护缺位、监护争议等情况时,由愿意担任监护人并经未成年人住所地居民委员会、村民委员会或者民政部门同意的个人或组织来担任未成年人的监护人。从上述法律规定来看,未成年人的监护人,是指对未成年人负有监护义务,依法履行抚养、教育、保护、代理等监护职责的个人、组织。

---

① 苑宁宁:《国家监护制度为未成年人成长护航》,载全国人民代表大会网 http://www.npc.gov.cn/npc/c30834/201910/fbde9bc3613f4769abe4f9d535a0c589.shtml,最后访问日期:2022 年 11 月 19 日。

② 《2022 监护人职责有哪些》,载华律网 https://www.66law.cn/laws/163137.aspx,最后访问日期:2022 年 11 月 19 日。

2. 监护能力

监护能力是指作为监护人承担监督和保护被监护人的人身及财产等合法权益的法律职责的行为能力。一般包括三层含义：具有民事行为能力；具有保护能力；具有管教能力。① 《民法典》总则编多次提到监护能力，但是没有对监护能力做出明确的界定。民法典总则编司法解释第六条对监护能力做出了规定，即认定自然人的监护能力，应当根据其年龄、身心健康状况、经济条件等因素确定；认定有关组织的监护能力，应当根据其资质、信用、财产状况等因素确定。此外，对自然人监护人还应考虑其与被监护人的情感密切程度、社会背景、监护时间和精力等。至于监护能力和监护资格之间的关系，按照相关法律释义，必须有监护能力是法律对监护人提出的基本要求，没有监护能力就无法取得监护资格，即具有监护能力是获取监护人资格的前提和重要标准。②

3. 监护资格

监护资格是指担任监护人的条件，其实际是一种法律地位，③ 分为积极资格和消极资格。积极资格是指担任监护人应当具备的条件，一般包括：成年；具备完全民事行为能力。消极资格又称"监护人缺格"，是指不得担任监护人的条件。一般情况下，消极资格包括：未成年；不具备完全民事行为能力；被撤销监护资格；与被监护人利益相冲突；去向不明；因故意侵犯他人的生命、健康而被定罪等。④

其中，因涉及监护人变更和监护措施跟进，撤销监护人资格成为近年来司法领域较为关注的一个重点。《民法典》就监护人资格作出相关规定，主要体现在以下方面：一是撤销监护人资格的适用情形。第三十六条规定：监护人有下列情形之一的，人民法院根据有关个人或者组织的申请，撤销其监护人资格，安排必要的临时监护措施，并按照最有利于被监护人的原则依法指定监护人：（一）实施严重损害被监护人身心健康的行为；（二）怠于履行监护职责，或者无法履行监护职责且拒绝将监护职责部分或者全部委托给他人，导致被监护人处于危困状态；（三）实施严重侵害被监护人合法权益的其他行为。本条规定的有关个人、组织包括：其他依法具有监护资格的人，居民委员会、村民

① 马永龙：《我国监护制度中的几个问题》，载《政法论坛》1994年第2期，第58页。
② 参见黄薇：《中华人民共和国民法典总则编释义》，法律出版社2020年版，第80页。
③ 参见李霞：《监护制度比较研究》，山东大学出版社2004年版，第389页。
④ 参见董思远：《未成年人监护制度研究》，西南政法大学2018年博士论文，第33页。

委员会、学校、医疗机构、妇女联合会、残疾人联合会、未成年人保护组织、依法设立的老年人组织、民政部门等。前款规定的个人和民政部门以外的组织未及时向人民法院申请撤销监护人资格的，民政部门应当向人民法院申请。上述规定明确了申请撤销监护人资格的适用情形、申请主体范围、申请兜底主体和条件。二是监护人资格撤销后的义务。第三十七条规定：依法负担被监护人抚养费、赡养费、扶养费的父母、子女、配偶等，被人民法院撤销监护人资格后，应当继续履行负担的义务。上述规定体现了法律对于未成年人合法权益的持续关注和跟进保护。三是恢复监护人资格。实践中，有的监护人在监护资格被撤销后，确有悔改表现，有继续担任监护人的意愿。第三十八条规定：被监护人的父母或者子女被人民法院撤销监护人资格后，除对被监护人实施故意犯罪的外，确有悔改表现的，经其申请，人民法院可以在尊重被监护人真实意愿的前提下，视情况恢复其监护人资格，人民法院指定的监护人与被监护人的监护关系同时终止。司法领域普遍对撤销监护人资格持审慎态度，因监护人资格撤销制度的设计初衷是实现未成年人权益最大化，绝不是对亲权关系的破坏，国家监护的强化是保障监护人资格撤销制度能够发挥其最大效益的关键。[1] 恢复监护人资格制度从以往的无法律规定到现在的有条件适用，表明在立法过程中，这一制度经历了一个更趋完善、更为合理的发展过程。

新修订的《未成年人保护法》在监护人资格方面，进一步进行补充完善，主要体现在两个方面：一是细化撤销监护人资格适用情形和依申请撤销程序。第一百零八条规定：未成年人的父母或者其他监护人不依法履行监护职责或者严重侵犯被监护的未成年人合法权益的，人民法院可以根据有关人员或者单位的申请，依法作出人身安全保护令或者撤销监护人资格。被撤销监护人资格的父母或者其他监护人应当依法继续负担抚养费用。针对实践中未成年人的父母或者其他监护人不依法履行监护职责或者严重侵犯被监护的未成年人合法权益的情形，人民法院可以根据有关人员或者单位的申请，依法撤销监护人资格，并责令被撤销监护人资格的父母或者其他监护人依法继续负担抚养费用。二是细化监护人资格撤销后未成年人的安置措施。第九十四条规定：民政部门应当依法对未成年人进行长期监护。人民法院判决撤销监护人资格并指定由民政部门担任监护人。人民法院判决撤销监护人资格并指定由民政部门担任监护人，

---

① 李睿龙：《反思与重构：我国监护权撤销制度研究——以 242 件司法案例为样本》，载《应用法学评论》2020 年第 1 辑，第 206 页。

这是民政部门应当依法对未成年人进行长期监护的适用情形之一，主要是基于人民法院判决撤销监护人资格，监护关系终止后，没有其他人可以担任监护人，而被监护人仍然需要监护的，应当依法另行确定监护人，由民政部门代表政府进行国家监护。

4. 监护意愿

有专家认为，虽然新修订的《未成年人保护法》不承认主观不愿，但监护意愿却是客观存在的事实，必须予以考虑。根据有关法律规定，监护意愿是指有监护能力的个人对监护所产生的看法或想法，并因此而产生的个人主观性思维。

《民法典》明确了监护的法定顺位，父母已经死亡或者没有监护能力的，有监护能力的祖父母不得拒绝承担监护责任，虽然祖父母不能以其没有监护意愿为由拒绝承担相应义务，但在司法案件中，法院还是会探寻祖父母的监护意愿。因此祖父母愿意监护未成年人亦是祖父母担任监护人的一个要件。[1]

5. 监护职责

监护职责，是指监护人依法承担的监护义务。[2]

在未成年人的监护人履行监护职责方面，《民法典》明确以下几方面内容：一是监护职责的法定性。监护人被指定后，不得擅自变更；擅自变更的，不免除被指定的监护人的责任。强调监护职责的法定性，即监护人一旦确定，就应当依法履行监护职责。二是监护职责的主要内容。未成年人的监护人职责主要包括两方面内容：一方面是抚养、教育、保护未成年人，涵盖日常抚育、生活照料、教育引导、人身安全保护、财产管理处置等，以促进未成年人身心健康发展等；另一方面是代理被监护人实施民事法律行为，可作为被监护未成年人的法定代理人行使民事权利和诉讼权利，承担民事和诉讼义务，以更好满足现代社会未成年人更广泛更深入参与社会活动和开展民事法律行为的实际诉求。三是履行监护职责遵循的原则。监护人应当按照最有利于被监护人的原则履行监护职责。监护人除为维护被监护人利益外，不得处分被监护人的财产。未成年人的监护人履行监护职责，在作出与被监护

---

① 鲁欣麟：《确定未成年非婚生子女监护人的法律路径研究——以〈民法总则最有利于被监护人原则为视角〉，上海交通大学 2019 年硕士论文，第 19 页。

② 《监护职责》，载百度百科网，https://baike.baidu.com/item/%E7%9B%91%E6%8A%A4%E8%81%8C%E8%B4%A3? fromModule=lemma_ search-box，最后访问日期：2022 年 11 月 19 日。

人利益有关的决定时，应当征求未成年人的意见，在未成年人提出自己的意见后，再根据未成年人的年龄、社会经验、认知能力和判断能力等，探求、尊重未成年人的真实意愿。①

　　由于受传统思想的影响，许多人认为监护是家庭内部事务，监护职责的实施很多情形下依赖监护人的自觉行为。加之法律长期没有明确规定监护的具体内容，即监护义务包括哪些方面，导致监护人没有明确的行为指引，有的甚至无所适从。因此，具体化监护人的监护职责十分有必要。② 新修订的《未成年人保护法》对监护人的职责进行更为细致的规定，明确了抚养、教育、保护未成年人等方面的具体内容，以未成年人的生存权、发展权、参与权和受保护权为出发点，确定了与此相关的各方面职责，③ 既是对《民法典》作进一步细化、补充和完善，又紧密结合新时代未成年人监护现状和实际诉求，将笼统性、原则性法律规定转化为更加具体化、实操性规定，具有鲜明的时代性、实践性和针对性。

　　6. 监护人设定和变更

　　我国未成年人的监护人设定和变更，主要有法定和指定两种形式。一是法定监护形式。《民法典》明确了父母作为子女的法定监护人。未成年人的父母已经死亡或者没有监护能力的，由其他有监护能力的人按顺序担任监护人。对监护人的范围和顺序进行明确界定。二是指定监护形式。《民法典》第二十九条规定：被监护人的父母担任监护人的，可以通过遗嘱指定监护人。遗嘱指定监护，是父母通过立遗嘱的方式，选择值得信任并对保护未成年人合法权益最为有利的人担任监护人，是最有利于被监护人原则的一个具体体现。《民法典》第三十一条规定：对监护人的确定有争议的，由被监护人住所地的居民委员会、村民委员会或者民政部门指定监护人，有关当事人对指定不服的，可以向人民法院申请指定监护人；有关当事人也可以直接向人民法院申请指定监护人。

　　在《民法典》相关法律规定基础上，《民法典》总则编司法解释针对现实生活中存在的监护缺失或者监护争议等问题，进一步补充、细化和丰富了监护

---

　　① 参见黄薇：《中华人民共和国民法典总则编释义》，法律出版社 2020 年版，第 96 页。

　　② 参见宋英辉，苑宁宁：《中华人民共和国未成年人保护法释义》，中国法制出版社 2020 年版，第 51~52 页。

　　③ 张雪梅：《〈未成年人保护法修订草案〉关于监护制度的规定与完善建议》，载《中华女子学院学报》2020 年 11 月第 6 期，第 37 页。

人设定和变更等内容，增强针对性、实操性和可行性，便于实践层面具体执行操作。

7. 监护责任

监护责任是指因监护人故意或过失，不恰当履行甚至逃避履行监护职责从而给被监护人的人身、财产或者其他权益造成损失而应承担的责任。[1]

《民法典》关于监护人应当承担的法律责任规定，主要包括三个方面：一是监护无力、监护缺失、监护不当、监护侵害的责任。明确监护人不履行监护职责或者侵害被监护人合法权益的，应当承担法律责任。二是父母或者其他监护人因被监护人造成他人损害而承担的责任。明确未成年子女造成他人损害的，父母应当依法承担民事责任。明确无民事行为能力人、限制民事行为能力人造成他人损害的，由监护人承担侵权责任。监护人尽到监护职责的，可以减轻其侵权责任。有财产的无民事行为能力人、限制民事行为能力人造成他人损害的，从本人财产中支付赔偿费用；不足部分，由监护人赔偿。三是监护人被指定后擅自变更的责任。明确监护人被指定后，不得擅自变更；擅自变更的，不免除被指定的监护人的责任。

新修订的《未成年人保护法》在法律责任章中，明确未成年人的父母或者其他监护人不依法全面履行该法规定的监护职责或者存在侵害未成年人合法权益行为的，应当承担法律责任。一是由其居住地的居民委员会、村民委员会予以劝诫、制止，如果存在屡教不改等严重情节的，居民委员会、村民委员会应当及时向公安机关报告，由公安机关依法处理。二是公安机关、人民检察院、人民法院在办理案件过程中发现的，直接予以训诫，并可以责令其接受家庭教育指导。此外，对任何组织和个人违反新修订的《未成年人保护法》规定，侵犯未成年人合法权益，应当承担相应的民事责任、行政责任和刑事责任。

（三）被监护人

被监护人是指法律规定的无民事行为能力人和限制行为能力人。[2] 根据《民法典》和新修订的《未成年人保护法》规定，本研究的被监护人，是指需

---

① 参见张伟，赵江红：《亲属法学》，中国政法大学出版社 2009 年版，第 247 页。

② 《被监护人》，载百度百科网 https：//baike.baidu.com/item/%E8%A2%AB%E7%9B%91%E6%8A%A4%E4%BA%BA？fromModule=lemma_search-box，最后访问日期：2022 年 11 月 19 日。

要被监护的不满十八周岁的未成年人。

联合国《儿童权利公约》第一条规定：为本公约之目的，儿童系指 18 岁以下的任何人，除非对其适用之法律规定成年年龄少于 18 岁。① 从上述国际公约的相关规定来看，我国未成年人的概念与国际上普遍使用的儿童概念，在内涵外延上是一致的。因此，本研究后续章节中均有未成年人和儿童概念并行使用的情况，分别对应不同的语境，其所表达的涵义是一致的。

此外，有一个问题需要我们注意，即 16 周岁以上、主要生活来源为其本人劳动收入的未成年人被视为完全民事行为能力人，其民事行为能力无须被补足。所以，这类被视为具有完全民事行为能力的未成年人并不需要设置监护，其不属于未成年人监护制度的调整对象。②

（四）家庭监护、社会监护和国家监护

按照监护实施主体性质划分，监护可分为家庭监护、社会监护和国家监护。其中，家庭监护的实施主体为未成年人的父母或者有监护能力的祖父母、外祖父母、兄、姐，我国未成年人监护主要是存在于父母或者相关近亲属之间，家庭监护在未成年人监护领域发挥着基础性作用，是未成年人监护的主要模式。社会监护是随着新公共行政运动而产生的，其实施主体为其他愿意担任监护人的个人或者组织，社会监护发挥着补充作用。国家监护是随着福利国家思潮而产生的，其实施主体主要是政府部门，代表国家对未成年人实施兜底监护。

有专家认为，关于上述三者的关系，需要注意以下两个方面的情况：一是家庭监护、社会监护与国家监护三者之间的定位。未成年人的监护主要还是要依赖家庭，社会监护作为补充、国家监护起到兜底作用。这是由我国的传统和国情决定的，我国自古有"法不入家门"的说法，虽然随着社会文明进步，公权力也会干涉私权利，但一般情况下，国家并不插手家庭监护，只有在家庭监护出现严重问题时，国家才会干预。二是社会主体在未成年人监护中的作用。社会主体主要包括两大类：一类是基层群众性自治组织，含居民委员会、

---

① 《儿童权利公约》，载百度百科．网 https://baike.baidu.com/item/儿童权利公约？fromtitle=联合国儿童权利公约 &fromid=3147555&fromModule=lemma_ search-box，最后访问日期：2022 年 11 月 19 日。

② 参见董思远：《未成年人监护制度研究》，西南政法大学 2018 年博士论文，第 10 页。

村民委员会；另一类是各类社会组织。社会主体主要发挥两方面作用：一方面是辅助监护人监护；另一方面是承担监护人职能。《民法典》规定了其他愿意担任监护人的个人或者组织在一定条件下可以承担监护职能。新修订的《未成年人保护法》却没有提及社会主体承担监护职能，主要考虑是基于我国国情实际，赋予社会主体监护职能要慎重，毕竟当前我国社会主体特别是社会组织还不够成熟，容易出现问题；但又不能简单否定，居民委员会、村民委员会和社会组织能够承担监护职责的，不仅可以发挥一些社会组织的专业优势，更好地满足监护人的愿望和被监护人的特殊需要，还能够充分发挥社会主体的补充作用，减轻国家负担。也有专家认为，在《民法典》立法过程中，因居民委员会、村民委员会缺乏物质保障和专业性等，由居民委员会、村民委员会担任监护人在实践中难以落实，建议删除居民委员会、村民委员会担任监护人的规定。还有专家认为，因居民委员会、村民委员会设置遍布城乡，不改变未成年人原有生活环境，可通过设置专人负责等配套措施来促进监护职责落实等，建议保留居民委员会、村民委员会担任监护人的规定。根据我国《宪法》《城市居民委员会组织法》《村民委员会组织法》等相关规定，居民委员会、村民委员会是自我管理、自我教育、自我服务和自我监督的基层群众性自治组织，办理本居住地区的公共事务和公益事业。居民委员会、村民委员会对居住地区的未成年人的健康情况、家庭情况等比较了解，如果具备履行监护职责条件，可以担任监护人。实践中，居民委员会、村民委员会担任监护人的情形虽然比较少，但不乏个别具备监护职责条件的居民委员会、村民委员会担任监护人，对此法律上不宜"一刀切"而完全否定。因此，根据《民法典》相关规定，在保留居民委员会、村民委员会担任监护人的基础上，在没有依法具有监护资格的人、主要由民政部门兜底的前提下，监护人也可以由具备履行监护职责条件的居民委员会、村民委员会担任，作为承担监护职责的补充主体。①

民法学界对于"国家监护"有不同的理解。有学者认为，国家监护是指作为对家庭监护和父母责任的补充，将监护责任强制转移至国家指定的机构的方式，② 可称为狭义的国家监护。中义的国家监护观点认为，国家监护制度除了直接代行监护权外，还包括由国家专门监护机构对原亲权人的监护行为进行

① 参见黄薇：《中华人民共和国民法典总则编释义》，法律出版社 2020 年版，第 87~88 页。
② 夏吟兰：《比较法视野下的"父母责任"》，载《北方法学》2016 年第 1 期，第 33 页。

协助、监督的形式。① 广义的观点则认为，国家监护包括以国家公权力机关介入监护的监督、监护人的选任与辞任、变更、监护开始的裁定、监护事务的执行等，同时设公职监护人在被监护人无适当监护人时直接充任监护人并由国家给予资金保障。② 在本研究中，我国未成年人国家监护采用的是狭义概念。随着国家经济实力的增强和治理水平的提升，国家作为未成年人保护和儿童福利保障的最后一道防线，应当强化监护职能，在其他监护人缺位时由民政部门代表政府担任兜底监护人，切实织密织牢未成年人监护网络，保障未成年人身心健康成长。综上，我国当前主要还是以家庭监护为基础、社会监护为补充、国家监护为兜底的未成年人监护制度。

（五）临时监护、长期监护

有专家指出，《民法典》仅是出现了临时监护措施、临时监护人、临时生活照料等概念，并未系统规定临时监护和长期监护制度。新修订的《未成年人保护法》在对目前国家监护的具体形态进行梳理后，明确了临时监护和长期监护概念，并进行了系统规定，将《民法典》中散见的一些情形，分门别类纳入两个监护制度中。有学者认为，国家长期监护与临时监护不同，相较于临时监护时间短、情况紧急的特点，长期监护是未成年人面临终局性伤害时，国家基于福利社会原则对未成年人提供保护的措施，是国家以公权力强势介入本属于私法范畴的监护事务。③

1. 临时监护

《民法典》第三十一条明确了临时监护主体，在指定监护人前，被监护人的人身权利、财产权利以及其他合法权益处于无人保护状态的，由被监护人住所地的居民委员会、村民委员会、法律规定的有关组织或者民政部门担任临时监护人。新修订的《未成年人保护法》细化列举了七项民政部门担任临时监护人的适用情形：（一）未成年人流浪乞讨或者身份不明，暂时查找不到父母或者其他监护人；　（二）监护人下落不明且无其他人可以担任监护人；

---

① 朱红梅：《监护的公法化：德国未成年人国家监护制度对我国的启示》，载《太原师范学院学报（社会科学版）》2007年第6期，第47页。

② 刘金霞：《建立我国监护的公权干预机制研究》，载《西部法律评论》2013年第4期，第23页。

③ 李安琪：《我国未成年人监护权撤销制度的实现机制研究》，载《青少年研究与实践》2018年第4期，第110页。

（三）监护人因自身客观原因或者因发生自然灾害、事故灾难、公共卫生事件等突发事件不能履行监护职责，导致未成年人监护缺失；（四）监护人拒绝或者怠于履行监护职责，导致未成年人处于无人照料的状态；（五）监护人教唆、利用未成年人实施违法犯罪行为，未成年人需要被带离安置；（六）未成年人遭受监护人严重伤害或者面临人身安全威胁，需要被紧急安置；（七）法律规定的其他情形。

在父母与未成年子女的监护关系存续期间，无法以法律强制要求父母之外的其他人担任监护人，承担监护职责。当父母监护因故暂时性缺位时，新修订的《未成年人保护法》设立了由民政部门担任临时监护人的制度，以避免出现监护的真空地带。临时监护是在未成年人监护缺失、监护不当时对其家庭监护进行行政干预和司法干预中的关键环节，具有承上启下的作用。[①]

综上，临时监护是指当未成年人暂时处于无监护状态或者暂时不宜由监护人继续监护时，由其他个人、组织或者政府部门对未成年人实施暂时性监护，依法履行抚养、教育、保护和代理职责。

此外，《反家庭暴力法》和有关政策文件借鉴了国外经验，规定了紧急状态临时安置制度。实践中，经调研发现，案件到法院申请撤销监护人资格时，未成年人已基本得到紧急安置，法院无需再另行安排临时监护措施。需要说明的是，紧急安置与临时监护是不同的，紧急安置是在紧急危险状态下将未成年人带离危险监护人予以临时安置的措施，是一种紧急状态下的措施。当紧急状态消失时，未成年人应当返回家庭，如果经过评估发现未成年人不宜返家的，那么应当及时启动临时监护程序。我国目前的法律规定，还没有将紧急安置措施和临时监护区分开来，程序上缺少二者之间的有效衔接。[②]

2. 长期监护

《民法典》第三十二条就民政部门或者居民委员、村民委员会担任监护人作出规定，明确没有依法具有监护资格的人的，监护人由民政部门担任，也可以由具备履行监护职责条件的被监护人住所地的居民委员会、村民委员会担任。新修订的《未成年人保护法》细化列举了五项民政部门担任长期监护人

---

① 张雪梅：《〈未成年人保护法修订草案〉关于监护制度的规定与完善建议》，载《中华女子学院学报》2020年第6期，第38页。

② 张雪梅：《〈未成年人保护法修订草案〉关于监护制度的规定与完善建议》，载《中华女子学院学报》2020年第6期，第39页。

的适用情形：（一）查找不到未成年人的父母或者其他监护人；（二）监护人死亡或者被宣告死亡且无其他人可以担任监护人；（三）监护人丧失监护能力且无其他人可以担任监护人；（四）人民法院判决撤销监护人资格并指定由民政部门担任监护人；（五）法律规定的其他情形。

根据上述规定，长期监护是指具有监护资格的个人、组织或者政府部门，作为未成年人的监护人，依法履行对未成年人的抚养、教育、保护和代理的监护职责。

国家长期监护不光是资金的投入，更要落实监护的主体责任。对于未成年人而言，公共组织的监护始终无法带来家庭监护的温暖。不管是在心理抚慰方面，还是在饮食、居住等条件方面，家庭监护更能为未成年人健康发展提供直接保障。不仅如此，国家监护水平与未成年人监护需求不完全适应，尤其是我国农村地区缺乏专业人员，监护设施短缺，难以满足未成年人监护过程中的多元化需求。鉴于此，国家长期监护需要积极寻求与收养制度的合理衔接，让未成年人回归到家庭监护的温暖中。[①]

（六）临时生活照料措施

《民法典》规定因发生突发事件等紧急情况，监护人暂时无法履行监护职责，被监护人的生活处于无人照料状态的，被监护人住所地的居民委员会、村民委员会或者民政部门应当为被监护人安排必要的临时生活照料措施。这里的"突发事件"，是指突发事件应对法中规定的，突然发生，造成或者可能造成严重社会危害，需要采取应急处置措施予以应对的自然灾害、事故灾难、公共卫生事件和社会安全事件。[②]

《民法典》新增的临时生活照料措施，是指基于突发事件、紧急情况，为未成年人提供的必要的暂时性生活照料安排，主要是照料其饮食起居、医疗康复、学习教育等日常生活，保障未成年人身心健康成长、正常生活。作出上述规定和安排，有助于进一步完善我国未成年人监护制度，体现出我国未成年人监护发展紧跟时代步伐、及时回应现实诉求、紧密贴合工作实践，彰显以人民为中心的发展理念，展示出强烈的与时俱进性，是《民法典》的一大突出

---

① 李睿龙：《反思与重构：我国监护权撤销制度研究——以 242 件司法案例为样本》，载《应用法学评论》2020 年第 1 辑，第 211~212 页。

② 参见黄薇：《中华人民共和国民法典总则编释义》，法律出版社 2020 年版，第 94 页。

亮点。

有专家认为，在《民法典》关于临时生活照料措施规定基础上，新修订的《未成年人保护法》就父母或者其他监护人看护照料未成年人特别注意义务作出规定。未满八周岁或者由于身体、心理原因需要特别照顾的未成年人，其能力和安全意识有限，缺乏独立的生活能力，感知觉以及动作发育尚未成熟，识别危险能力差，更没有自身防卫能力。在日常生活中，若无人看护或者无有效看护，其容易发生各种意外。近些年来的数据表明，意外伤害是低龄儿童的首要死因，超过60%的意外伤害在家中发生。[1] 新修订的《未成年人保护法》第二十一条规定：未成年人的父母或者其他监护人不得使未满八周岁或者由于身体、心理原因需要特别照顾的未成年人处于无人看护状态，或者将其交由无民事行为能力、限制民事行为能力、患有严重传染性疾病或者其他不适宜的人员临时照护。作出这一规定，是要保障未满八周岁或者由于身体、心理原因需要特别照顾的未成年人处于有足够保护能力和反应能力的成年人看护中，包括处于可及视线范围之内或者处于可以迅速发现异常情况并采取措施的范围之内，要避免将其交由无民事行为能力、限制民事行为能力、患有严重传染性疾病或者其他不适宜的人员临时照护。[2]

（七）监护关系终止

监护关系终止，即监护法律关系因相关法律规定事由而停止、不再继续。《民法典》第三十九条就监护关系终止作出规定，以列举的方式明确四种监护关系终止适用情形：（一）被监护人取得或者恢复完全民事行为能力；（二）监护人丧失监护能力；（三）被监护人或者监护人死亡；（四）人民法院认定监护关系终止的其他情形。同时规定，监护关系终止后，被监护人仍然需要监护的，应当依法另行确定监护人，避免因监护缺失而导致未成年人合法权益受到损害。

在《民法典》关于监护关系终止的规定基础上，新修订的《未成年人保护法》第九十五条规定，民政部门可以依法将其长期监护的未成年人交由符合条件的申请人收养。收养关系自登记之日起成立，同时民政部门与未成年人

---

① 《超过60%的意外发生在家中，你的家庭存在这些危险吗？》，载搜狐网 https：//www.sohu.com/a/240040814_ 100113559，最后访问日期：2022年11月19日。

② 参见宋英辉、苑宁宁：《中华人民共和国未成年人保护法释义》，中国法制出版社2020年版，第67页。

的监护关系终止。①

（八）与监护相关的几个概念

（1）家庭暴力。家庭暴力是指《反家庭暴力法》第二条规定的，家庭成员之间以殴打、捆绑、残害、限制人身自由以及经常性谩骂、恐吓等方式实施的身体、精神等侵害行为。因家庭暴力导致的监护侵害是较为典型的未成年人监护报告事由。

（2）禁止令。禁止令，是指依据《刑法修正案（八）》第二条规定的，对于判处管制，可以根据犯罪情况，同时禁止犯罪分子在执行期间从事特定活动，进入特定区域、场所，接触特定的人。禁止令是《刑法修正案（八）》新增设的制度，目前已经出现强制亲职教育纳入缓刑禁止令的全国首例实践，② 以避免出现相关人员逃避家庭教育指导行为。

（3）家庭教育。家庭教育是指《家庭教育促进法》第二条规定的，父母或者其他监护人为促进未成年人全面健康成长，对其实施的道德品质、身体素质、生活技能、文化修养、行为习惯等方面的培育、引导和影响。《家庭教育促进法》的颁布开启了监护人依法实施监护、开展家庭教育的时代，是国家完善未成年人监护支持服务的重要举措之一。

（4）报告制度。未成年人保护报告制度是指任何组织或者个人、未成年人保护相关单位及其工作人员，发现未成年人受到侵害或者发生不利于其身心健康的情形时，依法进行报告的制度。未成年人保护报告分为权利型报告和义务型报告，③ 其中，任何组织或者个人都有权劝阻、制止或者检举、控告属权利型报告，国家机关、居民委员会、村民委员会、密切接触未成年人的单位及其工作人员应当报告属义务型报告。报告制度具有集预防和处置、发现和核查、惩戒和服务于一体的特点，有效解决"发现难"的问题，有利于最大程度降低未成年人遭受侵害的风险，是未成年人监护的一道"安全阀"和"防护栏"。

（5）评估制度。评估制度是指依据《民法典》及新修订的《未成年人保护

---

① 参见宋英辉、苑宁宁:《中华人民共和国未成年人保护法释义》，中国法制出版社2020年版，第285页。

② 孙萍、尤丽娜:《监护侵害案中撤销监护权的适用》，载《中国检察官》2020第8期，第27页。

③ 参见宋英辉、苑宁宁:《中华人民共和国未成年人保护法释义》，中国法制出版社2020年版，第41页。

法》有关规定，对未成年人的监护人是否重新具备履行监护职责条件和收养申请人是否具备收养条件进行评价估量的制度，含监护评估和收养评估两个方面内容。《民法典》第一千一百零五条规定：县级以上人民政府民政部门应当依法进行收养评估。新修订的《未成年人保护法》第九十三条规定：临时监护期间，经民政部门评估，监护人重新具备履行监护职责条件的，民政部门可以将未成年人送回监护人抚养；同时规定民政部门进行收养评估后，可以依法将其长期监护的未成年人交由符合条件的申请人收养。评估制度的确立，有利于进一步提升民政部门依法行政能力和水平，有助于进一步强化最有利于被监护人和最有利于未成年人的理念，助力进一步完善我国监护制度和收养制度。

三、中国未成年人监护相关概念辨析

在未成年人监护涉及的概念中，有一些概念彼此存在一定的关联，但同时又有一定的区别，需要进行辨别和分析，以更好地认识、理解、掌握和运用这些概念。

（一）未成年人监护与未成年人保护

未成年人监护和未成年人保护这两个概念尽管具有一定的关联性，但也有本质区别：

1. 实施主体不同

未成年人监护的实施主体主要是指父母，同时包括有监护能力的近亲属、其他愿意担任监护人的个人或者组织、居民委员会、村民委员会、民政部门等。未成年人保护涵盖六大类保护，实施主体主要包括父母、其他近亲属、密切接触未成年人的单位及其工作人员、基层群众性自治组织、人民团体、企业事业单位、社会组织以及其他组织和个人、相关政府部门、人民法院、人民检察院等。与未成年人保护实施主体相比，未成年人监护实施主体的范围相对较小，其确定、变更等条件及顺位要求也更加严格。

2. 涵盖范畴不同

未成年人监护主要涉及家庭监护、社会监护和国家监护，分别以监护人所在层级为前提进行界定和区分。严格地说，社会和国家对于家庭监护的监督、干预和支持等均属未成年人监护的外围支撑和辅助因素，更多属于未成年人保护范畴。当未成年人的父母已经死亡或者没有监护能力，且祖父母、外祖父母、兄、姐均无监护能力，经未成年人住所地的居民委员会、村民委员会或者

民政部门同意，其他愿意担任监护人的个人或者组织担任监护人时，或者没有依法具有监护资格的人的，由具备履行监护职责条件的被监护人住所地的居民委员会、村民委员会或民政部门担任监护人时，家庭监护切换至社会监护或国家监护，属未成年人监护范畴。

3. 涉及内容既有联系又有区别

监护侧重于抚养、教育和保护未成年人，代理未成年人实施民事法律行为，保护未成年人的人身权利、财产权利和其他合法权益。未成年人保护涵盖家庭保护、学校保护、社会保护、网络保护、政府保护和司法保护。从家庭保护的角度来看，对未成年人进行监护是家庭保护的应有之义，也是家庭保护的主要职责和内容。从政府保护的角度来看，对符合一定情形的未成年人，民政部门应当依法对未成年人进行临时监护和长期监护，又与未成年人监护的内容相一致。但总体来看，未成年人监护比未成年人保护涵盖范围小、所涉内容较为具体，具有更强的指向性和针对性。

（二）监护人与抚养人

从历史情况来看，"抚养"概念在我国立法上经历了从广义到狭义的演变，其原本含义被不断剥离，转由其他条款规范，至《民法典》中已不再与教育合称，纯粹指向经济支持。至于生活语言中抚养所包含的父母亲情、对子女关爱亲近等含义，是自然天性，无法也无需通过法律予以规范，故不纳入法定职责范围。① 监护人与抚养人主要存在以下区别：

1. 从法理上区分

监护人属于亲属法中的身份权，具有特定资格。而抚养人一般是被作为义务履行主体来看待，是基于血亲、拟制血亲而产生。

2. 从实施主体上区分

未成年人的监护人不仅仅是父母，有监护能力的祖父母、外祖父、兄、姐，其他愿意担任监护人的个人或者组织，居民委员会、村民委员会、民政部门等，经符合一定实质和程序要件都有可能取得监护人资格、担任监护人。未成年人的抚养人除了可以由有负担能力的祖父母、外祖父母担任外，一般是由父母担任抚养人。

---

① 高兴：《刍议我国父母对未成年子女监护制度》，载《上海法学研究》2020 年第 9 卷，第 64 页。

(三) 父母监护与其他监护人实施的监护

有学者认为，父母监护与其他监护人实施的监护，二者的相似之处包括以下几点：第一，指导二者的原则趋同，都以最有利于被监护人、最有利于未成年人、公权力适当干预等原则为指导；第二，二者共享同一套社会管理机构，一般情况下，对父母进行干预的机构也是对其他监护人履行监护职责进行干预的机构；第三，非父母监护始于子女不在亲权之下的情形，所以在一定程度上被视为是亲权的延伸和补充；第四，制度的内容相似，关于亲权人（监护人）的资格、职责等具有一定的相似性。①

上述二者也存在不同之处：第一，制度设计的理论基础不同，亲权制度设计的基础在于对父母的"信任假设"，非父母监护制度设计的基础在于对监护人的"不信任假设"，权利义务设置不完全相同；第二，实施主体不同，亲权制度的实施主体是父母，非父母监护的实施主体包括近亲属、其他个人或者组织、政府部门；第三，制度的具体内容不同，含二者的成立条件、义务职责、终止事由等不完全一致；② 第四，制度的性质不同，父母对未成年子女的监护具有自然属性，本质上属于人伦关系。其他监护人在本质上是具有民事行为能力救济和弥补功能，是人为的制度设计，其确定与变更必须满足法定条件、履行法定程序。

也有学者认为，我国的父母监护职责内容存在三层结构，区别于其他监护类型。（1）仅以父母作为职责主体的监护职责，称为"父母特别监护职责"。此外，父母有权通过遗嘱为子女指定监护人，父母监护人资格被撤销的，在一定条件下可以恢复等，这些都是父母以外的其他监护人所不具备的。（2）未成年人的监护人——包括父母，以及在父母死亡或者没有监护能力情况下的其他监护人——所应承担的监护职责，称为"未成年人监护职责"，主要规定于新修订的《未成年人保护法》《预防未成年人犯罪法》《反家庭暴力法》等法律中，职责主体为"父母或者其他监护人"。（3）任何监护类型的监护人均应承担的监护职责，称为"一般监护职责"。与一般监护职责相比，父母监护职责的内容丰富得多，这正体现了我国监护制度中父母与其他监护人的重要区

---

① 参见董思远：《未成年人监护制度研究》，西南政法大学 2018 年博士论文，第 12 页。
② 参见董思远：《未成年人监护制度研究》，西南政法大学 2018 年博士论文，第 13~15 页。

别，不可谓无区别。①

（四）委托监护职责与委托照护

《民法典》第三十六条在撤销监护人资格的情形中出现了无法履行监护职责且拒绝将监护职责部分或者全部委托给他人的表述。在修订《未成年人保护法》时，有专家认为，未成年人的监护不适宜全部委托，虽然在实际生活中，不可避免要遇到"委托监护"的情况，但国家立法必须作出正确引导，无论父母或者其他监护人均不可以随意放弃监护。

为避免父母或者其他监护人变相放弃监护，同时，又考虑父母或者其他监护人因外出务工等原因在一定期限内不能完全履行监护职责的实际，新修订的《未成年人保护法》创新性设立委托照护制度。新修订的《未成年人保护法》第二十二条规定：未成年人的父母或者其他监护人因外出务工等原因在一定期限内不能完全履行监护职责的，应当委托具有照护能力的完全民事行为能力人代为照护；无正当理由的，不得委托他人代为照护。新修订的《未成年人保护法》没有继续沿用《民法典》中的"委托监护"制度，而是设立"委托照护"制度，意在表明特殊情况下，父母或者其他监护人不可以主动放弃全部监护职责，不得将法定监护职责全部委托他人，委托出去的只能是监护的部分照护职能，法律不但限定只在有正当理由时方可"委托照护"，而且详细规定不得担任被委托人的法定条件。

有专家认为，将"委托监护"变为"委托照护"，需要注意两点：一个是委托照护不仅解决外出务工人员的困难，也能解决长期服刑等人员遇到的监护困境。"委托照护"制度的确立，是对未成年人监护制度的进一步补充完善，为不能及时履行照护职责的父母或者其他监护人提供了解决思路。② 再有，新修订的《未成年人保护法》明确委托照护只能委托给有完全民事行为能力的人，各类组织作为委托照护的被委托人缺少法律依据。新修订的《未成年人保护法》之所以这样规定，主要是出于对各类组织承担委托照护职责要格外慎重地考虑。组织担任监护人需要未成年人住所地的居民委员会、村民委员会

---

① 高兴：《刍议我国父母对未成年子女监护制度》，载《〈上海法学研究〉》2020 年第 9 卷，第 63 页。

② 参见中国儿童福利和收养中心：《中国未成年人保护发展报告蓝皮书（2022）》，中国社会出版社 2022 年版，第 99~110 页。

或者民政部门同意，程序比较严格、责任比较清晰。而委托照护的程序比较简单，并不需要相关主体的同意和履行严格的程序。在实际工作中，当父母服刑，未成年人的祖父母、外祖父母以没有监护能力为由拒绝履行对未成年人的监护职责时，一些地方民政部门同意父母委托儿童福利机构或救助保护机构代为照护未成年人，既解决了未成年人缺少自然人照护等实际困难问题，又规避了儿童福利机构或救助保护机构履行临时监护需承担的诸多法律责任。在鼓励和肯定基层大胆探索解决实际问题的做法时，也需要对委托照护的条件、程序等进行明确细化，把好事做好。

（五）临时监护和临时生活照料措施

有专家认为，临时监护与临时生活照料措施不是平行的两项制度，而是新修订的《未成年人保护法》在《民法典》基础上发展出的升级版，临时监护是包含了临时生活照料措施在内的。

临时监护与临时生活照料措施的共同点都是紧急情况下的监护缺失，不同点是临时监护除了要照顾被监护人的日常饮食起居外，还要履行教育、保护和代理职责，承担相应的义务。而临时生活照料措施主要是对被监护人的日常生活进行照料，不涉及被监护人权利义务的重大决定。当未成年人遭遇监护侵害或处于其他监护困境时，公安机关、居民委员会、村民委员会、民政部门应当密切配合，必要时及时将未成年人带离危险环境并进行紧急安置，由民政部门负责临时生活照料。在此期间，若符合新修订的《未成年人保护法》第九十二条规定的情形的，民政部门应及时启动临时监护程序。此时，对未成年人的临时生活照料即转为临时监护。

（六）监护监督、监护干预与监护支持

有专家认为，监护监督是未成年人监护制度中非常重要的一项制度，试图在新修订的《未成年人保护法》中作出原则规定，推动实践中的探索。对监护监督目前还没有统一的认识，西方的监护监督也包括一部分支持、干预的措施。监护监督的定位应当是发现监护中的各类问题，然后再根据不同情况进行支持或者干预。在修改《未成年人保护法》时，各部门对监护监督的认识存在分歧，主要是因为对监护监督到底包括哪些内容还没有共识。有必要加强这方面的研究，特别是要界定清楚到底什么是监护监督。

　　有学者认为，监护监督制度，是指负有监护监督职责的自然人或者组织负责对监护人履行监护职责进行监督，以维护被监护人之利益的法律制度。[①] 监护干预，是指因监护无力、监护缺失、监护不当、监护侵害，国家公权力坚持最有利于被监护人、最有利于未成年人原则，对监护予以介入和干预，以救济合法权益受侵害的未成年人，惩戒矫正监护无力、监护缺失、监护不当、监护侵害行为人。监护支持，是指国家采取措施指导、支持和帮助未成年人的父母或者其他监护人正确履行监护职责，保障未成年人合法权益。

　　在实践中，被监护人往往处于被保护的"劣势"地位，他们对比较复杂的事物或者重大的行为缺乏判断识别能力和自我保护能力，从一定意义上说，被监护人属于判断能力不充分的群体，因此，监护行为不能完全实行私权自治，必须有公权力的介入，监护人的监护行为必须受到监督。根据上述分析，作为监护制度的重要内容之一，监护监督是民法所规定的监护监督人和监督机构依法监察并督促监护人行使监护权利和履行监护义务的法律制度。[②] 还有观点认为，监护监督是指"国家保障监护职责顺利履行所进行的公权干预"，包括三个维度的干预：（1）事前监督：保障监护启动，监护人能够顺利开始履行监护职责；（2）事中监督：保障监护进行，监护人能够尽职尽责地实施监护；（3）事后监督：保障监护失职和监督失职能够得到有效救济。[③]

　　监护监督、监护干预与监护支持三者有一定的关联，也存在一定的区别：

　　一是实施主体方面。任何组织或者个人都有权劝阻、制止或者向有关部门提出检举、控告不利于未成年人身心健康或者侵犯未成年人合法权益的情形。国家机关、居民委员会、村民委员会、密切接触未成年人的单位及其工作人员，在工作中发现未成年人身心健康受到侵害、疑似受到侵害或者面临其他危险情形的，应当立即向公安、民政、教育等有关部门报告。这表明监护监督的主体包括个人、组织、国家机关、密切接触未成年人的单位及其工作人员等，涵盖范围较大。从公权力对私权利介入和干预的适当性角度来说，监护干预和监护支持的实施主体主要是国家，涉及民政部门、公安机关、司法机关、检察机关等。出于救助和保护未成年人专业性需要，有时相关政府部门、司法机

---

　　① 参见陈苇：《中国婚姻家庭立法研究（第二版）》，群众出版社 2010 年版，第 510 页。

　　② 吴国平：《论我国监护监督制度的立法完善》，载《福建行政学院学报》2010 年第 3 期，第 59 页。

　　③ 谢芳：《完善我国未成年人监护监督制度的原则及路径》，载《中国青年社会科学》2021 年第 1 期，第 127 页。

关、检察机关会委托或联合共青团、妇联等人民团体和社会组织等，为成年人提供救助、保护措施，涵盖医疗救治、心理疏导、课业辅导、看护照料等。

二是主要内容方面。监护监督侧重于监督监护人选任，监护职责履行，发现监护无力、监护缺失、监护不当、监护侵害行为等问题。监护干预侧重于行政干预和社会干预，含紧急处置、临时监护、长期监护等；司法干预，含发出督促监护令、家庭教育令、人身安全保护令、撤销和恢复监护人资格等。监护支持则侧重于家庭教育指导、家庭暴力救助、预防犯罪教育等。

三是性质定位方面。监护监督是监护干预和监护支持的前提，主要是发现监护无力、监护缺失、监护不当、监护侵害问题；监护干预和监护支持是监护监督的跟进性环节和处置措施，是对监护无力、监护缺失、监护不当、监护侵害行为的及时制止和纠正。在实践中，未成年人监护方面存在的问题是千差万别的，具体情况要具体对待，有针对性地适用监护干预或者监护支持。监护干预侧重于对监护无力、监护缺失、监护不当、监护侵害行为予以制止和纠正，并对权益受到侵害的未成年人予以妥善安置，事后性和惩戒性特点较为突出。而监护支持则侧重于从提升思想认识、提高专业素养、促进部门协同、链接整合资源等角度，着眼于提升监护能力和水平，事前性、事中性和帮扶性特点较为突出。

第三章　未成年人监护体系中的责任主体

张　珩　张惠杰[①]

　　监护对未成年人的健康成长具有最基础、最根本的意义。《民法典》《未成年人保护法》对监护的规定共同构建了我国未成年人监护制度法律体系。《民法典》在贯彻儿童利益最大化、强调尊重被监护人意愿的基础上，强化国家机关和各类组织在未成年人监护中的职责和作用，初步确立了"以家庭监护为基础，社会监护为补充，国家监护为兜底"的未成年人监护制度。《未成年人保护法》与《民法典》相衔接，确立了最有利于未成年人原则，规定"国家应为父母或其他监护人履行监护职责提供指导、支持、帮助和监督"。为明确不同责任主体在未成年人监护体系中的功能定位，本章立足现行法律规定和制度设计，对家庭、社会、国家在未成年人监护体系中应承担的职责进行梳理分析，以厘清三者之间的责任边界和衔接程序，进而推动我国未成年人监护体系进一步完善和健全。

一、儿童、家庭和国家之间的关系

　　未成年人监护制度的构建和发展，是以承认儿童地位和儿童权利为前提的。在漫长的人类历史发展进程中，儿童与家庭、国家之间的关系经历了不同阶段的演变，未成年人的监护模式也相应地发生了改变。

（一）儿童人权理念的发展推动儿童主体地位变迁

1. 儿童是家庭的依附

在相当长的历史时期内，儿童被视为父母的依附，没有独立的人格和法律

---

　　① 张珩，中国儿童福利和收养中心党委办公室（纪委办公室、人事部）职员，研究方向：未成年人保护、儿童福利，电子邮箱地址：zh@cccwa.cn；张惠杰，中国儿童福利和收养中心党委办公室（纪委办公室、人事部）主任，研究方向：未成年人保护、儿童福利。

地位，更无权利可言。父母子女关系体现为家长权和父权，家长、父亲在宗族和家庭中享有崇高的地位，规定家庭生活，决定子女的重要行为。在中国古代的宗法家族中，"父子一体""长幼有序"是封建社会家庭伦理构建的基础，各代统治者与思想家无不强调儿童对家长的无条件服从。在封闭小农经济、"皇权不下县"的社会大背景下，家长依托宗族的支持，可以决定家族内未成年人的生杀予夺。无论是《论语》中的"君君，臣臣，父父，子子"，还是"三纲五常"中的"君为臣纲，父为子纲，夫为妻纲"，都无不昭示了封建家长，特别是男性家长，拥有着对妻子、子女等家庭成员的绝对控制权、全面管理权，未成年人没有自由意志的空间，家长对未成年人的权利涵盖了全部未成年人监护事务，这种状况直到 19 世纪末 20 世纪初叶，才开始逐渐崩解。

2. 儿童成为应当受到尊重的生命个体

在西方，文艺复兴和启蒙运动有力地抨击了宗教对人的主体性地位的抹杀，从而产生了人权的观念。[1] 随着人权思想的提出，人"成为平等自足的主体"。儿童逐渐被视为与成年人一样的人权主体，而不是家庭或父母的附属和财产。儿童享有基本的人权和自由，具有独立的人格尊严，拥有独立的权益，应给予其"人"的保护。从权利理论出发，儿童为"人"的基本人权被承认，使儿童成为"人"获得直面国家的成员资格，建立了和国家的联结，为国家触角延伸至家庭内亲子关系奠定了基础。[2]

3. 儿童是需要给予特殊保护的对象

工业革命之后，西方国家出现了各种棘手的社会问题，滥用童工、贫困家庭儿童生存状况堪忧、破碎家庭等导致大量儿童无家可归，[3] 欧美社会逐渐形成了"儿童天性善良"的社会思潮，并在进入 19 世纪后愈发强烈。"拯救儿童"的社会运动率先在美国兴起，从社会精英到普通民众都逐渐认识到儿童的脆弱性，达成了"儿童需要得到保护"的社会共识，这也是近现代儿童福利制度萌生的土壤。随着自然科学特别是医学水平的日新月异，以及教育理念的进步，到 20 世纪初，社会主流认识已经越发承认儿童是未来的希望，儿童具有权利主体地位，必须得到有力的保护。20 年代，"救助儿童国际联盟"首

---

① 参见李红勃等：《未成年人法学》，中国政法大学出版社 2021 年版，第 2 页。

② 林建军：《论国家介入儿童监护的生成机理与生成条件》，载《策略》2019 年第 3 期，第 195 页。

③ 参见宋英辉、苑宁宁等：《未成年人保护与犯罪预防问题专题研究》。中国检察出版社 2020 年版，第 25 页。

次提出"儿童权利"的概念。在儿童遭遇残酷命运的第二次世界大战后,《国际人权宪章》进一步宣示了儿童的独特法律地位。1959 年,联合国发布《儿童权利宣言》,明确了各国儿童应当享有的各项基本权利。1989 年,联合国进一步出台了《儿童权利公约》,儿童权利在国际上得以全面明确和深化发展,这部公约也因此被誉为"儿童权利大宪章"。从儿童权利视角出发,儿童不仅是"人",还是"儿童",具有不可替代、独立存在的价值。

(二) 经济社会的发展和传统儿童监护模式的转变

1. 家庭环境对儿童的成长具有至关重要的作用

在中国传统儒家文化"家本位"的观念中,每一个大家庭都是一个小社会,不只有经济职能、社会义务,还必须具备传宗接代、繁衍生息的功能,以及教化、福泽子孙的责任。家庭中的每个成年人,都理所应当的有义务照顾乃至抚养本家庭所有未成年人,家庭监护成为我国社会长期以来"抚养和教育未成年人,以及履行对未成年人的监护、照顾职责的最普遍形态"[1]。《儿童权利公约》也强调了家庭对儿童养育、保护和发展具有重要的责任:"深信家庭作为社会的基本单元,作为家庭所有成员、特别是儿童的成长和幸福的自然环境,应获得必要的保护和协助,以充分负起它在社会上的责任。"

2. 父母对子女的生存发展承担首要责任

父母与子女具有天然的血缘联系,是未成年子女的首要监护人,对他们承担着法定的教养保护职责。在儿童成长过程中,父母在家庭中对子女的陪伴和教育是不可替代的。"父慈子孝"是中国传统文化的核心,正所谓"养不教,父之过",父母抚养教育子女的义务和责任在中国几千年的传统文化和伦理道德中深入人心。[2] 如果养而不教,同样是父母未尽义务之过错,这与欧陆民法典将亲权规定为教育、保护未成年人首要制度的做法,在立法思想上完全一致。[3]

3. 家庭监护的发展及面临的困境

漫长的人类历史长期将家庭视为私人领地,家庭自治以至高无上的家父权

①　陈翰丹、陈伯礼:《论未成年人国家监护制度中的政府主导责任》,载《社会科学研究》2014 年第 2 期,第 82 页。

②　夏吟兰:《民法典未成年人监护立法体例辩思》,载《法学家》2018 年第 4 期,第 8 页。

③　参见朱广新:《未成年人保护的民法问题研究》,中国人民大学出版社 2021 年版,第 142 页。

为依托，对内支配控制儿童等家庭成员，对外抵御抗衡国家，成为国家法秩序外的自治系统，法律止步于此。① 在 17 世纪末和 18 世纪，家庭越来越远离大街、远离广场、远离集体生活，它退回到更隐秘的内部，阻止外来人员入侵，更多地关注家庭的亲情，情感功能成为家庭的新特点。② 在工业革命之后，家庭这种社会经济的基本单位开始瓦解，随着社会分工的进一步细化，传统的扩张家庭形态发生解构，家庭亲属关系逐渐松弛，核心家庭逐渐成为主要的家庭模式。同时，家庭中既存在共同体人格及其整体目标、利益，也存在家庭成员个体的独立人格及其目标、利益。儿童与父母在利益上并非恒久一致，特别是在家庭经济、教育、时间等资源有限的情形下，家庭成员之间、家庭成员个体与家庭共同体之间的冲突在所难免。③

我国的现代化转型和家庭功能的转变是伴随着改革开放和社会主义市场经济的发展逐步展开的。市场经济追求平等、自由、价值和效率，由此而来的公民权利意识的觉醒，以及"理性经济人"理念的推广，使得"民主"和"平等"的观念开始逐渐在家庭关系中体现。同时，经济的发展、社会的进步，以及生育率的日趋降低，也让现代家庭发生了从扩展型家庭，缩小为核心家庭的演变。许多"单位"在计划经济时代原本是具有社会保障功能的，在市场化的改革大潮中，主动或被动地转变为市场主体，按照市场经济规律，对原有的就业模式、用人机制、劳动方式等进行大刀阔斧的改革，大量的人员从原来的"单位人"，在一夜之间突然转变为社会人，被从单位的"庇护"中甩出，面临沉重的就业压力和激烈的竞争态势。此外，随着产业结构逐渐升级换代，工业现代化水平逐渐提升，大量农村剩余劳动力向城市转移，推动着城镇化进一步加剧，无论是城镇还是乡村的家庭，都一样面临着难以躲避的压力，同时规避和承担风险的能力却反而下降。伴随着整个社会的现代化发展大踏步地提升，同时也伴生了留守儿童、流动儿童、家庭暴力、虐待和忽视等问题，国家介入干预成为应对未成年人监护危机的必然要求。

---

① 林建军：《论国家介入儿童监护的生成机理与生成条件》，载《策略》2019 年第 3 期，第197 页。

② ［法］菲利普·阿里埃斯：《儿童的世纪：旧制度下的儿童和家庭生活》，沈坚、朱晓罕译，北京大学出版社 2013 年版，第 16 页。

③ 林建军：《论国家介入儿童监护的生成机理与生成条件》，载《策略》2019 年第 3 期，第197 页。

（三）国家亲权理念的发展和国家监护的兴起

1. 国家亲权理念的起源和内涵

国家亲权的思想最早可以追溯至罗马法时期。中世纪，英国在古罗马学说的基础上创设了国家亲权理论，即国王作为国家之父有义务保护和照顾不能自我保护的弱势群体。中国古代法治文化中也有着明显的国家亲权思想，"普天之下莫非王土，率土之滨莫非王臣"，天下都是君王的臣民，自然君王就是天下人的父母，在几千年的传统文化传承过程中，这种原始而朴素的国家亲权思想认识已经化为民众的家国情怀和集体潜意识，根深蒂固。[①] 我国古代帝王多推崇儒家文化，自古以来就有"慈幼""恤孤"的传统，南北朝时期设有孤独园，宋代有收养孤弃儿童的专门机构婴儿局、慈幼庄，"仁政""兼爱""合独"等诸子百家思想对中国社会产生了深远影响。[②]

就儿童群体来说，国家亲权意味着国家是儿童最高和最后的监护人。一方面，当父母不能给予儿童必要的照顾和保护时，国家可以采取一切适当的措施对父母监护进行强制干预，对未成年人给予充分保护，必要时可以由国家替代监护；另一方面，国家通过采取积极的措施推动儿童福利事业发展，保障未成年人生存、发展、教育、医疗等方面的权益，尽可能地避免儿童陷入监护困境。

2. 国家亲权理念下国家监护的兴起与发展

国家监护是20世纪60年代后，随着福利国家的发展而提出来的，其目的在于明确未成年人的监护不仅是个人或家庭的责任，而是家庭、社会和国家共同的责任。国家通过运用各种公权力手段和社会公共机制，干预、介入未成年人监护领域，实践其保护未成年人合法权益的职责。[③] 国家监护的理论包括以下内涵：一是强调国家是儿童的最终监护人，应当承担起保护儿童的责任，并应积极履行该职责；二是强调国家监护高于父母责任，当儿童的父母缺乏保护子女的能力，或者有能力而不履行及不适当履行监护职责的，国家可以超越父

---

① 姚建龙、公长伟：《未成年人保护中的国家亲权理念研究——以新未成年人保护法为重点》，载《预防青少年犯罪研究》2021年第1期，第18页。

② 参见张芃：《未成年人法律保护机制研究》，山东大学出版社2022年版，第122页。

③ 陈翰丹、陈伯礼：《论未成年人国家监护制度中的政府主导责任》，载《社会科学研究》2014年第2期，第82页。

母责任；三是国家在担当儿童父母的角色时，必须遵循儿童利益本位原则。①

我国从新中国成立到改革开放这一段时间，因受计划经济的影响，私法一直没有得到重视，也未曾使用监护的概念。② 1986 年《民法通则》和 1991 年《未成年人保护法》相继确立了父母不履行监护职责或者侵害未成年人合法权益时的监护权撤销制度，但由于规定过于原则，缺乏具体的操作性，也囿于当时的社会观念，在实践中鲜有适用。近年来，随着《民法典》的颁布和《未成年人保护法》的修订，我国的国家监护制度也日渐完善并且初具规模。

3. 国家介入儿童监护的原则及价值取向

无论是罗马法时期依附于家长权，近代强调父母家庭私域权力还是现代以未成年人利益为本位，家庭监护始终是人类社会未成年人监护的最常态模式。③ 依据私法自治理念，公权力对私域的干预在范围和力度上应该有严格的限制，以防止公权力的过度膨胀。国家虽然有权基于保护理念介入婚姻家庭关系，依法保障弱者权益，但仍应尊重个人对家庭生活事务的自我决定权，实施的干预必须适度。国家干预必须遵循两个原则：一是法律保留原则，即国家对家庭生活事务干预须具有法律上的依据，以法律手段进行；二是比例原则，即国家干预在时机、方式与程度上须与保护弱者权益的需要相对称，不能过度干预。④ 具体到儿童监护事务，国家在选择公权力介入手段时，应在保障儿童人权实现儿童最大利益目的之下，采取具有适当性、必要性和均衡性的公权力手段，根据儿童权益受损的不同原因、后果及程度，决定国家介入的方式、程度及持续时间。⑤

二、对监护能力和法定监护顺位的理解

（一）监护能力的评估与确认

监护能力并不等同于民事行为能力，但对自然人监护能力的评价仍然关系

---

① 姚建龙：《国家亲权理论与少年司法——以美国少年司法为中心的研究》，载《法学杂志》2008 年第 3 期，第 92 页。

② 参见董思远：《未成年人监护制度研究》，中国人民公安大学出版社 2019 年版，第 80 页。

③ 张善斌、宁园：《论未成年人监护的价值理念——以国家干预及其尺度为视角》，载《武汉理工大学学报（社会科学版）》2016 年第 6 期，第 1203 页。

④ 马忆男：《婚姻家庭法领域的个人自由与国家干预》，载《文化纵横》2011 年第 2 期，第 50 页。

⑤ 参见夏吟兰、林建军：《人权视角下儿童国家监护制度的构建》，载夏吟兰主编：《从父母责任到国家监护——以保障儿童人权为视角》，中国政法大学出版社 2018 年版，第 329 页。

到其切身利益，因为按照《民法典》第三十九条的规定，是否具有监护能力直接决定了监护关系能否存在，监护人如果丧失监护能力，监护关系即终止，此时如果被监护人仍然需要监护，应当另行确定监护人，建立新的监护关系。尤其对于父母而言，其对未成年子女的监护具有自然属性和身份属性，是固有的天然权利，本质上属于人伦关系，非因法定原因不能剥夺，如果判断父母丧失了监护能力，其也就丧失了对子女的监护权。因此，对于监护能力丧失的判断必须严谨慎重。监护能力的评估确认程序是监护制度的重要组成部分，我国没有建立监护评估的相关制度，只在《未成年人保护法》第九十三条规定：在临时监护期间，经民政部门评估，监护人重新具备履行监护职责条件的，民政部门可以将未成年人送回监护人抚养。目前，很多地方相继开展了未成年人家庭监护能力评估的实践和探索，上海、江西等地还出台了监护评估规范和工作指南，对未成年人监护状况风险进行分级，针对高、中、低风险分别采取不同的帮扶和干预措施。本研究认为，当前各地开展的监护能力评估，其本质是对未成年人家庭监护能力强弱的判断，并非是对有无的认定。监护能力的评判常常涉及对自然人行为能力的认定，以及对经济条件、健康状况、社会关系等个人隐私的介入和判断，其评估可以由第三方机构、社会组织来承担，其确认可以交由行政机关，但判断丧失应交由人民法院进行司法认定。

（二）法定监护顺位的变更

《民法典》第二十七条第二款规定父母之外具有监护能力的人要按顺序担任监护人，主要目的在于尽快稳定监护关系，防止具有监护资格的人之间互相推卸责任，导致出现监护人缺位的情况。法定顺位中的人员如果没有法律规定的特殊原因就必须担任监护人，不能随意放弃监护人身份。但是，法定监护顺位并非不能改变，为了更好地维护被监护人利益，尊重被监护人意愿，在法定情形下，监护的顺序可以被突破。一是遗嘱指定监护，被指定的人不限于法定顺位。二是在协议监护中，监护人或者监护顺序在先的人可以与其他具有监护资格的人协议确定监护人，不限于法定顺位。三是在监护人的确认发生争议时，村（居）民委员会、民政部门、人民法院指定监护人，不限于法定顺位；或者人民法院在撤销监护人资格后另行指定监护人的，也可以变更法定监护顺位。

三、未成年人监护体系中的家庭责任

家庭是社会的细胞，更是社会稳定的基础，良好的家庭氛围、和谐的家庭关系对未成年人健康成长具有十分重要的作用。

（一）家庭监护的设立

未成年人的监护始于出生。父母对未成年子女的监护以亲子关系的产生为基础，无论是血缘关系、伦理亲情还是法理依据，父母对未成年子女都天然地具有抚养照顾的权利和义务，① 无论父母是否处于婚姻关系中，其都是未成年子女的法定监护人，其他具有血缘关系的亲属按照法律的规定承担对未成年人的监护职责和抚养义务。监护制度的作用之一，在于弥补自然人民事行为能力的不足。按照《民法典》的规定，不满十八周岁的自然人是我国未成年人监护制度的调整对象。但是，十六周岁以上的未成年人，以自己的劳动收入为主要生活来源的，在法律上视为完全民事行为能力人，其民事行为能力不需要补足，因此也没有必要再为其设置监护。他们有能力独立实施民事法律行为，承担相应的法律后果，对自己的行为和选择负责。

（二）家庭责任的承担主体

1. 父母

父母对未成年子女的抚养、教育和保护义务，是家庭监护的基础。我国《民法典》没有区分亲权与父母之外的其他监护人，但是第二十六条和二十七条将未成年人监护植根于父母义务之下，在未成年人养育与保护上突显了"父母责任当先"的思想，这与父母是未成年子女的自然监护人，非父母监护人只是父母之替代者的亲权与监护二分的近现代民法观念实质上一脉相承。② 部分法条的规定更是体现了父母监护的特殊地位，比如通过遗嘱指定监护人的只能是父母，撤销监护人资格后有条件恢复的仅限于父母，只有生父母才能将因特殊困难无力抚养的子女送养。

2. 特定亲属

祖父母、外祖父母、兄、姐作为特定亲属，是承担未成年人家庭监护责任的重要群体。按照《民法典》的规定，当未成年人的父母因为死亡、丧失监护能力而无法承担监护职责时，具备监护能力的祖父母、外祖父母、兄、姐要按照法定顺序担任监护人，履行监护职责。此外，按照《民法典》第一千零

---

① 夏吟兰：《民法典未成年人监护立法体例辩思》，载《法学家》2018 年第 4 期，第 6 页。
② 朱广新：《论监护人的确定机制》，载《中国应用法学》2022 年第 3 期，第 145 页。

七十四条和第一千零七十五条的规定，有负担能力的祖父母、外祖父母和兄、姐，对于父母已经死亡或者父母无力抚养的未成年孙子女、外孙子女和未成年弟、妹，有抚养的义务。即，当未成年人的父母死亡，或无力抚养未成年子女时，祖父母、外祖父母、兄、姐如果自身有负担能力，即使没有担任监护人，也要履行抚养义务。

3. 共同生活的其他家庭成员

《未成年人保护法》第十五条规定，共同生活的其他家庭成员应当协助未成年人的父母抚养、教育和保护未成年人。这是《未成年人保护法》修订新增的内容，为了让未成年人得到更好的照料，将抚养、教育、保护的责任主体延伸到共同生活的其他家庭成员，符合目前我国的具体国情。对于共同生活的其他家庭成员，一方面要尊重父母的监护权，不应随意干涉，另一方面要积极地配合、辅助父母的监护，必要时予以帮助。[①]

(三) 特定亲属监护意愿的考量

实践中经常出现祖父母、外祖父母等亲属有监护能力，但却以年龄大、经济条件不好、没有能力为由不愿意担任监护人。在这种情况下，是否要追究祖父母、外祖父母的责任，以及孩子的监护权应该由谁来承担，目前法律尚没有明确的规定。

严格按照《民法典》关于监护顺位的规定，祖父母、外祖父母作为法定监护人，在有监护能力的情况下不得拒绝承担监护职责。但从近年来的司法实践看，基于最有利于被监护人视角，已逐渐形成了"综合被监护人的意愿、监护人的监护能力、监护意愿与被监护人的生活状态"为主要规则标准的确定监护人路径。[②] 法院在审理监护争议案件时，还是会探寻祖父母、外祖父母等亲属的监护意愿，如果祖父母、外祖父母以其监护能力不足为由拒绝担任监护人，经法院确认后，其依然可以不承担监护责任。例如，2016 年最高人民法院发布《关于侵害未成年人权益被撤销监护人资格典型案例》，在"邵某某、王某某被撤销监护人资格案"中，法院撤销父母的监护资格后，由于未

---

① 苑宁宁：《关于民政临时监护未成年人制度的理解与适用》，载《中国民政》2021 年第 11 期，第 32 页。

② 参见鲁欣麟：《确定未成年非婚生子女监护人的法律路径研究——以〈民法总则〉最有利于被监护人原则为视角》，上海交通大学 2019 年硕士论文，第 40 页。

成年人邵某的祖父母已经去世，按照法定的监护顺序，应由外祖父母来担任监护人，但由于外祖父母和其他近亲属均明确表示不愿意担任邵某的监护人，法院最终判决由民政部门作为监护人。2022年，最高人民法院发布《人民法院贯彻实施民法典典型案例（第一批）》，在"梅河口市儿童福利院与张某柔申请撤销监护人资格案"中，张某柔非婚生育一名女婴（暂无法确认生父）后将其遗弃在露天垃圾箱内，张某柔因犯遗弃罪被判刑，其本人不履行抚养义务，近亲属也无抚养意愿。最终经梅河口市儿童福利院申请，人民法院判决撤销张某柔监护人资格，指定儿童福利院作为未成年人的监护人，梅河口市人民检察院出庭支持儿童福利院的申请。

本研究认为，监护关系是一个长期的关系，不仅仅是"赋予"一项权利，更要承担相应的义务。因此，选择身心健康、具有监护愿意的监护人，将更有利于保障被监护人的合法权益。[1] 虽然法律明确了监护顺序，但它的本质是在未成年人面临监护缺失的时候，快速为其确定监护人的一种制度规则，在最有利于被监护人的原则下，不能将其作为最终确定监护人的唯一或者最主要标准。即，当未成年人的父母死亡或者丧失监护能力，祖父母、外祖父母按照法律规定是当然的法定监护人，无论其处于何种情况都必须第一时间承担起监护职责以避免未成年人处于监护的真空地带。如果其认为自己没有监护能力，在承担监护职责后可以与其他有监护资格的人进行协商，协商不成的，由村（居）民委员会、民政部门或者法院进行指定。按照《民法典》和《未成年人保护法》的规定，监护权的变更只有在监护人客观不能或者故意伤害两种情况下发生，主观不愿不能成为变更监护权的正当理由。对有监护能力却不愿意承担法定监护职责的祖父母、外祖父母等亲属要予以相应的惩罚，如由公安机关进行训诫，责令承担抚养费等，一方面提高其违法成本，另一方面以彰显法律的公平和正义。

（四）家庭责任的主要内容

《民法典》将监护职责细化为抚养、教育、保护三项内容。在此基础上，《未成年人保护法》第十六条列举了父母或者其他监护人应当履行的监护职责，第十七条明确了不得实施的行为，从正反两方面对父母或者其他监护人的

---

① 参见鲁欣麟：《确定未成年非婚生子女监护人的法律路径研究——以〈民法总则〉最有利于被监护人原则为视角》，上海交通大学2019年硕士论文，第38页。

监护职责进行了规定，为指导家庭有效履行监护职责、判断家庭履职状况提供了客观标准。为应对儿童意外伤害高发的现象，法律新增了关于父母或者其他监护人保障未成年人安全的规定，列举了保障家庭环境安全、交通安全、户外活动安全等方面具体要求，指导家庭履行安全注意义务。此外，为有效避免侵害行为发生、最大限度降低侵害后果，法律特别增加父母或其他监护人及时采取保护措施和履行报告义务的规定，推动家庭更加主动、妥善保护未成年人合法权益，筑牢未成年人保护的第一道屏障。未成年人的父母或者其他监护人应当依照法律规定正确、全面地履行监护职责。

2022 年 1 月 1 日，《家庭教育促进法》正式实施，依法开展家庭教育成为父母和其他监护人履行家庭监护职责的重要内容，接受家庭教育指导、参与家庭教育实践活动是父母和其他监护人的法定责任。该法对家庭责任的落实重点分为两个层面：一是"指引"，即对提高家庭教育能力、营造良好家庭环境提出要求，对家庭教育的内容和方式作出引导性规定，帮助家长依法科学实施家庭教育；二是"赋能"，即明确国家和社会应当为家庭教育提供指导、支持和服务，赋能家长做好家庭教育。①

（五）家庭责任的特殊承担方式

监护具有人身专属性，同时是法定义务，一般情况下必须亲自履行，不能全部委托，更不能随便放弃和转移。但对于父母或其他监护人因外出务工等原因暂时不能很好履行监护职责的，《未成年人保护法》创新性地设立了委托照护制度，以协助父母或其他监护人更有效的履行监护职责。此外，《民法典》新增了遗嘱监护，父母担任监护人的，还可以通过遗嘱确定未成年子女的监护人。

1. 委托照护

《未成年人保护法》第 22 条规定："未成年人的父母或其他监护人因外出务工等原因在一定期限内不能完全履行监护职责的，应当委托具有照护能力的完全民事行为能力人代为照护。"照护同监护有着本质的区别，委托照护不是一种监护形式，而是临时性的、非长期性的协助照护，是对监护权的有效补

---

① 苑宁宁：《家庭教育促进法正式实施 父母们开启"依法带娃"时代》，载光明网 https://m.gmw.cn/baijia/2022-01/02/1302746675.html，最后访问日期：2022 年 10 月 17 日。

充，并不变更监护权。①

已经废止的《最高人民法院关于贯彻执行〈中华人民共和国民法通则〉若干问题的意见》曾经规定了委托监护制度：监护人可以将监护职责部分或者全部委托给他人。《民法典》并没有对委托监护进行界定，只在第三十六条提到监护人无法履行监护职责且拒绝将监护职责部分或者全部委托给他人导致被监护人处于危困状态时可撤销监护人资格，在第一千一百八十九条规定监护人将监护职责委托给他人的，监护人应当承担侵权责任，这在某种意义上肯定了委托监护制度的存在。关于委托监护的性质，目前还存在争议，有的认为委托监护导致了监护关系的变更，设立了新的监护关系，原监护人因此丧失了监护资格和监护地位，被委托人成为新的监护人。有的认为委托监护是合同关系，监护人与受托人就监护职责委托代为履行等事项达成意思一致，不涉及监护资格的变更。本研究赞同后一种说法，即委托监护是一种合同关系，受托人并不因此取得监护资格，双方的法律关系、责任承担等都可以比照适用委托照护的规定。这是因为监护权作为一种身份权，只有法律规定的特定主体才享有，基于身份权的专属性，监护权不得让渡，故受托人并不因委托监护而享有监护权。② 即使监护职责全部由受托人行使，监护人的监护资格也不丧失。③

（1）委托照护双方的法律关系。

从目前我国立法来看，委托双方形成合同关系，即合同双方基于监护职责事项委托而形成的权利义务关系。④ 双方权利义务对等，受委托人按照合同约定履行监护职责，委托人应当支付受托人因为履行监护职责而产生的费用，例如未成年人的生活费、教育费、医疗费等。为激励受委托人切实担负起监护职责，委托人可以支付适当的劳务报酬。委托照护事项的范围依照合同约定，既可以仅限于日常生活照料、维护健康、保障安全，也可以包括《民法典》第三十四条和《未成年人保护法》第十六条规定的其他监护事项，例如代理未成年人实施民事法律行为、保护被监护人的财产权利以及其他合法权益、帮助

---

① 汪全胜、王新鹏：《论我国未成年人委托照护制度的立法权限及其完善》，载《云南师范大学学报（哲学社会科学版）》2021 年第 4 期，第 99 页。

② 参见最高人民法院民法典贯彻工作领导小组：《中华人民共和国民法典侵权责任编理解与适用》，人民法院出版社 2020 年版。

③ 参见黄薇：《中华人民共和国民法典总则编解读》，中国法制出版社 2020 年版，第 80 页。

④ 石鲁夫、宇麒潼：《服刑人员未成年子女保护视野下委托监护制度分析》，载《沈阳师范大学学报（社会科学版）》2019 第 3 期，第 80 页。

未成年人树立正确的价值观、培养其良好的行为习惯等。①

（2）委托照护的适用条件。

按照《未成年人保护法》的规定，适用委托照护主要有两种情况：第一种为主观上的不能，即父母或其他监护人外出务工或其他同类行为；第二种是客观上的履行不能，一般是由于疾病或者意外事故等不可预见且不能控制的事由导致未成年人的父母不能履行职责。② 两种情况的前提是"一定期限和部分不能"，若父母或其他监护人永久丧失履行全部监护职责的能力和条件，应当依法另行确定监护人。

（3）被委托人的范围。

按照《未成年人保护法》的规定，被委托人应当是具有照护能力的完全民事行为能力人。对于组织能否成为被委托人，目前尚有分歧。有的专家认为，法律规定委托照护只能委托给有完全民事行为能力的人，因此各类组织作为委托照护的被委托人缺乏法律依据。有的专家认为，法无禁止即可为，法律没有禁止委托给组织，那么未成年人的父母或者其他监护人就可以选择自己信任的组织委托照护。本研究认为，《未成年人保护法》规定的委托照护是对父母和其他监护人设定的义务，当他们因为客观原因无法履行监护职责的时候，有义务为孩子寻找合适的照顾者。委托照护的本质是合同关系，父母和各类组织作为平等的民事主体，当然有权利缔结民事合同关系，对未成年人进行委托照护。

（4）监护人与受托人的责任。

作为委托合同的双方当事人，受托人有紧急处置的权利，监护人有实施监督的权利，双方在委托期间都享有对监护有关事项的知情权。在义务方面，双方有相互告知与协助的义务、忠实勤勉义务、报告义务、保护隐私义务等。③

当未成年人造成他人伤害时，按照《民法典》第一千一百九十八条的规定，监护人将监护职责委托给他人的，监护人应当承担侵权责任；受托人有过错的，承担相应责任。即监护人的责任并不因委托照护而免除，被监护人的侵

① 杨惠嘉：《我国民法典中的未成年人监护制度及其完善》，载《学术前沿》2022年第2期，第107页。
② 参见宋英辉、苑宁宁等：《未成年人保护与犯罪预防问题专题研究》。中国检察出版社2020年版，第71页。
③ 宛如锦：《我国未成年人委托监护制度的完善路径》，载《沈阳大学学报（社会科学版）》2018年第5期，第584页。

权责任仍由其监护人承担。

2. 遗嘱监护

父母与子女之间血缘关系最为亲近，父母最关心未成年子女的健康成长，最希望选择合适的人在自己离世后承担对未成年子女的监护职责。对于哪些人具有强烈的监护意愿、正确的监护动机、良好的监护条件，哪些人能够正确的履行监护职责，父母往往有较为全面的认识和准确的判断，最有发言权。允许父母通过遗嘱选择未成年子女的监护人，不仅体现了对父母意愿的尊重，也更有利于维护未成年人的利益。因此，遗嘱监护往往被视为父母监护的延伸。

（1）有权通过遗嘱指定监护人的条件。

有权以遗嘱形式指定监护人的主体仅限于父母，且父母正在担任监护人。若父母因丧失监护能力或被撤销监护资格而没有担任监护人，则不能通过遗嘱为未成年子女指定监护人。

（2）父母指定冲突时的解决方式。

鉴于父母去世或丧失行为能力的时间通常不同，各国法律一般规定后死亡的父母一方对监护人的指定有效。[①] 若先死亡的父或母一方通过遗嘱为其子女指定了监护人，但此时父母另一方仍然在世，那么先前的指定并不发生效力，按照《民法典》第二十七条的规定，此时仍在世的一方仍然是未成年子女的监护人。

（3）通过遗嘱指定监护人的拒绝权。

遗嘱是单方民事法律行为，父母、亲属之外的其他个人对于未成年人没有法定的监护、抚养义务，父母通过遗嘱指定监护人，实际上是增加了被指定人的责任和义务，理应给予必要的权益保障。《最高人民法院关于适用〈中华人民共和国民法典〉总则编若干问题的解释》第七条规定：担任监护人的被监护人父母通过遗嘱指定监护人，遗嘱生效时被指定的人不同意担任监护人的，人民法院应当适用民法典第二十七条、第二十八条的规定确定监护人。该条规定明确了被指定监护人的拒绝权。

（六）监护关系的终止

按照《民法典》第三十九条的规定，监护关系的终止既有客观原因，包

---

① 王竹青：《论未成年人国家监护的立法构建——兼论民法典婚姻家庭编监护部分的制度设计》，载《河北法学》2017 年第 5 期，第 107 页。

括被监护人取得或者恢复完全民事行为能力、被监护人或者监护人死亡、监护人丧失监护能力，也有人民法院认定的其他情形，如撤销监护资格、指定监护人等。

当监护人严重侵害被监护人合法权益，法律规定了撤销监护人资格制度，以实现对未成年人的司法救济，但如果监护人没有实施侵害监护人权益的行为，其由于自身客观原因无法履行监护职责，是否可以通过变更监护权，实现监护权的转移呢？目前，《民法典》规定了监护争议的解决方式，包括协议监护和指定监护，但对监护变更并没有提及。《最高人民法院关于适用〈中华人民共和国民法典〉总则编若干问题的解释》第十二条对此做出了规定：监护人、其他依法具有监护资格的人之间就监护人是否有民法典第三十九条第一款第二项、第四项规定的应当终止监护关系的情形发生争议，申请变更监护人的，人民法院应当依法受理。即，如果其他具有监护资格的人认为监护人没有监护能力应当终止监护关系，可以申请人民法院变更监护人。在司法实践中，也存在大量申请变更监护人和确定监护人的案件。在中国裁判文书网以"未成年人"、"监护"为关键词进行检索，搜索到的案由包括：申请确定监护人、申请变更监护人、申请撤销监护人资格、监护权纠纷、监护权特别程序案件。在以申请确定监护人和申请变更监护人为案由的司法判决中，绝大部分是具有监护资格的人认为目前的监护人没有监护能力或不履行监护职责，从而向法院申请确定或变更自己为监护人。

2022年，最高人民法院发布《人民法院贯彻实施民法典典型案例（第一批）》，在"广州市黄埔区民政局与陈某金申请变更监护人案"中，广州市黄埔区民政局依法向人民法院申请变更未成年人吴某的监护人为民政部门，法院依法受理后判决由民政部门担任监护人。该案通过申请变更监护权的方式实现监护权的转移，为民政部门规范适用相关法律履行国家监护职责提供了司法实践样本，也为未成年人从家庭监护进入国家监护提供了司法路径。①

四、未成年人监护体系中的社会责任

《民法通则》规定未成年人在无其他监护人时，由父母所在单位、居民委员会和村民委员会担任监护人。市场经济的蓬勃发展，推动社会结构发生了深

---

① 最高人民法院：《人民法院贯彻实施民法典典型案例（第一批）》，载最高人民法院网站，https：//www.court.gov.cn/zixun-xiangqing-347181.html，最后访问日期：2022年10月17日。

刻变化，人员流动频繁，个人与单位之间的联系不再紧密，单位的社会职能逐步弱化，已经不具备担任未成年人监护人的能力和条件。《民法典》顺应时代发展，回应社会需求，将"单位"从监护人范围中排除在外，同时将愿意担任监护人的组织纳入进来，前提是要经过居民委员会、村民委员会或者民政部门同意。《民法典》将拥有监护资格的个人和组织范围进一步扩大，淡化了《民法通则》限定的亲属和朋友关系，规定了与未成年人并不存在近亲属或旁系血缘关系的主体担任监护人的内容，理论上，经村（居）民委员会和民政部门同意的个人和组织都可以成为未成年人的监护人，监护制度的社会化趋势更加凸显。①

（一）法律对社会力量履行监护职责的具体规定

《民法典》明确了特定情形下其他个人或者组织担任监护人，须经被监护人住所地的居民委员会、村民委员会同意，赋予了居民委员会、村民委员会在监护争议程序中指定监护人及在指定监护人前担任临时监护人的职责，在没有依法具有监护资格的人时担任监护人的职责，因突发事件造成被监护人无人照料时承担临时生活照料的职责，对于实施监护侵害的监护人向人民法院申请撤销其监护资格的职责。《未成年人保护法》在社会保护专章规定了居民委员会、村民委员会要协助政府有关部门监督未成年人委托照护情况，指导、帮助、监督未成年人父母或者其他监护人依法履行监护职责。

《民法典》赋予了社会组织经居民委员会、村民委员会或者民政部门的同意直接担任未成年人监护人的职责，在指定监护人前担任临时监护人的职责以及在监护人侵害未成年人合法权益时向人民法院申请撤销监护人资格的职责。

（二）社会力量直接担任未成年人监护人的现实困境

1. 村（居）民委员会普遍缺乏专业人员和监护条件

未成年人监护是一项繁杂和专业的工作，除了要照顾日常，还要进行教育引导、保障安全，要为未成年人的长远发展进行规划。不仅需要经济上的投入，更需要时间和精力的付出。村（居）民委员会工作繁杂，工作人员数量有限，更缺乏专业人员和抚养条件，从职责与功能定位看，并不适宜担任监护

---

① 周羚敏，《〈民法总则〉视野下未成年人法定监护人的概念、确定和范围——〈民法总则〉第27条关于法定监护的理解与适用》，载《青少年学刊》2018年第5期，第18页。

人。在最高人民法院 2016 年发布的 12 起侵害未成年人权益被撤销监护人资格典型案例中，只有 1 起判决由村民委员会担任监护人。并且，即使是这样的典型案例，法院在最终判决后，考虑到由村民委员会直接履行监护职责存在一定困难，最终将孩子安置在 SOS 儿童村。

2017 年"彭州流浪少年村委会监护案例"是村（居）委会担任未成年人监护人面临现实困境的缩影。① 2015 年 9 月，四川省彭州市年仅 10 岁的雷雷由于父母离异而辍学离家，开始在隆丰镇流浪。2016 年 9 月，由多部门参与的救助联席会议形成决议：由彭州市公安局隆丰镇派出所向雷雷所在的隆丰镇高皇村村委会致函，将雷雷的临时监护权委托给村委会。监护之初，高皇村村委会将雷雷的庇护所安排在村安置小区的一间空房，并为其制定了专门的监护计划。但 10 个月过去后，雷雷再次染上恶习，很久没有回到村里的庇护所，村委会的监护陷入困境。据村委会介绍，监护的首要困难在于无法将照顾责任安排给一个具体的人，"一方面村委会人手有限，事务繁杂，另一方面，也没有人愿意承担责任"。其次，没有专门的经费。"村上的钱都必须用于村务开支，除非有专项经费，否则不能擅自使用。"第三个困难在于监护的专业性。"自己的娃娃可以严厉批评，但对雷雷更需要讲究技巧，说得不好就容易出麻烦"。

2. 儿童服务类社会组织的数量和专业性都有待提升

截至 2021 年 5 月底，全国社会组织数量已超过 90 万个，② 但专门服务于儿童的专业社会组织仍然较少。同时，有些社会组织虽然有志于服务未成年人，但面临生存困境，缺资金少项目，薪酬难以吸引专业人才。③ 同时，我国社会组织发展不足，在生成路径上过多依赖政府推动，运行过程中权利色彩"过浓"，相关立法空白阻滞较多，社会组织参与能力不足、公众信任度不高，在履行未成年人国家监护制度供给中无法承受立法之重。④

2020 年，随着《民法典》的颁布实施，遗嘱监护、意定监护在法律上得

---

① 《11 岁流浪少年"国家监护"的一年 村委会的监护之困》，载红星新闻，https://baijiahao.baidu.com/s? id=1573090994500725&wfr=spider&for=pc，最后访问日期：2022 年 10 月 17 日。

② 《〈"十四五"民政事业发展规划〉专题新闻发布会》，载民政部网站，https://www.mca.gov.cn/article/xw/xwfbh/2021/xwfbh_05/index.html，最后访问日期：2022 年 10 月 17 日。

③ 高一村：《社会组织在未成年人保护中大有可为》，载民政部网站，https://mzzt.mca.gov.cn/article/zt_wcnrbhgz2021/mtbd/202106/20210600034639.shtml，最后访问日期：2022 年 10 月 17 日。

④ 梁春程：《公法视角下未成年人国家监护制度研究》，载《理论月刊》2019 年第 3 期，第 104 页。

到了确认，一些地方相继出现了专门提供监护服务的社会组织，例如上海静安"爱之星"社会监护服务中心和广州市荔湾区和谐社会监护服务中心，但这类社会组织的服务对象更多针对成年人。上海静安"爱之星"社会监护服务中心成立于 2022 年 4 月，主要是为心智障碍者家庭，特别是孤独症家庭提供监护服务，其所针对的服务对象并不是现阶段的未成年人，而是接受孤独症患者父母的委托，当父母年老、体弱、生病、死亡时担任该孤独症患者的监护人。除了给予生活照料、医疗救治，保障人格尊严、财产安全外，更重要的是帮助被监护人做出决定，选择家长为其预先设定或者根据现实情况变化判断后确定的最优方案。① 而广州市荔湾区和谐社会监护服务中心成立于 2021 年 11 月，主要是对老年人等需求人群提供监护服务，其承担的主要是《民法典》第三十三条规定的成年人意定监护中的监护人职责，同样不适用于未成年人监护。

（三）社会力量在未成年人监护体系中的地位和作用

尽管村（居）民委员会、社会组织在直接担任未成年人监护人方面还存在一定障碍，但在帮助家庭提升监护能力，进行监护干预、监护支持、监护监督等方面仍然大有可为。除此之外，群团组织、爱心家庭、企事业单位等也可以发挥自身优势，在受监护侵害未成年人权益保护、开展家庭教育指导等方面进行探索。

1. 群团组织充分发挥示范带动作用

群团组织可以有力地发动青年、妇女等人群，以多种形式相结合的方式开展儿童关爱，并借助儿童之家、家长协会、青少年服务站点等既有平台，加强对监护困境儿童及其家庭的帮助和指导。残疾人联合会可以发挥自身独到的专业优势和硬件设施优势，帮助残疾儿童进行康复训练，支持其更好地接受特殊教育，并为抚养残疾儿童的家庭提供政策、资金、医疗等方面的帮扶。

2. 村居委会协助政府部门开展督促、指导和监督工作

居民委员会、村民委员会是基层群众自治性组织，与家庭的联系最为密切，具备开展工作的便利条件。近年来，一系列关于困境儿童、留守儿童的政策中都对村（居）委会的职责有过规定。早在 2016 年国务院《关于加强农村留守儿童关爱保护工作的意见》中就提出村（居）民委员会要加强对监护人

---

① 《沪上首个针对自闭症家庭社会监护服务中心在静安成立》载上观网站，https://sghexport. shobserver. com/html/baijiahao/2021/04/07/401580. html。最后访问日期：2022 年 10 月 17 日。

的监护监督和指导，督促其履行监护责任，提高监护能力。同年国务院《关于加强困境儿童保障工作的意见》中提出村（居）民委员会要设立专（兼）职儿童福利督导员或者儿童福利监察员。2019 年，民政部、教育部、公安部等联合发布《关于进一步健全农村留守儿童和困境儿童关爱服务体系的意见》，要求村（居）民委员会和乡镇人民政府（街道办事处）分别设立"儿童主任"和"儿童督导员"，以加强基层儿童工作队伍建设，并且明确了儿童主任的工作职责。一系列的制度建设和队伍建设，充实了工作力量，完善了工作流程，目前全国共有儿童主任 66.7 万名，基层儿童工作队伍逐步壮大，为村（居）委会履行监护职责奠定了基础。

村（居）委会通过建立信息台账、定期走访、全面排查、重点核查等工作方式，及时掌握区域儿童的家庭情况和监护情况，加强对监护人的法治宣传，指导、监督家庭依法履行抚养义务和监护职责。在工作中发现儿童脱离监护单独居住、疑似遭受家庭暴力、疑似遭受意外伤害或不法侵害等，严格落实强制报告责任，第一时间向公安机关报告。在委托照护中，督促指导未成年人的父母或者其他监护人完善委托手续，选择具有较强监护能力和监护意愿的亲属朋友照护未成年人。发现被委托人缺乏照护能力、怠于履行照护职责时，及时向上级机关报告，并第一时间告知未成年人的父母或者其他监护人。发现未成年人的父母或者其他监护人不依法履行监护职责或者侵犯未成年人合法权益的，及时予以训诫、制止。

3. 社会组织发挥自身专长提供专业服务

社会组织和社会工作者是政府开展未成年人保护工作的重要依托和有益补充。近年来，民政部、教育部等相关部门发布了一系列重要文件强调充分发挥社会组织在未成年人保护工作中的作用，《关于在农村留守儿童关爱保护中发挥社会工作专业人才作用的指导意见》《关于进一步健全农村留守儿童和困境儿童关爱服务体系的意见》中均提出要支持相关社会组织加强专业化、精细化、精准化服务能力建设。社会组织包括专业社会工作服务机构、慈善组织和志愿服务组织，相较于政府而言，他们开展工作更加聚焦、专业、灵活和具体，可以通过承接政府购买服务，针对监护困境儿童及其家庭的不同需求提供心理疏导、精神关爱、家庭教育指导、权益维护等服务。2022 年 4 月，民政部发布《中央财政支持社会组织参与社会服务项目实施方案》，划定的三类资助范围中有两类涉及未成年人监护。其中第一类是提供未成年人保护方面的家庭监护支持、家庭监护监督、监护能力评估、家庭教育指导等。第二类是面向孤儿、事实无人抚养儿童、农村留守儿童、困境儿童等特殊儿童群体及其家庭开展的家庭教育指导、监护能力提升、心理健康服务、行为矫治、社会融入、家庭关系调适和调查评估、监护干预等个性化服务。

（1）协助开展救助保护。

协助开展未成年人家庭随访，对家庭组成、监护照料、入学情况、身心健康等进行调查评估。及时发现报告未成年人遭受或疑似遭受家庭暴力或其他受虐待行为，协助做好应急处置。开展家庭监护能力评估，帮助监护困境家庭链接社会资源，为其提供物质帮助和相关服务。

（2）开展家庭教育指导。

提升监护人或受委托照护人家庭教育的能力和水平，通过专业的指导帮扶，使其端正角色认知、提升法律意识、重塑教育观念，培养正确履行抚养义务、监护职责的意识和能力。配合调解家庭矛盾，促进建立和谐的家庭关系，尤其针对隔代照顾家庭，提供专业服务支持，帮助打破代际隔阂。面对"留守儿童"问题，一方面教育外出务工人员家长用科学合理的方式远程关注、关爱子女，督促其履行监护职责，另一方面帮助留守儿童及其受委托照护人，通过视频电话等现代通讯方式定期与父母进行沟通交流，建立稳固的情感纽带。

（3）开展社会关爱服务。

针对监护缺失以及受到监护侵害的未成年人，开展心理健康教育，提供心理健康咨询、心理援助、成长陪伴和危机干预服务，及早发现并纠正心理问题，疏导心理压力和负面情绪。协助做好监护缺失未成年人不良行为临界预防，对有不良行为的未成年人实施早期介入和行为干预，纠正行为偏差。

4. 上海的实践与启示

对于社会组织如何在未成年人监护中结合自身优势发挥作用，上海进行了一系列的探索和实践，为今后社会组织参与未成年人监护提供了可供参考和借鉴的经验。在监护监督方面，2021年12月，上海市虹口区出台《关于加强虹口区未成年人监护监督工作的意见》，未成年人保护组织可以担任监护监督员，对监护人的监护行为与监护状况进行监督、指导和帮助；当监护状况发生变化时，根据情况申请提高、降低风险等级或对监护人采取教育和惩戒措施；当发现未成年人处于无人照料状态，申请由有关单位进行临时照料。在监护支持方面，上海委托社会组织，为全市监护缺失、监护不当的义务教育阶段困境儿童开展"爱伴童行"家庭监护能力支持项目，根据困境儿童的实际困难和具体需求，制定"一人一方案"的关爱帮扶计划，明确通过社工个案干预的方式，有针对性地为困境儿童提供家庭监护指导、教育帮扶、日常照护、心理疏导、行为矫治和社会融入等个性化关爱陪伴服务。项目要求，社工每月实地走访困境儿童家庭不少于1次，每次个案会谈时间不少于1小时；每年利用寒暑假、儿童节等节日组织开展集体活动不少于2次；建立社工与困境儿童线上"一对一"互动反馈长效机制，及时发现和解决日常学习生活中遇到的实际问题。在监护能力评估和监护干预方面，上海出台《上海市未成年人特别保护操作规程》和《未成年人家庭监护能力评估指南》，明确社会组织登记评估为3A及以上等级的社会服务机构可以作为评估的执行方开展监护能力评估，同时监护能力评估机构可以作为会商单位参与对未成年人监护个案的会商程序，与其他相关单位共同研究处置举措。此外，上海还在全国首创了儿童权益代表人机制，在父母离婚并涉及儿童抚养权以及撤销父母监护人资格的案件中，由熟悉妇女儿童保护工作的社会力量代表儿童权益参与诉讼，表达儿童诉求。

五、未成年人监护体系中的国家责任

国家在未成年人监护体系乃至整个未成年人保护法律体系中都发挥着至关重要的作用，不仅要在未成年人危难之时承担养育责任，更应当竭力避免未成年人出现危难状况；不仅要保障未成年人成长，更要创造良好环境实现未成年人全面发展。[①] 现代国家在儿童监护事务中的责任履行主要分为间接和直接两个层次。一方面，国家尊重和维护家庭完整，对儿童的家庭监护进行指导和协助。另一方面，国家在儿童的家庭监护缺位、监护不能或不利等情形下为儿童提供救助，或直接行使监护权。[②]

（一）国家介入未成年人监护的条件

家庭是儿童成长的最佳环境，未成年人监护应首先以家庭监护为主，国家

---

① 刘宇轩：《我国未成年人保护体系的构建分析》，载《青年工作与政策研究》2022 年第 1 期，第 62 页。

② 邓丽：《多法域交会下的国家监护：法律特质与运行机制》，载《中华女子学院学报》2018 年第 4 期，第 17 页。

与家庭在未成年人监护体系中目标相同，但角色不同，既应协力配合，又须边界清晰。一方面，国家应当完善儿童福利制度，对困境儿童实施分类保障，进一步提高保障标准，落实落细生活、教育、医疗、康复等方面的措施，建立具有普遍性、可及性、专业性的家庭教育指导服务机制，通过对家庭监护提供支持帮助，提升家庭监护能力，从而消除引发监护困境的因素。另一方面，在家庭监护出现"缺乏性"和"违法性"问题时，国家应介入，使儿童在家庭之外获得支持并得到不间断的监护。[1] 具体来说，当父母或者其他监护人缺位或者监护能力不足，儿童处于无人监管境地时，家庭监护即陷入"缺乏性"境地，国家应及时补位，使儿童得到及时的照料和保护。当父母或其他监护人侵害儿童合法权益，使儿童处于危险境地或身心遭受侵害，家庭监护即出现"违法性"问题，国家应及时阻止危害结果的发生。

（二）监护支持措施

当父母或者其他监护人因客观原因导致监护能力不足，如监护人因患病、年事高、经济困难等情形欠缺履行监护的条件或能力，国家应立足于补足家庭所欠缺的能力，为家庭监护提供相应的支持。[2] 例如《民法典》第三十四条规定：因发生突发事件等紧急情况，监护人暂时无法履行监护职责，被监护人的生活处于无人照料状态的，被监护人住所地的居民委员会、村民委员会或者民政部门应当为被监护人安排必要的临时生活照料措施；《未成年人保护法》第七条规定：国家对未成年人的父母或者其他监护人履行监护负有指导、支持、帮助和监督的责任，进而从法律层面明确了国家应当为家庭监护提供必要的协助保护。

（三）监护救济措施

1. 批评教育

当父母或其他监护人完全具备监护能力但主观上消极怠于履行监护职责，情节轻微未造成严重后果的，应该给予批评教育，以避免造成更危险

---

① 林建军：《论国家介入儿童监护的生成机理与生成条件》，载《策略》2019 年第 3 期，第 201 页。

② 参见夏吟兰、林建军：《人权视角下儿童国家监护制度的构建》，载夏吟兰主编：《从父母责任到国家监护——以保障儿童人权为视角》，中国政法大学出版社 2018 年版，第 47 页。

的结果，必要时由其居住地的居民委员会、村民委员会予以劝诫、制止。公安机关、人民检察院、人民法院在办理案件过程中发现未成年人的父母或者其他监护人侵害未成年人合法权益的，应当予以训诫，并可以责令其接受家庭教育指导，检察机关通过发布督促监护令，促进监护人正确履行监护职责。

2. 撤销监护资格

撤销监护资格的根本目的是更好地保护未成年人合法权益，而非对罪错监护人的惩罚，因此撤销监护资格是在多种监护支持和干预措施均无法使被监护人摆脱困境时所采取的最后措施，适用时应有十分严格的限制。

（1）申请撤销监护资格的主体。

《民法典》第三十六条列举了有权申请撤销监护资格的个人和组织，并将民政部门作为兜底单位。司法实践中，申请撤销监护资格的主体以与被监护人存在家庭关系的亲属为主，另有村（居）民委员会、民政部门、儿童福利机构、未成年人救助保护机构等主体作为申请人向法院提起诉讼。其中民政部门作为申请人向法院提起诉讼的，多数是在收到检察机关的检察建议后向法院提起撤销监护资格的诉讼申请。[①] 根据《关于依法处理监护人侵害未成年人权益行为若干问题的意见》（以下简称《监护侵害意见》）第三十条、第三十五条的有关规定，检察机关主要是通过发出检察建议、出庭支持起诉开展对撤销监护人资格的法律监督。

（2）撤销监护资格的法定事由。

我国法律没有监护人主动申请撤销自己监护资格的规定，因此所有的撤销行为都是被动撤销。《民法典》第三十六条规定了两类应当撤销监护人资格的事由，第一类是实施严重侵害被监护人身心健康的行为，无论客观上是否造成了严重后果，都应当判决撤销监护人资格。第二类是消极不作为，并且在客观上造成了被监护人处于危困状态的后果，才能成为撤销监护人资格的事由。司法实践中，被撤销监护人资格多集中于第一类，一方面是因为撤销监护人资格本质上是法律对私人生活领域的干涉，只有发生严重侵害被监护人利益的情形时，法律干涉才具有正当性；另一方面是因为对于消极的不作为，必须发生"被害人处于危困状态"的法律后果，这样的制度设计造成了"危困状态"的

---

① 钱笑、孙洪旺：《未成年人监护权撤销制度的法律适用及其完善》，载《法律适用》2020年第10期，第13页。

发现存在一定困难，"危困状态"的认定也存在较大伸缩空间。[①]

（3）撤销监护人资格的法律效果。

按照《民法典》第三十六条、三十七条的规定，撤销监护人资格的法律效果主要包括剥夺监护人资格、安排必要的临时监护措施、指定监护人。目前，我国对监护人撤销的法定方式仅有全部撤销一种，法院只能选择一撤到底或者不予撤销，没有中间过渡情形，这就导致司法实践中法院可能基于保护未成年人权益以及维护家庭稳定的考虑，判决不予撤销。同时我国现行立法对撤销监护人资格的情形多侧重于严重侵害未成年人人身权益的行为，不少案件因为证据不足以证明侵害行为的严重性而被法院驳回。[②] 需要说明的是，监护人资格被撤销后，基于监护关系产生的权利义务一并终止，但基于身份关系产生的法定抚养义务并不能免除，父母还应当支付未成年人的抚养费，履行抚养义务。

（4）监护人资格的恢复。

在《民法典》制定之初，学术界对于是否有必要设置监护资格恢复制度存在很大争议。但随着《民法典》二审稿、三审稿的不断修改和完善，该制度最终得以保留，其根本原因在于，父母在子女的成长过程中不可替代，监护资格撤销制度的目的在于保护被监护人，而非惩罚父母。设立监护资格恢复制度，保留了父母与未成年子女的亲情联系，为保障未成年人健康成长提供了条件。[③] 正如有学者指出，法律制度是技术理性与人文情怀相结合的产物，对亲情完整性作出回应显然是具有必要性的。[④]《民法典》对监护人资格的恢复采取了审慎的态度，第一，主体仅限于被撤销监护人资格的未成年人的父母；第二，非因对被监护人实施故意犯罪，且确有悔改表现；第三，应当尊重被监护人的真实意愿。尽管立法对恢复监护人资格做了严格的限制，但仍存在几个值得探讨的问题。一是《未成年人保护法》明确，"人民法院判决撤销监护人资

---

① 钱笑、孙洪旺：《未成年人监护权撤销制度的法律适用及其完善》，载《法律适用》2020年第10期，第14页。

② 李睿龙：《反思与重构：我国监护权撤销制度研究——以242件司法案例为样本》，载《应用法学评论》2020年第1期，第203页。

③ 齐凯悦：《论〈民法总则〉（草案）监护资格恢复制度的完善》，载《青少年与法治》2017年第2期，第114页。

④ 彭刚：《剥夺与回归：我国未成年人监护权撤销制度的建构机理及其完善》，载《宁夏社会科学》2015年第4期，第41页。

格并指定由民政部门担任监护人"的未成年人属于国家长期监护的对象范围，同时规定民政部门可以将其长期监护的未成年人交由符合条件的申请人收养。但由于《民法典》没有规定申请恢复监护人资格的期限，父母监护资格被撤销后可以随时申请恢复，对于父母不申请恢复、长期由民政部门监护的未成年人，不利于通过依法收养回归家庭实现永久安置。二是确有悔改是对主观状态的判定，缺乏统一的判断标准，实践中难以把握。三是监护资格撤销后又另行恢复，打破了这期间新建立的监护关系的稳定，不仅容易引发矛盾，也不利于未成年人身心健康成长。

（5）审慎使用监护人资格撤销制度。

父母子女关系属于人权和基本权利的范畴，父母子女关系的人权和基本权利内涵指向了父母在抚养保育未成年子女方面的自主性和空间。[1] 因此，撤销监护人资格作为最严厉的监护干预措施，是国家干预父母子女关系的最后手段，同样应当符合比例原则。即：国家对父母监护权的干预必须符合最有利于未成年人原则；国家所采取的监护干预措施是必要的，在存在多种干预措施的情况下，应当优先选择对父母子女关系影响最小的措施；国家进行的监护干预措施对未成年人权益的增进与对父母子女关系的损害成比例。[2] 对于实施了监护侵害行为的监护人，不能不加评判地一律撤销监护人资格，而要通过对其涉罪行为轻重、主观恶性、悔改程度、与未成年人的亲情联系、是否有更加合适的新监护人等进行综合的评估和考量，来判断是否需要撤销其监护人资格，同时还要听取并尊重未成年人的意愿。2020 年，上海市普陀区检察院创新设立未成年人监护考察制度，探索将一名被遗弃儿童送还其刑满释放的亲生父母，有条件地暂时抚养，并开展了为期三个月的异地未成年人监护考察工作，通过综合考量父母的监护表现和监护能力，最终决定不启动撤销监护人资格程序，实现了儿童的亲情复归。[3]

（四）监护替代措施

当未成年人陷入监护困境，没有可供选择的其他人来担任监护人时，国家

---

① 刘征峰：《被忽视的差异——〈民法总则〉（草案）"大小监护"立法模式之争的盲区》，载《现代法学》2017 年第 1 期，第 185 页。

② 何挺：《论监护侵害未成年人与监护资格撤销的刑民程序合一——以附带民事诉讼的适用为切入点》，载《政治与法律》2021 年第 6 期，第 23 页。

③ 《普陀率先设立未成年人监护考察制度》，载《上海法治报》2020 年 5 月 6 日，第 4 版。

要承担最终的监护职责，直接补位对未成年人进行监护。

1. 临时监护

在父母与未成年子女的监护关系存续期间，无法以法律强制要求父母之外的其他人担任监护人，承担监护职责。当父母监护因故暂时性缺位时，新修订的《未成年人保护法》设立了民政部门担任临时监护人的制度，以避免出现监护的真空地带。临时监护是在未成年人监护缺失、监护不当时对其家庭监护进行行政干预和司法干预中的关键环节，具有承上启下的作用。[①]

（1）启动条件。

《民法典》第三十一条、三十六条规定了 2 种需要启动临时监护的情形，《未成年人保护法》第九十二条规定了 7 种需要启动临时监护的情形，概括起来主要有 3 类情况。第一是暂时无法查找到监护人；第二是监护人因客观原因暂时不能履行监护职责，导致未成年人监护缺失；第三是监护人因主观过错而导致未成年人处于无人照料状态或者需要被紧急安置。

（2）法律性质。

临时监护启动的前提条件是未成年人与监护人的监护关系仍在存续期间，监护关系并未终止，否则就要启动长期监护。在此期间，未成年人的监护人是多重的，既有父母等自然人监护人，也有民政部门这一国家监护人，二者是并存的，[②] 法定监护并不因为临时监护的存在而丧失。[③] 临时监护人的身份具有过渡性质，旨在填补原监护人因主客观原因无法继续履职，而新的监护人又尚未确定时所产生的监护空缺。[④]

（3）临时监护的方式。

根据《未成年人保护法》第九十三条的规定，临时监护的方式优先安排亲属抚养、家庭寄养，在此期间民政部门依然是未成年人的临时监护人，负责对亲属抚养和家庭寄养进行监督。当没有合适的亲属和寄养家庭，或者未成年人不愿意、不适合由亲属抚养和家庭寄养时，应当由未成年人救助保护机构、

---

① 张雪梅：《〈未成年人保护法修订草案〉关于监护制度的规定与完善建议》，载《中华女子学院学报》2020 年第 6 期，第 38 页。

② 苑宁宁：《关于民政临时监护未成年人制度的理解与适用》，载《中国民政》2021 年第 11 期，第 33 页。

③ 于玥：《论我国未成年人监护制度的不足与完善》，载《法制与社会》2014 年第 9 期，第 69 页。

④ 江卓臻：《民法典第 34 条第 4 款"临时生活照料措施"的解释论反思》，载《闽江学院学报》2022 年第 1 期，第 49 页。

儿童福利机构进行收留抚养。

（4）临时监护的期限。

《未成年人保护法》没有规定临时监护的期限，为尽快确立稳定的监护关系，切实保护未成年人权益，同时又给开展监护能力评估、进行监护干预留出一定的时间，结合《监护侵害意见》的规定和地方的实践探索，本研究认为临时监护的期限以不超过1年为宜。实践中常常遇到父母长期服刑期间未成年子女的监护问题，在这种情况下，父母并没有丧失监护能力，也没有被剥夺监护资格，依然是未成年子女的监护人，只是由于客观条件的制约无法履行监护职责。在父母子女的监护关系存续期间，民政部门无法成为未成年人新的监护人，但如果一直担任临时监护人，不仅不利于未成年人的身心健康成长，也不利于合理划分职责边界，明确权利义务关系。当然，即便将临时监护的期限设置为1年，对于父母长期服刑的未成年人，1年之后其监护问题依然得不到有效解决。对此，本研究认为对于父母长期服刑的未成年人，在1年的临时监护期满后，可以先由父母委托他人代为照护未成年子女，如果父母不愿委托或者没有可以委托的人，则可以与福利机构签订协议，通过确立委托关系来委托民政部门对未成年人代为照护，以此明确双方的权利义务关系，保障未成年人的合法权益。

（5）临时监护与临时生活照料。

《民法典》第三十四条第4款规定了临时生活照料：因发生疫情等突发事件的紧急情况，监护人因被隔离、治疗或其他原因，暂时无法履行监护职责，而使被监护人的生活处于无人照料的状态的，居民委员会、村民委员会或者民政部门应当为未成年人安排必要的临时生活照料。临时监护与临时生活照料的共同点都是紧急情况下的监护缺失，不同点是在临时监护中，国家介入了监护权，补位了原监护人承担对未成年人的监护职责，除了要照顾被监护人的日常生活，还要保护被监护人的人身权利、财产权利以及其他合法权益，涉及许多行使权利和履行义务的情况。而临时生活照料主要是对被监护人的日常生活进行照料，不涉及被监护人权利义务的重大决定。按照《民法典》和《未成年人保护法》的规定，民政部门既有承担临时生活照料的职责，又有承担临时监护的责任，二者之间存在时间上的先后，应当进行有效衔接。当未成年人遭遇监护侵害或处于其他监护困境时，公安机关、村（居）委会、民政部门应当密切配合，必要时将未成年人带离危险环境并进行紧急安置，由民政部门负责临时生活照料。在此期间，若符合《未成年人保护法》第九十二条规定的 7 种情形的，民政部门应及时启动临时监护。此时，对未成年人的临时生活照料即转为临时监护。

（6）临时监护与后续安置措施的衔接。

在处置严重侵害未成年人案件的过程中，国家监护是最后一道防线，但临时监护并非未成年人保护的终点。从最有利于未成年人的原则来看，国家启动临时监护后，除了要为未成年人提供专业的保护和服务外，重点还要寻找适合未成年人成长和发展的归属，[①] 为其确定长期稳定的监护，其中衔接的关键环节就是要开展监护能力评估。《未成年人保护法》第九十三条赋予了民政部门开展评估的职责，民政部门在临时监护期间，可以自行开展或者委托第三方有资质的社会组织对未成年人的监护状况和监护人的监护能力进行评估，并根据评估结果划分风险等级，采取相应的措施。对于没有父母或其他监护人的未成年人，经过一段时间始终无法查找到其父母或其他监护人的，应当由临时监护转为长期监护。对于有监护人的未成年人，当评估结果为中低风险时，原生家庭依旧是未成年人成长的最佳环境，此时民政部门应联合相关部门为未成年人及其家庭提供监护指导、医疗救治、心理辅导、行为矫治等支持性服务或发出督促监护令、责令接受家庭教育指导，开展家庭监护干预。当评估结果为高风险时，民政部门要牵头启动个案会商程序，联合相关单位和组织共同研判未成年人的后续安置措施。当监护人继续拒绝或怠于履行监护职责，或仍然存在使未成年人面临严重人身安全威胁或者处于危险状态情形的，民政部门或其他相关组织和个人可以向法院申请撤销监护人资格。监护资格的撤销并不等于儿童直接进入民政部门的长期监护，而是要按照父母，祖父母、外祖父母，成年兄、姐等的顺序对他们的监护能力进行排查和认定，没有依法具有监护资格的人的，才由民政部门进行长期监护。

2. 长期监护

修订后的《未成年人保护法》明确民政部门对未成年人承担兜底监护职责，第九十四条规定了由民政部门进行长期监护的几种情形：查找不到未成年人的父母或者其他监护人；监护人死亡或者被宣告死亡且无其他人可以担任监护人；监护人丧失监护能力且无其他人可以担任监护人；法院判决撤销监护人资格并指定由民政部门担任监护人以及法律规定的其他情形。

---

① 卢文博：《政府保护下监护缺失幼童寻亲记》，载《中国社会工作》2021 年第 7 期，第 27 页。

儿童福利机构承担对未成年人的长期监护职责，2019 年 1 月 1 日实施的《儿童福利机构管理办法》，对儿童福利机构的服务对象、服务内容、内部管理等都进行了详细的规定。作为在院儿童的监护人，儿童福利机构要为在院儿童提供日常生活照料、基本医疗、基本康复等服务，依法保障儿童受教育的权利，并致力于为其实现永久性安置，最终回归家庭。

（五）国家监护责任的终止

临时监护期间，经民政部门评估，导致监护缺失或监护不当的情形消失时，临时监护即终止。具体来说，包括以下几种情况：查找到了未成年人的父母或者其他监护人，且能够依法履行监护职责；导致监护人暂时不能履行监护职责的原因消失的；监护人依法委托他人照护未成年人的；监护人已经纠正或者改正了自己的过错行为，尚不会被撤销监护资格的；依法为未成年人确定了新的监护人的。①

长期监护期间，未成年人的父母被撤销监护资格后，经申请人民法院同意恢复其监护资格的；未成年人被收养的，民政部门与未成年人的监护关系终止。《民法典》第一千零九十三条规定了 3 种类型的未成年人可以被收养：丧失父母的孤儿、查找不到生父母的未成年人、生父母有特殊困难无力抚养的子女。《未成年人保护法》增加了 1 种类型，即人民法院判决撤销监护人资格并指定由民政部门担任监护人的未成年人也可以被依法收养。在法律适用过程中，《民法典》第三十八条规定了监护人资格恢复的程序，但是没有规定申请恢复的期限。这就导致如果按照第三十八条的规定可以恢复监护人资格情形的未成年人被送养后，父母的监护权如何实现，以及考虑到父母有可能申请恢复监护人资格而将未成年人一直养在福利机构不予送养，未成年人回归家庭的权利如何保障。《监护侵害意见》规定了申请恢复监护人资格的期限，为被撤销之日起三个月至一年内，并规定"民政部门送养未成年人应当在人民法院作出撤销监护人资格判决 1 年后进行"，有效解决了法律适用上的冲突，在实际操作层面尤为必要。在今后出台相关司法解释的时候，建议充分考虑未成年人不同于其他民事主体的特殊性，按照最有利于未成年人的原则，将未成年人已被依法收养的排除在父母申请恢复监护人资格的范围外。

---

①　苑宁宁：《关于民政临时监护未成年人制度的理解与适用》，载《中国民政》2021 年第 11 期，第 33 页。

依法保护未成年人是国家、社会和家庭共同的责任。当家庭担任未成年人监护第一责任人的时候，国家应当通过制定政策、建立制度、完善机制来保障和提升家庭的监护能力，各类组织应当积极关注家庭需求，帮助监护困境儿童家庭链接社会资源，提供必要的支持。当国家在对监护困境儿童进行顶层设计和兜底保障的时候，家庭应当依照有关政策给予未成年人物质投入和情感付出，各类组织应发挥自己的专业优势，积极落实相关政策设计，做好源头预防及专业服务的介入。① 当社会组织实际深入到儿童群体，为处于困境中的未成年人提供关爱、帮扶和专业服务时，政府部门应当提高工作敏感性，及时觉察社会组织在身份、资源等方面的先天弱势，高度关注其在开展工作时可能遭遇的问题和困难，并针对性提供孵化、扶持，例如提供专项的政策解释、制度依据，委托社会组织开展儿童服务项目，对符合要求的社会组织进行"白名单"推荐，对社会组织进行规范化培训等。此外，要加强舆论宣传引导，鼓励更多具有法律、教育、心理学、社会学等专业背景的优秀人才参与社会服务，在未成年人监护领域各展所长，家庭也应配合社会组织开展服务，为监护困境未成年人提供更有效的支持。只有家庭、社会、国家协同配合，未成年人监护体系才能更加坚固和完善。

---

① 黄晨熹、陈婷：《基于福利三角理论的监护困境儿童保护政策研究——以上海市为例》，载《社会政策与管理》2021 年第 3 期，第 95 页。

第四章　中国未成年人监护工作机制

董猛孟　王晓峰[①]

　　监护是保障无民事行为能力人和限制民事行为能力人的权益，弥补其民事行为能力不足的法律制度。[②] 未成年人的生理、心理、认知尚处于成长过程中，通常不具备完全民事行为能力，[③] 需要通过监护制度对未成年人的人身、财产以及其他合法权益加以监督与保护。一个国家的未成年人监护制度，不仅要确立监护人抚养、教育及保护未成年人之责任，还应监督监护人履行监护职责，并适时干预，在此基础上逐渐形成一整套监护工作机制。随着中国未成年人法律体系的不断完善，中国未成年人监护工作机制已初步形成，基本满足了中国未成年人在生存、教育、发展等方面需求。但是我们也应看到，工作机制中部分环节的内容仍可以进一步明确、细化、完善。

　　本章内容立足于未成年人监护工作机制运作的研究，以监护法律关系的确立为起始，以国家监护的介入为重点，以社会力量在未成年人监护中的作用为补充，以说明在现有法律体系下，各个监护模式之间的关联、国家监护的介入时机，以及社会力量的参与方式等内容，旨在通过对工作机制的剖析，查补现行监护工作机制中存在的"堵点"和局限，挖掘制度潜力，提出相应建议与对策，使之达到更加理想的闭环运行状态。

---

　　① 董猛孟，中国儿童福利和收养中心儿童保护部七级职员，研究方向：未成年人保护，电子邮箱地址：dmm@cccwa.cn；王晓峰，中国儿童福利和收养中心儿童保护部主任，研究方向：未成年人保护。

　　② 参见《中华人民共和国民法典（实用版）》，中国法制出版社 2020 年版，第 23 页。

　　③ 《中华人民共和国民法典》第十八条第二款规定："十六周岁以上的未成年人，以自己的劳动收入为主要生活来源的，视为完全民事行为能力人"。

一、监护职责的履行与工作机制的构建

（一）未成年人监护主体与监护职责概述

未成年人的监护人应当按照最有利于未成年人原则和尊重未成年人的真实意愿原则履行监护职责。《中华人民共和国未成年人保护法》（以下简称《未成年人保护法》）第七条第一款规定，未成年人的父母或者其他监护人依法对未成年人承担监护职责。监护人的职责主要包括保护未成年人的人身权利、财产权利以及其他合法权益，代理未成年人实施民事法律行为等。

1. 未成年人监护主体顺位简述

《中华人民共和国民法典》（以下简称《民法典》）明确未成年人之父母作为未成年人的当然监护人，对未成年子女负有抚养、教育和保护的义务。对父母之外有资格担任监护人的个人或组织在范围与监护顺位上作了相应规定：未成年人的父母已经死亡或者没有监护能力的，由下列有监护能力的人按顺序担任监护人：（一）祖父母、外祖父母；（二）兄、姐；（三）其他愿意担任监护人的个人或者组织，但是须经未成年人住所地的居民委员会、村民委员会或者民政部门同意。现行法律下的监护顺位是以与未成年人之间的血亲远近而划分的，鉴于祖父母、外祖父母系未成年人父母之外的最近直系尊亲，同时我国又一直存在孙子女与祖父母、外祖父母之间"隔代亲"的家族传统，因此，将祖父母、外祖父母位列第一顺位。在没有遗嘱指定或协商确定监护人的前提下，当父母出现皆已死亡或丧失监护能力的情况时，有监护能力的祖父母、外祖父母依法接任成为未成年人的监护人。而有监护能力的兄、姐作为未成年人的最近旁系血亲，在监护人资格上处于第二顺位。其他个人（无论与未成年人之间是否存在血亲或姻亲关系）或组织作为监护人资格享有者属于第三顺位。最后，如果没有以上三顺位具有监护人资格的人，民政部门以及具备履行监护职责条件的未成年人住所地的居民委员会、村民委员会可担任监护人。

需要指出的是，上文所指"父母"，不仅包括未成年人的生父母，还包括通过法律拟制形成的养父母和继父母。通过收养能够在养父母与养子女之间产生拟制直系血亲关系及其他亲属间权利义务关系。《民法典》第一千一百零五条规定："收养应当向县级以上人民政府民政部门登记。收养关系自登记之日起成立"。养子女与生父母间的权利义务因收养关系成立而消除。自收养关系

成立之日起，养父母与养子女间的权利义务关系，适用《民法典》中关于父母子女的规定，即养父母成为养子女的监护人，履行监护职责。2020 年民政部印发了《收养评估办法（试行）》，进一步加强了收养登记管理，规范收养评估工作，保障被收养人的合法权益。继父母是指子女母亲或父亲再婚的配偶，继子女是指夫或妻一方与前配偶所生的子女。①《民法典》第一千零七十二条第二款规定："继父或者继母和受其抚养教育的继子女间的权利义务关系，适用本法关于父母子女关系的规定"，并且经过继子女的生父母同意，继父或者继母也是可以收养继子女的。②

2. 未成年人监护顺位的"例外"

《民法典》第二十七条规定了担任未成年人监护人的顺序，主要目的在于防止具有监护资格的监护人推卸责任，导致出现监护人缺位的情况。但是以下几种情况，可以不按照《民法典》第二十七条规定的顺序确定监护人。

一种情况是遗嘱监护。由于血缘和情感因素，未成年人的父母作为未成年人的当然监护人，他们对于未成年人的利益也最为关心，因此我国《民法典》允许父母不受监护顺位影响，通过遗嘱的方式在生前为未成年子女指定监护人。③ 另一种情况是协议监护。当出现两个或两个以上具有监护资格的人都愿意担任监护人，以及应当担任监护人的人认为自己不适合担任或认为其他具有监护资格的人更适合担任时，具有监护资格的人之间可以根据各自与未成年人的生活联系状况、经济条件、能够提供的教育条件和生活照料措施，在听取适龄未成年人意愿的基础上，进行充分协商，协议确定监护人。上述两种"例外"情况既尊重了各个具有监护资格主体的共同意愿，也符合"最有利于未成年人"的原则，利于进一步规范、完善未成年人监护制度，很好地回应了现实生活中，监护顺位与监护意愿之间可能存在的冲突问题。

在监护人出现争议的情况下，通过居民委员会、村民委员会、民政部门或人民法院对未成年人监护人进行指定客观上也能引发突破监护人顺位的效果。

---

① 黄薇主编：《中华人民共和国民法典总则编解读》，中国法制出版社 2020 年版，第 153 页。

② 参见《中华人民共和国民法典》第一千一百零三条。

③ 参见《最高人民法院关于适用〈中华人民共和国民法典〉总则编若干问题的解释》第七条："担任监护人的被监护人父母通过遗嘱指定监护人，遗嘱生效时被指定的人不同意担任监护人的，人民法院应当适用民法典第二十七条、第二十八条的规定确定监护人。未成年人由父母担任监护人，父母中的一方通过遗嘱指定监护人，另一方在遗嘱生效时有监护能力，有关当事人对监护人的确定有争议的，人民法院应当适用民法典第二十七条第一款的规定确定监护人"。

相比而言，本部分的遗嘱监护和协议监护更加侧重家庭自治的属性，对监护职责的安排体现了民事主体真实的意思表示。对监护人的指定则体现了国家（及社会）对于家庭监护事务的监督介入。因此，在本章的监护工作机制框架内，指定监护属于对监护人选任监督的内容。

3. 未成年人监护职责主要内容

我国《民法典》第三十四条规定："监护人的职责是代理被监护人实施民事法律行为，保护被监护人的人身权利、财产权利以及其他合法权益等"。通过对相关法律法规的梳理，本章将未成年人监护人的监护职责细分为以下几个方面：抚养职责、教育职责、保护职责、代理职责和其他监护职责，内容涵盖了未成年人的生存权、发展权、受教育权、参与权等重要权益。

（1）监护人的抚养职责。

未成年人的监护人应当为未成年人提供生活、健康等方面的照护与保障，保证未成年人营养均衡、科学运动、睡眠充足、身心愉悦，引导其养成良好生活习惯和行为习惯，提高生活自理能力和独立生活能力，促进其身心健康发展；监护人依法委托他人代为照护未成年人的，应与未成年人、被委托人至少每周联系和交流一次，了解未成年人的生活、学习、心理等情况，并给予未成年人亲情关爱。监护人不得虐待、遗弃、非法送养未成年人或者对未成年人实施家庭暴力；不得因性别、身体状况、智力等歧视未成年人。

（2）监护人的教育职责。

①家庭教育。未成年人的监护人应当依法履行家庭教育职责，监护人实施家庭教育时，应当关注未成年人的生理、心理、智力发展状况，尊重其参与相关家庭事务和发表意见的权利；学习家庭教育知识，接受家庭教育指导，以文明的方式进行家庭教育，创造良好、和睦、文明的家庭环境，培育积极健康的家庭文化；监护人应关注未成年人的生理、心理状况和情感需求，教导其珍爱生命；教育和引导未成年人遵纪守法、勤俭节约，养成良好的思想品德和行为习惯，树立和传承优良家风，弘扬中华民族家庭美德；培养其家国情怀和良好社会公德、家庭美德、个人品德意识和法治意识，帮助未成年人树立正确的成才观和劳动观念，培养吃苦耐劳的优秀品格和热爱劳动的良好习惯。监护人不得放任未成年人接触危害或者可能影响其身心健康的图书、报刊、电影、广播电视节目、音像制品和电子出版物等媒介；不得放任、唆使未成年人吸（电子）烟、饮酒、赌博、流浪乞讨或者欺凌他人；不得放任、胁迫、引诱、教

唆、纵容或者利用未成年人实施违法犯罪行为以及从事违反法律法规和社会公德的活动。

②义务教育。未成年人的监护人应当尊重未成年人受教育的权利，保障适龄未成年人依法接受并完成义务教育；凡年满六周岁的未成年人，其监护人应当送其入学接受并完成义务教育（条件不具备的地区的未成年人，可以推迟到七周岁）；适龄未成年人因身体状况需要延缓入学或者休学的，其监护人应当向乡镇人民政府或者县级人民政府教育行政部门提出申请；未成年人旷课、逃学的，监护人应当督促其返校学习。监护人不得放任或者迫使应当接受义务教育的未成年人失学、辍学。

③兴趣培养。未成年人的监护人应当合理安排未成年人学习、休息、娱乐和体育锻炼等活动，保障其休息、娱乐和体育锻炼的时间，避免加重未成年人学习负担；鼓励未成年人进行有益身心健康的活动，引导其培养广泛兴趣爱好、健康审美追求和良好学习习惯，增强科学探索精神、创新意识和能力。监护人不得允许或者迫使未成年人从事国家规定以外的劳动，不得放任、唆使未成年人参与邪教、迷信或者涉及恐怖主义、分裂主义、极端主义的活动。

④网络使用。未成年人的监护人应当提高网络素养，规范自身使用网络的行为，加强对未成年人使用网络行为的引导和监督，对其进行健康上网的安全知识教育；通过在智能终端产品上安装未成年人网络保护软件、选择适合未成年人的服务模式和管理功能等方式，避免未成年人接触危害或者可能影响其身心健康的网络信息；合理安排未成年人使用网络的时间，有效预防未成年人沉迷网络。监护人不得放任未成年人沉迷网络。

⑤预防犯罪。未成年人的监护人对未成年人的预防犯罪教育负有直接责任。监护人应当预防和制止未成年人的不良行为和违法犯罪行为，并进行合理管教。发现未成年人心理或者行为异常或者存在不良行为的，应当及时了解情况并制止，加强教育、引导和劝诫，不得拒绝或者怠于履行监护职责；监护人发现未成年人组织或者参加实施不良行为的团伙，应当及时制止；发现该团伙有违法犯罪嫌疑的，应当立即向公安机关报告。

（3）监护人的保护职责。

①安全保护。未成年人的监护人应对未成年人进行安全教育，提高未成年人的自我保护意识和能力；为未成年人提供安全的家庭生活环境，及时排除引发触电、烫伤、跌落等伤害的安全隐患。采取配备儿童安全座椅、教育未成年人遵守

交通规则等措施，防止未成年人受到交通事故的伤害。提高户外安全保护意识，避免未成年人发生溺水、动物伤害等事故；对其进行交通出行、防欺凌、防溺水、防诈骗、防拐卖、防性侵等方面的安全知识教育，帮助其掌握安全知识和技能，增强其自我保护的意识和能力。监护人不得放任未成年人进入营业性娱乐场所、酒吧、互联网上网服务营业场所等不适宜未成年人活动的场所。

②财产管理。未成年人的财产监护职责涉及对未成年人财产的管理和保护。未成年人的监护人应当按照最有利于未成年人的原则履行财产监护职责，妥善管理和保护未成年人的财产，除为维护未成年人利益外，不得处分未成年人的财产。监护人在作出与未成年人财产利益有关的决定时，应当根据未成年人的年龄和智力状况，尊重未成年人的真实意愿。监护人不得违法处分、侵吞未成年人的财产、利用未成年人牟取不正当利益或者实施其他侵犯未成年人财产权益的行为。①

（4）监护人的代理职责。

代理，是指代理人代被代理人实施民事法律行为，其法律效果直接归属于被代理人的行为。② 一般情况下，未成年人并非完全民事行为能力人，未成年人的监护人是其法定代理人。③ 八周岁以上的未成年人为限制民事行为能力人，除可以独立实施纯获利益的民事法律行为或者与其年龄、智力相适应的民事法律行为外，实施民事法律行为由其法定代理人代理或者经其法定代理人同意、追认；不满八周岁的未成年人为无民事行为能力人，由其法定代理人代理实施民事法律行为。④ 在作出与未成年人权益有关的决定前，根据未成年人的年龄和智力发展状况，听取未成年人的意见，充分考虑其真实意愿。不得无故阻止未成年人从事与其年龄和智力发展状况相符的民事法律行为；不得允许、迫使、放任未成年人从事与其年龄和智力发展状况不符的民事法律行为（例如允许、迫使未成年人结婚或者为未成年人订立婚约）。

（5）其他监护职责。

除前述职责外，在一些特殊情形下，未成年人的监护人还应当依法履行相

---

① 参见《中华人民共和国民法典》第三十五条第一款、第二款。
② 参见《中华人民共和国民法典（实用版）》，中国法制出版社 2020 年版，第 133 页。
③ 《中华人民共和国民法典》第十八条第二款规定："十六周岁以上的未成年人，以自己的劳动收入为主要生活来源的，视为完全民事行为能力人"。第二十三条规定"无民事行为能力人、限制民事行为能力人的监护人是其法定代理人"。
④ 参见《中华人民共和国民法典》第十九条和第二十条。

应的监护职责，包括但不限于以下内容。

①未成年人的父母离婚的情形。

未成年人的父母是监护人的，其与未成年人间的关系，不因父母离婚而消除。未成年人的父母分居或者离婚的，无论由父亲或者母亲直接抚养，对于子女都仍有抚养、教育、保护的权利和义务，双方应当相互配合履行家庭教育责任，任何一方不得拒绝或者怠于履行；除法律另有规定外，不得阻碍另一方实施家庭教育。

②未成年人存在严重不良行为情形。

对存在严重不良行为的未成年人，未成年人的监护人无力管教或者管教无效的，可以向教育行政部门申请将未成年人送入专门学校接受专门教育。在对未成年人进行矫治教育时，未成年人的监护人应当积极配合矫治教育措施的实施，不得妨碍、阻挠或者放任不管。

（二）未成年人监护机制的构建

《民法典》《未成年人保护法》等法律法规的相继出台，将中国未成年人保护事业带入全新的发展阶段，而其中与未成年人监护相关的工作，则体现了国家对于未成年人监护事务的愈加重视和适度介入。"就传统思考方式而言，未成年人之监护既为亲权之延长，则监护人原则上就为受监护人之近亲。但是，随着时代潮流的变化，法律对于未成年人之保护，不再放任由私人任意为之，而积极加以监督与干涉。亦即，未成年人之监护制度，已由私的亲属监护走向公的法律监护，而有监护公法化倾向"。[①]

监护制度是我国基本的民事法律制度之一，在整个民法体系中占有重要地位，对未成年人安全、健康成长起着非常关键的作用。随着未成年人保护工作的不断推进，构建更为完善的未成年人监护工作机制显得愈加重要。《中华人民共和国宪法》从根本法的角度明确了政府对未成年人的保护职责。[②]《未成年人保护法》明确，"国家保障未成年人的生存权、发展权、受保护权、参与权等合法权利。国家采取措施指导、支持、帮助和监督未成年人的父母或者其他监护人履行监护职责"。为贯彻、推动《未成年人保护法》等法律法规落地

---

① 参见曹诗权：《未成年人监护制度研究》，中国政法大学出版社 2004 年版，第 243 页。

② 参见《中华人民共和国宪法》第四十六条和第四十九条规定"国家培养儿童在品德、智力、体质等方面全面发展""儿童受国家的保护"。

落细，进一步加强包括监护在内的未成年人保护工作，国务院于 2021 年 4 月 21 日成立未成年人保护工作领导小组，作为国务院议事协调机构，负责全面贯彻落实党中央、国务院有关决策部署，统筹、协调、督促和指导全国未成年人保护工作以及各地未成年人保护工作协调机制工作；督办侵害未成年人合法权益重大事件、恶性案件处置工作等。领导小组办公室设在民政部，承担领导小组日常工作。2021 年 5 月 24 日，民政部、国家发展改革委印发《"十四五"民政事业发展规划》。在该《规划》中，确立了强化未成年人监护能力建设等重点任务，并提出具体的配套措施。2021 年 5 月 28 日，在领导小组第一次全体会议上，审议通过了《国务院未成年人保护工作领导小组关于加强未成年人保护工作的意见》（国未保组〔2021〕1 号），该《意见》细化、实化法律相关条款，将有效落实政府监护职责作为未成年人保护的重点任务。截至 2021 年 9 月，各省（区、市）和新疆生产建设兵团县级以上人民政府均建立了未成年人保护工作协调机制，在全国范围内实现了省、市、县三级未成年人保护工作协调机制的全覆盖。

（三）未成年人监护工作机制的框架与环节

国务院未成年人保护工作领导小组和地方未成年人保护工作协调机制的相继建立体现了国家对于加强未成年人保护的决心。聚焦到未成年人监护领域，国家通过制定政策、动员社会力量以及司法活动等方式对监护中出现的异常情况进行必要的监督和适度的干预、对未成年人的监护状况提供不同程度的支持，并着力构建其监测预防、强制报告、应急处置、评估帮扶、监护干预"五位一体"的未成年人监护体系。在本章中，将监护监督、监护干预、监护支持作为机制框架和流程节点，将"五位一体"的内容嵌入其中，紧密串联。其中，监测预防、强制报告侧重监护监督，应急处置、监护干预侧重监护干预，评估帮扶侧重监护支持。具体到部门职责而言，民政部门一方面发挥着统筹协调和兜底监护之作用，另一方面与教育部门、卫生健康等部门实施监测预防、强制报告等工作，由公安机关对监护缺失或监护侵害情况实施应急处置，司法机关监护进行监护干预，其他政府部门以及妇联、共青团、村民委员会、居民委员会等人民团体、社会组织依托自身职责对未成年人监护情况和未成年人权益状况提供相应评估支持或干预。

二、未成年人监护工作机制中的监督机制

构建未成年人监护监督制度是抑制、制止或纠正监护失职行为,[①] 督促监护人积极、适当履行监护职责,从源头、过程上减少监护失职行为的必要举措。监护监督的核心问题是,通过何种方式监督监护人积极、适当地履行监护职责。从制度构建上讲,至少涉及三方面问题:第一,对监护人的产生、变更或终止进行监督。确保监护职责始终由具有监护意愿、能力、条件的个人或组织担当。第二,对监护职责的履行进行日常监督。监护是一个持续不间断的过程和状态,监护监督与监护履行同时进行,有利于及时发现问题,并随时予以纠正、督导或解决。第三,监护失职行为的发现或知晓。监护是一种对人责任,监护人与未成年人之间是特定人之间的一种特殊结合。在越来越强调人格独立和自由的现代社会,监护人与未成年人之间的关系,具有很强的相对性、封闭性。这种特性时常会将监护职责的公共性遮蔽起来。通常情况下,只有在监护失职行为产生的不良影响冲破监护关系的封闭性而为他人所知时,人们才能知道监护人是否积极、适当地履行监护职责。当监护人采取各种手段隐瞒、掩盖监护失职行为时,只有未成年人本身发生严重的不正常现象,其他人才能对其中的问题有所觉察。因此,监护监督的实施需要监督主体能够经由各种渠道获得监护失职行为的信息。[②]

(一) 对监护人选任的监督:同意、指定、评估

对监护人选任的监督目前主要采用同意、指定、评估三种方式,主体涉及居民委员会、村民委员会、民政部门以及人民法院等。从程序上来看这些主体并非监督直接参与了监护人的选任,但因其在同意、指定、评估过程中皆存在对监护人资质、能力进行不同程度的"审查",暗含着监督行为,遂在此将其视为对监护人选任的监督。

(1) 同意。当未成年人的父母已经死亡或者丧失监护能力时,如果经有监护资格的主体协议确定或依照《民法典》第二十七条规定的顺序,由除祖

[①] 本章的监护失职行为,是指本课题研究第一章中"父母或者其他监护人因未尽到或者未善尽监护职责而使得未成年人陷入困境的情形。"大致可以分为监护无力、监护缺失、监护不当和监护侵害四类。

[②] 朱广新:《监护监督制度的立法构建》,载《兰州大学学报》2020年第1期,第1~15页。

父母、外祖父母、兄、姐之外的其他个人或组织担任监护人的，须经未成年人住所地的居民委员会、村民委员会或者民政部门同意。之所以这样规定主要是由于第三顺位的主体与未成年人的关系较为疏远，部分主体，特别是对于一些组织而言，与未成年人之间甚至完全不存在任何情感关系。但是，监护不同于简单的生活照顾，还要对未成年人的财产进行管理和保护，代理未成年人实施民事法律行为，对未成年人的侵权行为承担责任等。因此，担任监护人的社会组织应具有良好信誉、独立的财产和适当的工作人员，这些条件都需要在实践中严格掌握。①

（2）指定。在确定监护人的过程中，当拥有监护资格的各主体为获得监护权或推诿监护责任产生争议时，除了相互协商外，还可通过两种途径确定监护人：一种是由未成年人住所地的居民委员会、村民委员会或者民政部门指定监护人，有关当事人对指定不服的，可以向人民法院申请指定监护人；另一种是有关当事人直接向人民法院申请指定监护人。人民法院从生活情感密切程度、监护顺序、监护能力、行为品行等因素综合考量指定人选。无论哪一种途径，居民委员会、村民委员会、民政部门或者人民法院都应当尊重未成年人真实意愿，按照最有利于未成年人原则确定人选。监护人被指定后，不得擅自变更；擅自变更的，不免除被指定的监护人的责任。在指定监护人产生之前，未成年人的人身、财产权利以及其他合法权益处于无人保护状态的，由未成年人住所地的居民委员会、村民委员会、法律规定的有关组织或者民政部门进行临时监护。

（3）评估。此处的"评估"特指未成年人收养评估。如上文所说，通过收养能够产生拟制直系血亲关系，使养父母成为养子女的监护人。那么，某种意义上，对于收养人相关情况的评估，也可视为对监护人选任的监督。在办理收养登记前，民政部门可以根据《收养评估办法（试行）》组织或委托第三方机构开展收养评估工作，对收养申请人的收养动机、道德品行、受教育程度、健康状况、经济及住房条件、婚姻家庭关系、共同生活家庭成员意见、抚育计划、邻里关系、社区环境、与被收养人融合情况等进行评估，并出具收养评估报告作为民政部门办理收养登记的参考依据。

（二）对监护职责履行过程中的监督：未成年人监护监督网络

我国没有对未成年人监护监督制定集中、统一的规定，但在《未成年人

---

① 黄薇主编：《中华人民共和国民法典总则编解读》，中国法制出版社 2020 年版，第 82 页。

保护法》中明确要求，任何组织或者个人发现不利于未成年人身心健康或者侵犯未成年人合法权益的情形，都有权劝阻、制止或者向公安、民政、教育等有关部门提出检举、控告。条文中"不利于未成年人身心健康或者侵犯未成年人合法权益的情形"显然包括由监护无力、监护缺失、监护不当、监护侵害等问题导致的监护困境，因此，本章观点认为，某种意义上中国的未成年人监护监督包含在未成年人保护工作之中。

监督主体方面，法律要求国家机关、居民委员会、村民委员会、密切接触未成年人的单位及其工作人员等特定主体，[①] 在工作中发现身心健康受到侵害、疑似受到侵害或者面临其他危险情形的未成年人时，应当立即向公安、民政、教育等有关部门报告。有关部门接到涉及未成年人的检举、控告或者报告，应当依法及时受理、处置，并以适当方式将处理结果告知相关单位和人员。

监督对象和实施方面，对于特殊的未成年人群体，国家实施了"特殊"的监督方式。例如农村留守儿童和困境儿童，这些群体因监护人长期不在身边或自身、监护人存在特殊困难面临监护无力、监护缺失、监护不当、监护侵害等情况。为加强上述群体的监护监督，2019 年，民政部、教育部等国家十部委联合下发的《关于进一步健全农村留守儿童和困境儿童关爱服务体系的意见》（民发〔2019〕34 号），该《意见》充分发挥乡镇儿童督导员、村居儿童主任等主体的作用，构建起乡、村两级的基层未成年人保护、监督网络。经梳理，儿童督导员、儿童主任结合日常工作职能，具体通过以下方式对未成年人监护状况进行监督：

（1）台账监测。儿童主任负责做好农村留守儿童关爱保护和困境儿童保障日常工作，定期向村民委员会、居民委员会和儿童督导员报告工作情况，由儿童督导员对农村留守儿童、困境儿童、散居孤儿等信息进行动态更新，建立健全信息台账。[②] 儿童主任组织开展信息排查，及时掌握农村留守儿童、困境儿童和散居孤儿等服务对象的家庭监护等基本信息，一人一档案，及时将信息

---

① 参见《中华人民共和国未成年人保护法》第一百三十条："本法中下列用语的含义：（一）密切接触未成年人的单位，是指学校、幼儿园等教育机构；校外培训机构；未成年人救助保护机构、儿童福利机构等未成年人安置、救助机构；婴幼儿照护服务机构、早期教育服务机构；校外托管、临时看护机构；家政服务机构；为未成年人提供医疗服务的医疗机构；其他对未成年人负有教育、培训、监护、救助、看护、医疗等职责的企业事业单位、社会组织等"。

② 参见《关于进一步健全农村留守儿童和困境儿童关爱服务体系的意见》（民发〔2019〕34 号）附件 2、附件 3。

报送乡镇人民政府（街道办事处）并定期予以更新。当突发事件发生后，民政部门要指导乡镇人民政府（街道办事处）统筹工作力量，对相关村（社区）未成年人监护情况进行全面摸底，及时核实情况。对报告和摸排的监护缺失未成年人信息，相关部门间建立信息通报制度，相关数据交由民政部门统一汇总，建立台账，开展动态监测。①

（2）入户随访。儿童主任对困境儿童、农村留守儿童、散居孤儿进行定期走访和重点核查，做好强制报告、转介帮扶等事项。针对监护情况较差、失学辍学、无户籍以及患病、残疾等重点儿童，进行定期随访。未成年人监护侵害案件中，未成年人救助保护机构应根据评估报告和会商纪要的要求，制定相应的干预服务计划，并在取得监护人同意后实施。干预服务计划主要包括监护人领回受监护侵害未成年人后的第一个月，未成年人救助保护机构应指导儿童主任每周做家庭探视一次，了解未成年人回家后是否能够得到妥善养护。其后的两个月内，应每两周探视一次。之后的九个月内，每月探视一次。探视中发现监护人存在再次侵害未成年人行为或者有侵害嫌疑的，应立即报警。②

（3）监护指导。由儿童主任负责指导监护人与受委托照护人签订委托照护确认书，加强对监护人（受委托照护人）的法治宣传、监护指导，督促其依法履行抚养义务和监护职责。未成年人住所地的居民委员会、村民委员会、妇联、未成年人的父母或者其他监护人所在单位，以及中小学校、幼儿园等有关密切接触未成年人的单位，发现父母或者其他监护人拒绝、怠于履行家庭教育责任，或者非法阻碍其他监护人实施家庭教育的，应当予以批评教育、劝诫制止，必要时督促其接受家庭教育指导。③ 在人身安全保护令有效期内，居民委员会、村民委员会、妇联、学校等主体还可以进行定期回访、跟踪记录等，填写回访单或记录单，期满由当事人签字后向人民法院反馈；发现被申请人违反人身安全保护令的，应当对其进行批评教育、填写情况反馈表，帮助受害人及时与人民法院、公安机关联系；对加害人进行法治教育，必要时对加害人、受害人进行心理辅导等。④ 在撤销监护人资格的案件中，判决不撤销监护人资

---

① 参见《关于做好因突发事件影响造成监护缺失未成年人救助保护工作的意见》（民发〔2021〕5号）。
② 参见《受监护侵害未成年人保护工作指引》，中华人民共和国民政行业标准，第八条：后续干预服务。
③ 参见《中华人民共和国家庭教育促进法》第四十八条第一款。
④ 参见《关于加强人身安全保护令制度贯彻实施的意见》（法发〔2022〕10号）。

格的，人民法院可以根据需要走访未成年人及其家庭，也可以向当地民政部门、辖区公安派出所、村民委员会、居民委员会、共青团、妇联、未成年人所在学校、监护人所在单位等发出司法建议，加强对未成年人的保护和对监护人的监督指导。①

（4）监督渠道。通过搭建信息平台，及时受理、转介侵犯未成年人合法权益的投诉、举报。包括县级以上人民政府依照《未成年人保护法》开通的全国统一未成年人保护热线。自 2021 年 6 月 1 日起，北京、上海等地依托"12345"政务服务便民热线，已正式开通未成年人保护热线。此外，相关人民团体、企业事业单位、社会组织亦参与设立了相应的未成年人保护服务平台、服务热线、服务站点等，为未成年人提供心理咨询服务和法律咨询援助，或受理有关未成年人侵权案件的投诉。其中具有代表性的是共青团中央权益部的"12355"青少年服务台，以及全国妇联的"12388"妇女维权公益服务热线。

（三）对监护失职行为的监督：强制报告制度及报告义务

1. 监护失职行为的界定

对于监护失职行为的界定，至今未有权威表述。在 2022 年 7 月 4 日上海市印发《上海市未成年人特别保护操作规程》中，将启动未成年人特别保护程序的事由归纳为监护缺失和监护不当。其中，监护缺失包括：（1）因死亡（宣告死亡）、失踪（宣告失踪）、失联、重残、重病、被执行限制人身自由的刑罚和措施、被撤销监护资格、被遣送（驱逐）出境等原因，无法履行监护职责的；（2）因突发事件等紧急情况正在接受治疗、被隔离观察或者参与相关应对工作，无法履行监护职责的；（3）法律规定的其他情形。监护不当包括：（1）性侵害、出卖、遗弃、虐待、暴力伤害未成年人的；（2）放任、教唆、利用未成年人实施违法犯罪行为的；（3）胁迫、诱骗、利用未成年人乞讨的；（4）监护人拒绝或者怠于履行监护职责，导致未成年人处于无人照料的状态；（5）法律规定的其他情形。本章观点认为，该《操作规程》对干预情形的规定凝练简约，疏而不漏，所列情形囊括了实务中最主要的两类干预事由：监护缺失和监护不当。对监护不当的描述也基本与《关于依法处理监护人侵害未成年人权益行为若干问题的意见》（法发〔2014〕24 号）（以下简称

---

① 参见《关于依法处理监护人侵害未成年人权益行为若干问题的意见》（法发〔2014〕24 号）第三十七条。

《侵害未成年人权益问题意见》）中关于"监护侵害行为"的定义相符合。①
如果能在监护不当中加入"严重侵害未成年人财产权益"的情景，将更为
全面。

本章根据课题研究组最新研究成果，采纳课题研究第一章的分类将监护失
职行为分为监护无力、监护缺失、监护不当、监护侵害。此处的"监护不当"
充分考虑了程度介于监护缺失和监护侵害之间的监护瑕疵行为，使整个分类更
为全面。

2. 监护监督视角下的强制报告制度②

为切实加强对未成年人的全面综合保护，及时有效发现或知晓未成年人面
临的监护失职行为，2020 年 5 月，最高人民检察院与国家监察委员会、教育
部等联合印发《关于建立侵害未成年人案件强制报告制度的意见（试行）》
（以下简称《强制报告意见》）。根据《强制报告意见》，国家机关、法律法规
授权行使公权力的各类组织及法律规定的公职人员，密切接触未成年人行业的
各类组织及其从业人员，在工作中发现未成年人遭受或者疑似遭受不法侵害以
及面临不法侵害危险的，应当立即向公安机关报案或举报，并同时按照主管行
政机关要求报告备案。《未成年人保护法》第十一条第一款规定："任何组织
或者个人发现不利于未成年人身心健康或者侵犯未成年人合法权益的情形，都
有权劝阻、制止或者向公安、民政、教育等有关部门提出检举、控告"。

《强制报告意见》和《未成年人保护法》相关条款的实施符合最有利于未
成年人原则与理念，也为实务工作者提供了较为具体的操作指引和进一步细化

---

① 《关于依法处理监护人侵害未成年人权益行为若干问题的意见》（法发〔2014〕24 号）规
定："本意见所称监护侵害行为，是指父母或者其他监护人（以下简称监护人）性侵害、出卖、
遗弃、虐待、暴力伤害未成年人，教唆、利用未成年人实施违法犯罪行为，胁迫、诱骗、利用未
成年人乞讨，以及不履行监护职责严重危害未成年人身心健康等行为"。

② 参见《关于建立侵害未成年人案件强制报告制度的意见（试行）》报告事项不仅仅局限
在监护领域。该意见第四条规定："本意见所称在工作中发现未成年人遭受或者疑似遭受不法侵害
以及面临不法侵害危险的情况包括：（一）未成年人的生殖器官或隐私部位遭受或疑似遭受非正常
损伤的；（二）不满十四周岁的女性未成年人遭受或疑似遭受性侵害、怀孕、流产的；（三）十四
周岁以上女性未成年人遭受或疑似遭受性侵害所致怀孕、流产的；（四）未成年人身体存在多处损
伤、严重营养不良、意识不清，存在或疑似存在受到家庭暴力、欺凌、虐待、殴打或被人麻醉
等情形的；（五）未成年人因自杀、自残、工伤、中毒、被人麻醉、殴打等非正常原因导致伤残、
死亡情形的；（六）未成年人被遗弃或长期处于无人照料状态的；（七）发现未成年人来源不明、
失踪或者被拐卖、收买的；（八）发现未成年人被组织乞讨的；（九）其他严重侵害未成年人身心
健康的情形或未成年人正在面临不法侵害危险的"。

的参照。现阶段，很多相关单位、地区已出台了强制报告制度的实施细则和配套措施，在处置流程、报告内容、报告渠道、网络报告平台等方面进行有益尝试，如最高人民检察院明确，未成年人案件强制报告可拨打 12309 检察服务热线，① 切实推动强制报告制度真正落地实施。

3. 与未成年人监护职责有关的其他报告义务

除了上文提及的《未成年人保护法》、《强制报告意见》等法律、文件外，我国也就一些可能导致监护缺失、监护侵害等情况的具体事由、特殊情形规定了相应的报告义务。其中，因家庭暴力导致的监护侵害和因突发事件导致的监护缺失就是两类较为典型的报告事由。家庭是未成年人主要的生活场所，来自家庭的暴力行为一直是十分常见的侵害形式，而 2020 年的新冠肺炎疫情则让如何应对突发事件中未成年人监护缺失问题变得更加重要。

（1）家庭暴力。家庭暴力是指家庭成员之间以殴打、捆绑、残害、限制人身自由以及经常性谩骂、恐吓等方式实施的身体、精神等侵害行为。② 家庭暴力严重侵害未成年人的身心健康，且因家庭具有一定的隐秘性，可对未成年人的成长和安全构成持续的威胁。除了家庭暴力受害人的法定代理人、近亲属可以向公安机关报案或者依法向人民法院起诉外，学校、幼儿园、医疗机构、居民委员会、村民委员会、儿童主任、社会工作服务机构、救助管理机构、福利机构及其工作人员在工作中发现无民事行为能力人、限制民事行为能力人遭受或者疑似遭受家庭暴力的，应当及时向公安机关报案。③

（2）突发事件。在自然灾害、事故灾难、公共卫生事件等突发事件中，发生未成年人父母或者其他监护人因突发事件影响导致下落不明、接受治疗、被隔离医学观察或者因参与突发事件应对工作暂时不能履行监护职责等情形时，参与处置突发事件的应急管理部门、卫生健康部门、医疗卫生机构、村民委员会、居民委员会、学校、幼儿园、托育机构、儿童福利机构和未成年人救助保护机构要询问、了解监护情况，发现未成年人存在监护缺失或与监护人失散情形的，及时向未成年人住所地的公安机关或（和）民政部门通报。对于决定执行行政拘留的被处罚人或者采取刑事拘留、逮捕等限制人身自由刑事强

---

① 吴申峰：《未成年人保护离不开你我他 强制报告请拨打》，载腾讯新闻网，https：//new.qq.com/rain/a/20220314A08VM600，最后访问日期：2022 年 10 月 11 日。

② 参见《中华人民共和国反家庭暴力法》第二条。

③ 参见《中华人民共和国反家庭暴力法》和《关于进一步健全农村留守儿童和困境儿童关爱服务体系的意见》（民发〔2019〕34 号）。

制措施的犯罪嫌疑人，公安机关应当询问其是否有未成年子女存在监护缺失情形，对存在监护缺失情形的，要及时向未成年人住所地的民政部门通报。①

（四）监护监督的重要方式：未成年人监护评估制度

相比成年人，未成年人在身心发育程度和社会地位等方面都处于弱势，很难对自身所处监护环境做出客观、公允的判断，未成年人监护评估制度作为一种重要监护监督手段，可以很好地弥补未成年人自身辨识能力不足的短板，通过科学、客观的评估方法，判断、识别未成年人正在或将要面对的家庭监护环境或风险。在未成年人保护实务工作中，有关部门可以通过监护评估对已遭受侵害或处于危险监护环境未成年人的监护状况做出有效评价，并根据结果及时向未成年人提供与其侵害或者风险相适合的保护与救助。在处置监护侵害案件时，对监护人监护能力等因素的评估结论可以作为是否撤销或恢复监护人资格的重要参考。特别是近年来，未成年人人身、财产等合法权益遭受监护人侵害的案件时有发生，一些极端案件甚至冲击了道德底线，对未成年人家庭监护能力或监护风险等级进行科学精准的评估变得日益重要。这是监护评估制度的实践意义。

在制度层面，新修订的《未成年人保护法》将评估监护人是否重新具备履行监护职责条件作为在临时监护期间，民政部门将未成年人送回监护人抚养的前置环节，还规定"地方人民政府应当培育、引导和规范有关社会组织、社会工作者参与未成年人保护工作，开展家庭教育指导服务，为未成年人的心理辅导、康复救助、监护及收养评估等提供专业服务"，以及"人民法院审理离婚、抚养、收养、监护、探望等案件涉及未成年人的，可以自行或者委托社会组织对未成年人的相关情况进行社会调查"。② 在审理申请恢复监护人资格案件中，人民法院可以委托申请人住所地的未成年人救助保护机构或者其他未成年人保护组织，对申请人监护意愿、悔改表现、监护能力、身心状况、工作生活情况等进行调查，形成调查评估报告。③ 上述规定为实施监护评估的法律依据。因此，有必要通过制定专业、科学、精确且具备可操作性的未成年人监

---

① 参见《关于做好因突发事件影响造成监护缺失未成年人救助保护工作的意见》（民发〔2021〕5号）。

② 参见《中华人民共和国未成年人保护法》第九十九条和第一百零九条。

③ 参见《关于依法处理监护人侵害未成年人权益行为若干问题的意见》（法发〔2014〕24号）第三十九条。

护评估标准填补完善该制度的空白，便于相关调查评估机构科学精准评估未成年人家庭监护状况和风险等级，为民政部门及其他有关单位实施未成年人监护干预措施提供有益参考。

在 2017 年民政部颁布的行业标准《受监护侵害未成年人保护工作指引》中，已就监护侵害这类特定案件规定了相应的调查评估程序，并将评估报告作为是否开展会商的重要依据。为督促家庭切实履行好未成年人监护责任，确保政府部门兜底监护职责的落地落实，截至 2022 年 7 月，已有上海、江西、江苏、贵州等地出台了省级或市级监护评估标准或类似文件，还有一些地区（如四川省）已启动本地区监护风险等级评估标准的起草工作。上海市人民政府还印发了《关于深化推进本市困境儿童保障工作的实施意见》（沪府规〔2022〕4 号），明确"对发现报告的存在监护缺失或监护不当等情形的家庭，民政、公安等部门可以委托未成年人救助保护机构或专业社会工作机构，按照有关标准和规范对未成年人的父母或者其他监护人开展家庭监护能力评估"，作为困境儿童家庭监护能力认定、监护干预帮扶或者恢复监护人监护资格的参考依据，并将市民政局牵头研制的《未成年人家庭监护能力评估指南》运用到评估实践中。这一系列举措都是对监护评估制度的有益探索。经整理发现，已出台的监护评估标准主要由实施主体、评估流程、评估方法、评估结果等关键内容组成，部分评估标准嵌入指标评分体系，从监护人、监护家庭等角度对监护能力进行评估打分，逐步提升评估过程和评估结果的客观性、科学性、可操作性、可参考性。

三、未成年人监护工作机制中的干预机制

（一）监护干预的必要性、实施原则及干预情形

生存权、发展权等权益是未成年人固有的基本人权，国家负有保障义务，而父母基于亲子间天然血缘联系享有的监护权国家同样应予尊重和保障。家庭是具有私密性的场所，当生活在家庭中有利于未成年人权益实现时，国家公权力理应避免对家庭监护的侵扰，排除公法的干预。但是，当父母或其他监护人滥用权利侵害未成年人合法权益时，家庭监护便失去正当性，需要国家的及时介入，有效救助保障受害未成年人，惩戒矫正行为人。这便产生了国家对监护的干预。但与此同时，基于人的自然本性和亲情纽带的"自然法正义"，国家

责任介入家庭自治时，不得不保持谨慎，时刻以最有利于未成年人原则的目标导向衡量措施、决定的适当性，避免介入不适当反而给保护对象造成侵害。①从比例原则的角度来考量，国家对未成年人监护所实施的干预必须能够实现干预目的或者至少有助于干预目的的实现并且干预的手段必须是正确的、与其所达到的目的之间比例相称。当存在多个能够实现干预目的的行为方式时，国家应选择对公民权利侵害最小的方式。这种对干预手段的严格限制要求国家在实施监护干预时，必须"有的放矢"，只有在监护问题达到一定程度或出现法定情形时，才能实施监护干预。所谓"一定程度"，实务中主要是指达到"严重程度"，所谓"法定情形"，通常是指出现"监护无力""监护缺失""监护不当""监护侵害"等监护失职事由，导致未成年人人身、财产等权益遭受损害或面临损害风险的情形。相比监护无力和监护不当，监护缺失、监护侵害更易造成严重侵害未成年人权益的后果。因此，本部分内容中将重点关注对监护缺失、监护侵害行为的干预。

（二）监护干预的方式

1. 行政干预和社会干预

（1）紧急处置

实务中，公安机关接到涉及未成年人监护案件的报告或举报后，会采取相应的处置流程，适当安置未成年人。本章参考《中华人民共和国反家庭暴力法》（以下简称《反家庭暴力法》）《强制报告意见》《侵害未成年人权益问题意见》等法律、文件的规定，将处置流程概括为以下三个方面：

①处置与安置。未成年人在家庭、社会中处于弱势地位，因此公安机关接到报案或举报时，应当立即出警处置，制止正在发生的侵害行为。对身体受到严重伤害需要医疗的未成年人，公安机关应当先行送医救治，同时通知其他监护人或有监护资格的亲属照护，或者通知当地未成年人救助保护机构开展后续救助工作。发现未成年人面临严重人身安全威胁或者处于无人照料等危险状态的，应当将其带离实施监护侵害行为的监护人，就近护送至其他监护人、有监护资格的亲属、村民委员会、居民委员会或者未成年人救助保护机构。未成年人有表达能力的，应当就护送地点征求未成年人意见。对于疑似患有精神障碍

---

① 王广聪：《论最有利于未成年人原则的司法适用》，载《政治与法律》2022年第3期，第136-14页。

的监护人，已实施危害未成年人安全的行为或者有危害未成年人安全风险的，其近亲属、所在单位、当地公安机关应当立即采取措施予以制止，并将其送往医疗机构进行精神障碍诊断。处置的同时，公安机关应迅速进行调查、鉴定伤情，查明初步情况。询问未成年人时，应当考虑未成年人的身心特点，采取和缓的方式进行，防止造成进一步伤害。未成年人有其他监护人的，应当通知其他监护人到场。其他监护人无法通知或者未能到场的，可以通知未成年人的其他成年亲属、所在学校、村民委员会、居民委员会、未成年人保护组织的代表以及专业社会工作者等到场。

②立案与反馈。公安机关根据案件类型、情况分类处置：对涉嫌违反治安管理或涉嫌犯罪的，依法受案审查或立案侦查。依照法定程序，及时、全面收集固定证据，保证办案质量。受理过程中发现对案件没有管辖权的，依法移送有关机关处理。在受案或者立案后 3 日内，公安机关向报案单位反馈案件进展，并在移送审查起诉前告知报案单位。检察机关认为公安机关应当立案侦查而不立案的，应当依法开展监督。案件涉及监护侵害行为，可能构成虐待罪的，公安机关应当告知未成年人及其近亲属有权告诉或者代为告诉，并通报所在地同级人民检察院。未成年人及其近亲属没有告诉的，由人民检察院起诉。将受监护侵害的未成年人护送至未成年人救助保护机构的，公安机关应当在五个工作日内提供案件侦办查处情况说明。

③救助与保护。在报告和处置过程中，公安机关、检察机关发现未成年人需要保护、救助或生活特别困难的，应当委托或联合民政部门或共青团、妇联等为未成年人提供保护、救助措施，包括经济救助、医疗救治、心理干预、调查评估、司法救助等。同时，相关人员应全程注意严格保护未成年人的隐私，对于涉案未成年人身份、案情等信息资料予以严格保密，严禁通过互联网或者以其他方式进行传播。[1]

（2）临时监护措施

家庭暴力、突发状况、流浪乞讨、遭受遗弃以及监护纠纷等案件或事由会导致未成年人面临严重人身安全威胁或者处于无人照料的危险情形。在这一期间，未成年人的监护人尚未被找到、重新指定或恢复监护能力，未成年人的人身权利、财产权利以及其他合法权益处于无人保护状态，需要由未成年人住所

---

[1] 史卫忠：《为未成年人提供全面综合司法保护——〈关于建立侵害未成年人案件强制报告制度的意见（试行）〉主要内容解读》，载《人民检察》2020 年第 17 期，第 34-36 页。

地的居民委员会、村民委员会、法律规定的有关组织或者民政部门对未成年人予以临时紧急庇护和短期生活照料，保护未成年人的人身安全。当未成年人的监护人重新出现，或监护人恢复监护能力或资格，抑或监护人被重新指定时，临时监护措施结束。①

有观点认为，临时监护与长期监护一样，属于一种替代监护，但是传统的替代监护制度，往往是以监护权的转移为前提，而在紧急状态下，监护权的主体具有不变性，因而传统的替代监护制度无法被适用。② 即启动临时监护的事由有很多，其中一些事由并不必然导致监护权从监护人处转移至临时监护人，或监护人与临时监护人共同享有对未成年人的监护权，例如监护人因防疫要求，暂时需要隔离。因此，临时监护实质仅是一种生活上的照护措施或照护服务，临时监护人也仅是一个能够暂时履行人身监护职责的适格主体，无法完全承担、替代监护人的角色。诸如未成年人财产管理等事宜，在临时状态下，临时监护人恐难以履行相关职责。

修订后的《未成年人保护法》进一步明确了民政部门应进行临时监护的七种情形，③ 规定民政部门除了在机构内进行收留、抚养外，还可以采取委托亲属抚养、家庭寄养等方式安置临时监护的未成年人。④ 作为代表国家承担监护职责的实体机构，民政部门设立的儿童福利机构、未成年人救助保护机构负责对遭受监护侵害、处于生活无着的流浪乞讨或暂时无人监护等情形的未成年人进行临时监护，提供照护和救助服务。⑤ 除了主动发现外，未成年人救助保护机构主要接收由公安机关护送的未成年人，并办理书面交接手续。对于监护

---

① 参见《中华人民共和国未成年人保护法》第九十三条第二款规定："临时监护期间，经民政部门评估，监护人重新具备履行监护职责条件的，民政部门可以将未成年人送回监护人抚养"。对临时监护的结束时点、情形等内容目前尚无具体规定。

② 张梦蝶：《论紧急状态下的国家监护制度》，载《行政法学研究》2021年第2期，第164-176页。

③ 参见《中华人民共和国未成年人保护法》第九十二条："具有下列情形之一的，民政部门应当依法对未成年人进行临时监护：（一）未成年人流浪乞讨或者身份不明，暂时查找不到父母或者其他监护人；（二）监护人下落不明且无其他人可以担任监护人；（三）监护人因自身客观原因或者因发生自然灾害、事故灾难、公共卫生事件等突发事件不能履行监护职责，导致未成年人监护缺失；（四）监护人拒绝或者怠于履行监护职责，导致未成年人处于无人照料的状态；（五）监护人教唆、利用未成年人实施违法犯罪行为，未成年人需要被带离安置；（六）未成年人遭受监护人严重伤害或者面临人身安全威胁，需要被紧急安置；（七）法律规定的其他情形"。

④ 参见《中华人民共和国未成年人保护法》第九十三条。

⑤ 参见《关于进一步健全农村留守儿童和困境儿童关爱服务体系的意见》（民发〔2019〕34号）。

侵害案件，还应在审定受害未成年人社会背景调查评估报告，并作出召开会商决定后的 5 个工作日内发起会商，就侵害行为性质、未成年人遭受进一步侵害的可能性以及下一步服务干预计划进行讨论，① 根据会商意见依法向人民法院申请人身安全保护裁定或提起撤销监护人资格诉讼。

2021 年 5 月，民政部、财政部、住房和城乡建设部等 14 个部门联合出台《关于进一步推进儿童福利机构优化提质和创新转型高质量发展的意见》（民发〔2021〕44 号），积极推进儿童福利机构优化提质和创新转型，承担更多未成年人保护工作。该《意见》要求列入相关建设规划中的县级儿童福利机构，原则上应当创新转型为未成年人救助保护机构。② 根据《"十四五"民政事业发展规划》要求，到 2025 年底，我国将实现地级未成年人救助保护机构全覆盖，县级未成年人救助保护机构覆盖率总体达到 75%。各地有效整合本辖区内儿童福利机构、未成年人救助保护机构的人员、场所、职责等，将其转型设置为相对独立的未成年人救助保护机构，进一步完善未成年人监护机制建设。

（3）长期监护

长期监护，是指由国家机构或社会机构作为未成年人的监护人。③ 随着国家经济实力的增强和治理能力的提高，国家作为社会救助和保障的最后一道防线，应当强化监护职能，在监护人缺位时由民政部门担任兜底监护人，④ 保证未成年人的生活得到照料，使他们的合法权益不至于受到侵害。《民法典》第三十二条规定："没有依法具有监护资格的人的，监护人由民政部门担任，也可以由具备履行监护职责条件的被监护人住所地的居民委员会、村民委员会担任"。相较于《中华人民共和国民法通则》（以下简称《民法通则》）的规定，⑤《民法典》通过条文表述确定了相关主体承担兜底性的监护责任的主次

① 参见《受监护侵害未成年人保护工作指引》，MZ/T086-2017〔S〕，2017 年发布，第 8 页。
② 参见《关于进一步推进儿童福利机构优化提质和创新转型高质量发展的意见》（民发〔2021〕44 号）。
③ 参见董思远：《未成年人监护制度研究》，中国人民公安大学出版社，2019 年版，第 41 页。
④ 黄薇主编：《中华人民共和国民法典总则编解读》，中国法制出版社 2020 年版，第 97 页。
⑤ 参见《中华人民共和国民法通则》第十六条："未成年人的父母是未成年人的监护人。未成年人的父母已经死亡或者没有监护能力的，由下列人员中有监护能力的人担任监护人：（一）祖父母、外祖父母；（二）兄、姐；（三）关系密切的其他亲属、朋友愿意承担监护责任，经未成年人的父、母的所在单位或者未成年人住所地的居民委员会、村民委员会同意的。对担任监护人有争议的，由未成年人的父、母的所在单位或者未成年人住所地的居民委员会、村民委员会在近亲属中指定。对指定不服提起诉讼的，由人民法院裁决。没有第一款、第二款规定的监护人的，由未成年人的父、母的所在单位或者未成年人住所地的居民委员会、村民委员会或者民政部门担任监护人"。

顺序，规定由民政部门承担主要的兜底性监护职责，[①] 具备履行监护职责条件的居民委员会、村民委员会作为承担监护职责的补充主体。

儿童福利机构是民政部门服务和保障孤弃儿童养育、治疗、教育、康复和安置的重要阵地，是政府实现对未成年人长期监护的主要机构。2019 年 1 月 1 日，民政部出台《儿童福利机构管理办法》，明确儿童福利机构应当收留抚养的儿童范围：A. 无法查明父母或者其他监护人的儿童；B. 父母死亡或者宣告失踪且没有其他依法具有监护资格的人的儿童；C. 父母没有监护能力且没有其他依法具有监护资格的人的儿童；D. 人民法院指定由民政部门担任监护人的儿童；E. 法律规定应当由民政部门担任监护人的其他儿童。并在此基础上进一步扩大了服务对象的范围，将父母没有监护能力且没有其他依法具有监护资格的人的未成年人、经人民法院指定由民政部门担任监护人的未成年人、需要集中供养的未满 16 周岁的特困未成年人、受托收留抚养由民政部门承担临时监护责任的未成年人以及法律规定其他应当由民政部门担任监护人的未成年人也纳入服务对象范围。根据《儿童福利机构管理办法》的规定，儿童福利机构的服务内容主要包括户口登记、日常生活照料、基本医疗、基本康复、(特殊) 教育等服务、家庭寄养等。还要求儿童福利机构应当按照国家有关规定建立健全安全、食品、应急、财务、档案管理、信息化等制度。当出现下列情形时，儿童福利机构应当为儿童办理离院手续：A. 儿童父母或者其他监护人出现的；B. 儿童父母恢复监护能力或者有其他依法具有监护资格的人的；C. 儿童父母或者其他监护人恢复监护人资格的；D. 儿童被依法收养的；E. 儿童福利机构和未成年人救助保护机构签订的委托协议期满或者被解除的；F. 其他情形应当离院的。

近年来，未成年保护事业不断发展，民政部门作为负责社会救济和社会福利的主要工作部门一直承担着未成年人的兜底性监护职责，在未成年人监护工作机制的构建中起到重要作用。为进一步充分发挥儿童福利机构资源优势，切实保障未成年人权益，多省已开始积极探索机构转型后儿童福利机构的新布局，以江苏省为例，省民政厅计划到 2024 年，在有序向未成年人救助保护机构转型的基础上，统筹打造 20 余家集中养育的儿童福利机构，为政府履行未成年人监护责任提供有力支撑。

---

① 黄薇主编：《中华人民共和国民法典总则编解读》，中国法制出版社 2020 年版，第 97 页。

（4）社会干预

对于未成年人监护的社会干预，现阶段主要由具备履行监护职责条件的村民委员会、居民委员会依据《民法典》第三十二条实施。这主要是考虑到村民委员会、居民委员会对未成年人的家庭成员和情况较为熟悉，距离未成年人生活的社区较近，能够更好地照护未成年人。①

2. 司法干预

未成年司法保护工作最鲜明的特色就是国家司法权对传统家庭自治领域的介入，向包括处于监护困境在内的未成年人提供必要的帮助，将他们从"失灵"或"危害"的生活环境中解救出来。这是国家亲权理念的体现。从最有利于未成年人原则出发，需要这种国家责任的日益凸显，这也是实现对未成年人最大限度司法保护的客观要求。②

（1）督促监护令

根据《未成年人保护法》、《中华人民共和国预防未成年人犯罪法》（以下简称《预防未成年人犯罪法》）有关规定，2020 年，福建省福州市人民检察院探索"督促监护令"制度，对监护人存在管教不严、监护缺位等问题导致未成年人违法犯罪或受到侵害的，向监护人发出"督促监护令"，推动解决未成年人涉案背后的监护失职问题。③ 最高人民检察院决定自 2021 年 6 月 1 日起在涉未成年人案件办理中全面推行"督促监护令"。针对在办理未成年人案件中，发现的涉案未成年人抽烟、文身、盗窃等不良行为习惯，以及法律意识淡薄的情况，通过向监护人发出督促监护令的形式，指导监护人严格履行监护职责，避免未成年人走上违法犯罪道路。据《未成年人检察工作白皮书（2021）》中的数据显示，2021 年检察机关在办理涉未成年人案件中共制发"督促监护令"19328 份，其中向未成年犯罪嫌疑人的监护人制发"督促监护令"14754 份，向未成年被害人的监护人制发"督促监护令"4574 份。2022年 10 月 8 日，厦门市妇联、厦门市湖里区人民检察院举办了全国首场"巾帼

---

① 参见《中华人民共和国民法典》第三十二条："没有依法具有监护资格的人的，监护人由民政部门担任，也可以由具备履行监护职责条件的被监护人住所地的居民委员会、村民委员会担任"。

② 王广聪：《论最有利于未成年人原则的司法适用》，载《政治与法律》2022 年第 3 期，第 136-14 页。

③ 最高人民检察院：《未成年人检察工作白皮书（2020）》，载中国政法网，https：// www. spp. gov. cn/spp/xwfbh/wsfbt/202106/t20210601_ 519930. shtml#1，最后访问日期：2022 年 11 月 4 日。

护未 未爱结元"——"元宇宙"《督促监护令》宣告送达暨家庭教育心理辅导会，运用"元宇宙"前沿科学技术形成的三维虚拟空间，在保障涉案未成年人隐私的同时，为未成年人或监护人提供心理干预、家教辅导等支持服务，助力未成年人家庭监护和社会专业力量的配合衔接。[①]

（2）家庭教育令

2022年1月1日实施的《中华人民共和国家庭教育促进法》（以下简称《家庭教育促进法》）第四十九条规定："公安机关、人民检察院、人民法院在办理案件过程中，发现未成年人存在严重不良行为或者实施犯罪行为，或者未成年人的父母或者其他监护人不正确实施家庭教育侵害未成年人合法权益的，根据情况对父母或者其他监护人予以训诫，并可以责令其接受家庭教育指导"。《家庭教育促进法》的出台标志着家庭教育从传统"家事"上升为重要"国事"，也为家庭教育令的实施提供了法律依据。2021年10月27日，长沙市天心区人民法院受理了原告胡某（未成年人的父亲）与被告陈某（未成年人的母亲）的抚养权变更纠纷一案，胡某请求法院判令将婚生女胡某茜的抚养权变更给自己。长沙市天心区人民法院少年法庭经过审理，综合多方考虑，依法驳回了胡某的诉讼请求，判决被告陈某继续履行监护责任。但对法定监护人陈某的失职行为依法予以纠正，依据我国《未成年人保护法》《家庭教育促进法》的相关规定，长沙市天心区人民法院于2022年1月6日依法对失职监护人陈某发出家庭教育令，这是《家庭教育促进法》正式施行后全国首份家庭教育令。

人身安全保护令和监护人资格的撤销，更侧重事中和事后干预，此时，监护侵害风险已经存在，或监护侵害行为已经发生，伤害结果已成不可挽回的事实。家庭教育令的实施，将国家对未成年人监护的干预时点前提至监护人日常履职环节，不仅能促进监护人提升监护水平，强化家庭教育的意识，通过及时对监护缺失或监护侵害进行纠偏，也可起到防微杜渐、降低监护侵害发生风险的效果，避免未成年人遭受更加严重的侵害。虽然《家庭教育促进法》被认为是一部"很有温情"的法律，但这不等于这部法律没有"牙齿"：相关部门可以依该部法律对失职的父母以及伤害孩子的监护人进行惩戒，并限期改正。

---

① 李思园、张谢池：《全国首场"元宇宙"〈督促监护令〉宣告送达暨家庭教育心理辅导会在厦门举行》，载人民网，http://fj.people.com.cn/n2/2022/1009/c181466-40153944.html，最后访问日期：2022年10月11日。

这与《未成年人保护法》和《反家庭暴力法》等法律的相关规定相辅相成。[1]

（3）人身安全保护令

从民事实体法角度观之，人身安全保护令应属于人格权行为禁令的一种具体适用方式。人格权行为禁令是预防性保护人格权的一种命令，属于人格权请求权的实现方式。人格权行为禁令以人格权为权利基础，是人格权主体在人格权遭受侵害或可能遭受侵害时，基于自我防护人格权、恢复对人格权的圆满自我控制状态之需，而向法院申请的禁令，目的是保护人格权，达致制止人格权侵害行为之效果。《民法典》第九百九十七条规定："民事主体有证据证明行为人正在实施或者即将实施侵害其人格权的违法行为，不及时制止将使其合法权益受到难以弥补的损害的，有权依法向人民法院申请采取责令行为人停止有关行为的措施"。根据本条规定，人格权行为禁令应符合两方面要件：一是行为人实施或可能实施具有违法性的侵害行为，侵害行为的发生具有现实可能性；二是制止人格权侵害行为具有迫切性，如果不及时制止将造成难以弥补之损害，因此法院根据停止侵害的申请向行为人核发人格权行为禁令。例如在家暴案件中，人身安全保护令的申请人处于面临家庭暴力（或风险）的环境中，请求救济的意愿较为急迫，客观上需要更为简易的申请和受理程序，确保尽快查明事实、及时核发保护令，避免家庭暴力侵害的发生或加剧。作为一种非讼程序，人身安全保护令相较于诉讼而言程序启动的简易化更胜一筹，对人格权保护的实现方式也更加高效。

聚焦到未成年人监护领域，2015年1月1日实施的《侵害未成年人权益问题意见》规定了在未成年人监护侵害案件中，人身安全保护裁定的程序与内容。在此基础上，2016年3月1日施行的《反家庭暴力法》首次纳入人身安全保护令制度，并由人民法院以裁定形式作出。该制度采用"事先风险救济"而非"事后损害救济"的救济理念，通过建立便捷高效的事先人格权救济机制，防范具有高度风险的家庭暴力发生，以保护受害人的生命权、身体权、健康权等人格权，恢复受害人对人格权的圆满控制状态，实现预防性救济之功能。[2] 人民法院受理人身安全保护令申请后，应当在七十二小时内作出人

---

① 陈可轩：《全国首份家庭教育令 道是无情却有情》，载中国科技网，http://www.stdaily.com/cehua/May26th/202205/c8ae8b36e2a34fdebcec30c20149b21b.shtml，最后访问日期：2022年7月1日。

② 林建军：《人身安全保护令的性质与内容》，载《法律适用》第2022年第7期，第34-42页。

身安全保护令或者驳回申请；情况紧急的，应当在二十四小时内作出。人身安全保护令的有效期不超过六个月，自作出之日起生效。人身安全保护令失效前，人民法院可以根据申请人的申请撤销、变更或者延长。① 在未成年人监护案件中，人身安全保护令应包括以下内容：A. 禁止施暴令。即禁止被申请人暴力伤害、威胁未成年人及其临时照料人；B. 禁止接触令。禁止被申请人跟踪、骚扰、接触未成年人及其临时照料人；C. 迁出令。责令被申请人迁出未成年人住所；D. 保护未成年人及其临时照料人人身安全的其他措施。截至2021 年 12 月 31 日，全国法院共作出人身安全保护令 10917 份，有效预防和制止了家庭暴力的发生或者再次发生。② 为进一步发挥未成年人人身安全保护令制度的作用，2022 年 3 月 5 日，最高人民法院、全国妇联等七部门联合发布《关于加强人身安全保护令制度贯彻实施的意见》（法发〔2022〕10 号），针对未成年人保护问题加强工作指引，完善规范，强化实施，强调坚持最有利于未成年人原则，进一步提高了对未成年人的保护力度。

（4）监护人资格的撤销与恢复

监护人作为未成年人的法定代理人代理其从事民事法律行为，能够更有效地保护未成年人的人身权利、财产权利以及其他合法权益考虑。但现实生活中确实存在着部分监护人滥用监护地位，侵害未成年人的人身、财产权益的情况，例如针对未成年人实施的虐待、性侵、遗弃、暴力等行为，以及监护人以自身身体健康状况欠佳、经济条件差、与未成年人在生活或情感上的联系不紧密等事由为借口，怠于履行监护职责，这些情况与监护制度的设立的初衷相违背，需要国家的干预和纠正，因此，监护人资格撤销制度是监护制度中重要组成部分。

监护人资格撤销是指人民法院基于最有利于未成年人原则，以剥夺监护人监护资格并将该监护权转移给其他适格的人或组织以履行监护职责的司法活动。监护人资格撤销源自于国家亲权理论，③ 布莱克法律辞典将"国家亲权"解释为国家对未成年人和其他法律上无行为能力人的一般监护权。这种国家的一般监护权，主要包括三个层面的意思：一是国家负有保护未成年人的最终监

① 参见《中华人民共和国反家庭暴力法》第二十八条和第三十条。
② 王丹：《人身安全保护令制度若干实践问题探析》，载《法律适用》第 2022 年第 7 期，第11-21 页。
③ 参见《布莱克法律词典》，亲权是指父母有对其子女一切事务作出决定的权利。

护职责；二是当父母亲权对未成年人监护职责不履行、无力履行或者履行不当时，国家亲权可取代父母亲权；三是国家亲权履行时要保证最有利于未成年人。从上可见，父母亲权不履行或履行不当侵害未成年人合法权益，国家可通过撤销父母监护权履行国家亲权。[①]

《民法典》第三十六条第二款用列举的方式规定了有权申请撤销监护人资格的主体，包括其他依法具有监护资格的人，居民委员会、村民委员会、学校、医疗机构、妇联、残疾人联合会、未成年人保护组织、依法设立的老年人组织、民政部门等。与《侵害未成年人权益问题意见》第二十七条相比，[②]《民法典》第三十六条第三款明确了民政部门的兜底作用。在前款其他个人或组织未及时向法院申请时，民政部门应当向法院申请。在涉及监护侵害行为的公诉案件中，人民检察院应当书面告知未成年人及其临时照料人有权依法申请撤销监护人资格。对于监护侵害行为符合《侵害未成年人权益问题意见》第三十五条规定情形而相关主体没有提起诉讼的，[③] 人民检察院应当书面建议当地民政部门或者未成年人救助保护机构向人民法院申请撤销监护人资格，充分发挥检察机关作为法律监督机关的作用。

① 孙萍、尤丽娜：《监护侵害案中撤销监护权的适用》，载《中国检察官》2020 年第 8 期，第 25-28 页。

② 参见《关于依法处理监护人侵害未成年人权益行为若干问题的意见》（法发〔2014〕24号）第二十七条："下列单位和人员（以下简称有关单位和人员）有权向人民法院申请撤销监护人资格：（一）未成年人的其他监护人，祖父母、外祖父母、兄、姐，关系密切的其他亲属、朋友；（二）未成年人住所地的村（居）民委员会，未成年人父、母所在单位；（三）民政部门及其设立的未成年人救助保护机构；（四）共青团、妇联、关工委、学校等团体和单位。申请撤销监护人资格，一般由前款中负责临时照料未成年人的单位和人员提出，也可以由前款中其他单位和人员提出"。

③ 参见《关于依法处理监护人侵害未成年人权益行为若干问题的意见》（法发〔2014〕24号）第三十五条："被申请人有下列情形之一的，人民法院可以判决撤销其监护人资格：（一）性侵害、出卖、遗弃、虐待、暴力伤害未成年人，严重损害未成年人身心健康的；（二）将未成年人置于无人监管和照看的状态，导致未成年人面临死亡或者严重伤害危险，经教育不改的；（三）拒不履行监护职责长达六个月以上，导致未成年人流离失所或者生活无着的；（四）有吸毒、赌博、长期酗酒等恶习无法正确履行监护职责或者因服刑等原因无法履行监护职责，且拒绝将监护职责部分或者全部委托给他人，致使未成年人处于困境或者危险状态的；（五）胁迫、诱骗、利用未成年人乞讨，经公安机关和未成年人救助保护机构等部门三次以上批评教育拒不改正，严重影响未成年人正常生活和学习的；（六）教唆、利用未成年人实施违法犯罪行为，情节恶劣的；（七）有其他严重侵害未成年人合法权益行为的"。

对于撤销监护人资格事由的情形，《民法典》第三十六条第一款、①《未成年人保护法》第一百零八条第一款、②《侵害未成年人权益问题意见》第三十五条都有所规定，但内容详略程度各异。依《民法典》的标准可以将事实分为三类：第一类，监护人主动实施严重侵害未成年人身心健康的行为；第二类，监护人因主观上的故意或过失怠于履行监护职责、消极不作为，导致未成年人处于监护缺失的状态；第三类其他严重侵害未成年人合法权益的行为。除了上述法条规定的事由外，本章观点认为，当监护人的作为或不作为导致出现《强制报告意见》中第四条规定的强制报告事由时，亦可考虑申请撤销其监护人资格。

对于撤销监护人资格事由的判定标准，本章观点认为，主要从严重侵害未成年人合法权益和撤销监护人资格的必要性两个角度考量。首先，由于未成年人身体发育和心智发展水平有所欠缺，且民事行为能力没有达到完全的状态，亦无稳定的经济来源，在家庭、社会中处于弱势地位，因此必须通过监护制度补全未成年人之能力，确保未成年人的人身、财产及其他合法权益得到有效保障。因此，家庭是最有利于未成年人的生活环境，只要条件允许，应当尽量让未成年人生活在家中，处于监护人的照护之下。除非监护人的作为或不作为导致未成年人的合法权益遭受严重损害，或出现未成年人处于危困状态的情形。且对于家庭这样的私人领域，只有在发生如此严重的侵害时，法律干预才具有其正当性；其次，监护人已经实施了严重侵害未成年人合法权益的行为，或者监护人消极的不作为履行监护职责，致使未成年人处于危困状态，如果继续放任监护人滥用其监护地位，很可能会对未成年人造成更大的侵害或使危困局面继续恶化。因此，必须且只能由人民法院作出撤销监护人资格的判决，以维持未成年人合理、正常的生活状态。

---

① 参见《中华人民共和国民法典》第三十六条第一款："监护人有下列情形之一的，人民法院根据有关个人或者组织的申请，撤销其监护人资格，安排必要的临时监护措施，并按照最有利于被监护人的原则依法指定监护人：（一）实施严重损害被监护人身心健康的行为；（二）怠于履行监护职责，或者无法履行监护职责且拒绝将监护职责部分或者全部委托给他人，导致被监护人处于危困状态；（三）实施严重侵害被监护人合法权益的其他行为"。

② 参见《中华人民共和国未成年人保护法》第一百零八条第一款："未成年人的父母或者其他监护人不依法履行监护职责或者严重侵犯被监护的未成年人合法权益的，人民法院可以根据有关人员或者单位的申请，依法作出人身安全保护令或者撤销监护人资格"。

我国对于撤销监护人资格采用全部撤销的立法设计，① 根据《民法典》第三十六条、第三十七条规定，监护人资格被撤销后，原监护人对于未成年人的人身照护、财产管理等职责一律停止。实践中，监护人往往由父母等法定抚养义务人担任，监护人被撤销监护人资格后，就不能再继续履行监护职责。但法定扶养义务是基于血缘等关系确立的法律义务，该义务不因监护人资格的撤销而免除。② 在监护权被撤销后，基于身份关系产生的抚养义务则与监护关系分离开来，父母等法定抚养义务人仍应当履行抚养义务。③ 判决撤销监护人资格，未成年人有其他监护人的，应当由其他监护人承担监护职责。其他监护人应当采取措施避免未成年人继续受到侵害。例如，撤销监护人资格诉讼终结后六个月内，未成年人及其现任监护人可以向人民法院申请人身安全保护裁定。④ 法院在撤销监护人资格之后、指定监护人前，安排未成年人的亲属、居民委员会、村民委员会、未成年人救助保护机构等暂时承担起监护职责，直至法院按照最有利于未成年人原则，重新为未成年人指定监护人。在听取有表达能力的未成年人意愿基础上，指定自然人为监护人的，法院应当根据其年龄、身心健康状况、经济条件等因素确定其监护能力；指定有关组织为监护人的，法院应当根据其资质、信用、财产状况等因素确定其监护能力。⑤

在《侵害未成年人权益问题意见》中，已对监护人资格的恢复进行了规定，⑥ 并设置了三个月至一年的期间限制。作为《民法典》的新增内容，在取

---

① 钱笑、孙洪旺：《未成年人监护权撤销制度的法律适用及其完善》，载《法律适用》2020年第10期，第8-20页。

② 黄薇主编：《中华人民共和国民法典总则编解读》，中国法制出版社2020年版，第114页。

③ 钱笑、孙洪旺：《未成年人监护权撤销制度的法律适用及其完善》，载《法律适用》2020年第10期，第8-20页。

④ 参见《关于依法处理监护人侵害未成年人权益行为若干问题的意见》（法发〔2014〕24号）第四十一条。

⑤ 参见《最高人民法院关于适用〈中华人民共和国民法典〉总则编若干问题的解释》第六条。

⑥ 参见《关于依法处理监护人侵害未成年人权益行为若干问题的意见》（法发〔2014〕24号）第四十条："人民法院经审理认为申请人确有悔改表现并且适宜担任监护人的，可以判决恢复其监护人资格，原指定监护人的监护人资格终止。申请人具有下列情形之一的，一般不得判决恢复其监护人资格：（一）性侵害、出卖未成年人的；（二）虐待、遗弃未成年人六个月以上、多次遗弃未成年人，并且造成重伤以上严重后果的；（三）因监护侵害行为被判处五年有期徒刑以上刑罚的"。

消期间限制的基础上，进一步完善了监护人资格恢复的规定，① 明确恢复监护人资格需满足的若干条件：首先，申请恢复监护人资格的主体只能是未成年人的父母。基于血缘与情感因素，父母对子女的监护、抚养、教育系人之常情，父母子女之间形成的家庭关系是无法替代的，即使父母曾被撤销监护人资格，父母子女间的特殊亲缘关系亦应当得到法律的保护和尊重，在原监护人确实悔改的前提下，监护资格的恢复不应被期间生硬隔断，且原监护人的确实悔改可能无法用期间来精确规定，如原监护人被监禁，以及原监护人有吸毒、酗酒等恶习，短期内难以发生实质性改变。② 其次，没有对未成年人实施故意犯罪的情形。例如《侵害未成年人权益问题意见》中规定的性侵、出卖、虐待、遗弃未成年人的行为，存在主观故意，若构成刑事犯罪，则不得恢复监护人资格；再次，申请主体确有悔改表现，人民法院可以委托申请人住所地的未成年人救助保护机构或者其他未成年人保护组织，对申请人监护意愿、悔改表现、监护能力、身心状况、工作生活情况等进行调查，形成调查评估报告。申请人正在服刑或者接受社区矫正的，人民法院应当征求刑罚执行机关或者社区矫正机构的意见。③ 最后，是否恢复监护人资格应尊重未成年人的真实意愿。未成年人父母之所以被撤销监护人资格，通常都是因其实施了严重侵害未成年人身心的行为，对未成年人造成严重的健康损害或心理阴影，若未成年人不愿意其父母重新担任其监护人，则不得恢复监护人资格。此外，从维护未成年人生活的稳定性和司法裁判的权威性的角度，亦应从严、审慎对待恢复监护人资格的申请。避免因随意恢复监护人资格导致制度威慑力减损、新监护关系破坏，增加未成年人遭受二次侵害的风险。

(三) 监护人的法律责任

法律责任是由特定法律事实所引起的对损害予以补偿、强制履行或接受惩

---

① 参见《中华人民共和国民法典》第三十八条："被监护人的父母或者子女被人民法院撤销监护人资格后，除对被监护人实施故意犯罪的外，确有悔改表现的，经其申请，人民法院可以在尊重被监护人真实意愿的前提下，视情况恢复其监护人资格，人民法院指定的监护人与被监护人的监护关系同时终止"。

② 钱笑，孙洪旺：《未成年人监护权撤销制度的法律适用及其完善》，载《法律适用》2020年第10期，第8-20页。

③ 参见《关于依法处理监护人侵害未成年人权益行为若干问题的意见》（法发〔2014〕24号）第三十九条。

罚的特殊义务，根据违法行为所违反的法律的性质，通常可以把法律责任分为民事责任、行政责任等，其中情节严重的，还应承担刑事责任。国家对于未成年人监护一系列的干预主要作用在于，通过实施这些干预，对监护人的侵害行为进行纠正，对未成年人的合法权益予以救济。除此之外，监护人还要根据自己实施行为的性质、程度、后果承担相应法律责任。

根据《民法典》第一百七十六条规定："民事主体依照法律规定或者按照当事人约定，履行民事义务，承担民事责任"。《未成年人保护法》第一百二十九条规定："违反本法规定，侵犯未成年人合法权益，造成人身、财产或者其他损害的，依法承担民事责任"。民事责任主要包括违约责任和侵权责任两种，具体到未成年人监护领域，主要涉及监护人侵权责任的承担。因此，监护人因过错侵害未成年人民事权益造成损害的，或监护人的侵权行为危及他人人身、财产安全的，应当承担侵权责任。[1]

未成年人的父母或者其他监护人不依法履行监护职责或者侵犯未成年人合法权益的，由其居住地的居民委员会、村民委员会予以劝诫、制止；情节严重的，居民委员会、村民委员会应当及时向公安机关报告。公安机关、人民检察院、人民法院在办理案件过程中，发现未成年人存在严重不良行为或者实施犯罪行为，或者未成年人的父母或者其他监护人不正确实施家庭教育侵害未成年人合法权益，或者不依法履行监护职责的，根据情况对父母或者其他监护人予以训诫，并可以责令其接受家庭教育指导。适龄儿童、少年的父母或者其他法定监护人无正当理由未依法送适龄儿童、少年入学接受义务教育的，由当地乡镇人民政府或者县级人民政府教育行政部门给予批评教育，责令限期改正。监护人的监护侵害行为，如殴打、虐待、谩骂、恐吓、限制人身自由等行为，构成违反治安管理行为的，公安机关应当依法给予罚款、拘留等治安管理处罚，但家庭暴力等监护侵害行为情节较轻，依法不给予治安管理处罚的，由公安机关对加害人给予批评教育或者出具告诫书。[2] 情节特别轻微不予治安管理处罚的，应当给予批评教育并通报当地村民委员会或居民委员会。[3]

---

[1]　参见《中华人民共和国民法典》第一千一百六十五条第一款："行为人因过错侵害他人民事权益造成损害的，应当承担侵权责任"。第一千一百六十七条："侵权行为危及他人人身、财产安全的，被侵权人有权请求侵权人承担停止侵害、排除妨碍、消除危险等侵权责任"。

[2]　参见《中华人民共和国反家庭暴力法》第十六条第二款："告诫书应当包括加害人的身份信息、家庭暴力的事实陈述、禁止加害人实施家庭暴力等内容"。

[3]　参见《中华人民共和国未成年人保护法》第一百一十八条、《中华人民共和国家庭教育促进法》第四十九条、《中华人民共和国预防未成年人犯罪法》第六十一条、《中华人民共和国义务教育法》第五十八条、《关于依法处理监护人侵害未成年人权益行为若干问题的意见》（法发〔2014〕24号）第九条。

在监护侵害案件中，监护人对未成年人实施的暴力、虐待、遗弃、出卖等行为，情节严重或造成严重后果的，已经构成犯罪，应当依法承担刑事责任。相关常见罪名主要有：故意杀人罪、过失致人死亡罪、故意伤害罪、过失致人重伤罪、负有照护职责人员性侵罪、猥亵儿童罪、非法拘禁罪、拐卖儿童罪、强迫劳动罪、虐待罪、① 遗弃罪、组织儿童乞讨罪等，根据罪刑法定和罪责刑相适宜原则，对监护人科以拘役、徒刑、死刑等刑罚。

在一些监护人针对未成年人实施的暴力伤害案件中，如果认为监护人在管制执行期间、缓刑考验期限内依旧存在一定的再犯危险性，那么应当采取禁止令或其他必要的预防措施，并要求其接受社区矫正和家庭教育指导。作为《刑法修正案（八）》新增设的制度，目前已经出现将强制亲职教育纳入缓刑禁止令的案例。② 禁止令是指人民法院对判处管制、宣告缓刑的犯罪分子，可以根据犯罪情况，同时禁止其在管制执行期间、缓刑考验期限内"从事特定活动，进入特定区域、场所，接触特定的人"的规定。"从立法精神看，禁止令的主要目的在于强化对犯罪分子的有效监管，促进其教育矫正，防治其再次危害社会"。③ 人民法院对判处管制和缓刑的犯罪分子，认为确有必要适用禁止令的，应当根据犯罪分子的犯罪原因、犯罪性质、犯罪手段、犯罪后的悔罪表现、个人一贯表现等情况，充分考虑与犯罪分子所犯罪行的关联程度，有针对性地决定禁止其在管制执行期间、缓刑考验期限内"从事特定活动，进入（未成年人）特定区域、场所，接触特定的（未成年）人"。虽然禁止令并非新的刑罚种类，但是它通过判决的形式作出，依旧体现了司法文书的强制力，违反禁止令内容可导致适用《治安管理处罚法》进行处罚或撤销缓刑的法律后果。

四、未成年人监护工作机制中的支持机制

监护人是履行监护职责的第一责任人，但是，《儿童权利公约》指出，

---

① 参见《中华人民共和国刑法》第二百六十条："虐待罪是指，虐待家庭成员，情节恶劣的，处二年以下有期徒刑、拘役或者管制。犯前款罪，致使被害人重伤、死亡的，处二年以上七年以下有期徒刑。第一款罪，告诉的才处理，但被害人没有能力告诉，或者因受到强制、威吓无法告诉的除外"。

② 孙萍、尤丽娜：《监护侵害案中撤销监护权的适用》，载《中国检察官》2020年第8期，第25-28页。

③ 参见《两高两部负责人就正确适用"禁止令相关规定"答问》，载凤凰网，https：//news.ifeng.com/c/7fZepVPK10y，最后访问日期：2022年7月1日。

"家庭作为社会的基本单元，作为家庭所有成员、特别是儿童的成长和幸福的自然环境，应获得必要的保护和协助，以充分负起它在社会上的责任"。同时，对家庭提供相应的指导与必要的支持，也有助于监护人正确履行监护职责，保障未成年人合法权利。因此，《未成年人保护法》第七条第二款规定："国家采取措施指导、支持、帮助和监督未成年人的父母或者其他监护人履行监护职责"。国务院未成年人保护工作领导小组和各县级以上未成年人保护工作协调机制的成立，进一步统筹协调民政、教育、卫生健康、公安、司法等单位的职责，为监护人履行监护职责提供政策、物质等方面的支持，为未成年人的健康成长创造良好环境。因此，我国的未成年人监护支持工作不仅是未成年人监护工作机制里的重要组成部分，也是未成年人保护事业中不可或缺的内容。

与监护监督、监护干预不同，监护支持工作具有涉及范围更广，专业性更强的特点。做好监护支持工作，不仅需要国家的投入，还应依靠社会力量的参与，充分利用购买服务、财税优惠等措施，培育、扶持未成年人监护领域社会专业力量，构建、打造该领域专业人才队伍，围绕未成年人监护开展公益活动，面向监护家庭提供家庭教育指导和反家庭暴力、预防未成年人犯罪等各类专业支持服务。

（一）家庭教育指导

家庭教育是指监护人为促进未成年人全面健康成长，对其实施的道德品质、身体素质、生活技能、文化修养、行为习惯等方面的培育、引导和影响，是监护人承担的重要监护职责。《家庭教育促进法》的出台开启了监护人"依法带娃"的时代，是国家完善未成年人监护支持服务的重要举措。此外，《家庭教育促进法》在明确家庭教育的内容与方法的基础上，将国家支持和社会协调的内容分别独立成章，列于家庭责任章节之后进行规定，外观上同法律的名称相呼应（名为《家庭教育促进法》，而非《家庭教育法》），其目的在于通过这种形式对家庭教育的责任进行了明确的界定：既强调了家庭教育的责任主体为监护人，也体现了国家在家庭教育中的"促进"作用。

1. 制度支持

根据《未成年人保护法》和《家庭教育促进法》规定，国务院应当组织有关部门制定、修订并及时颁布《全国家庭教育指导大纲》。① 省级人民政府或者有条件的设区的市级人民政府应当组织有关部门编写或者采用适合当地实际的家庭教育指导读本，制定相应的家庭教育指导服务工作规范和评估规范统筹建设家庭教育信息化共享服务平台，开设公益性网上家长学校和网络课程，开通服务热线，提供线上家庭教育指导服务。各级人民政府指导家庭教育工作，建立健全家庭学校社会协同育人机制。县级以上地方人民政府制定家庭教育工作专项规划，将家庭教育指导服务纳入城乡公共服务体系，负责妇女儿童工作的机构组织、协调、指导、督促有关部门做好家庭教育工作。

2. 专业力量

县级以上人民政府及有关部门组织建立家庭教育指导服务专业队伍，加强对专业人员的培养，鼓励开展家庭教育研究，鼓励高等学校开设家庭教育专业课程，支持师范院校和有条件的高等学校加强家庭教育学科建设，培养家庭教育服务专业人才，开展家庭教育服务人员培训。将家庭教育指导服务纳入政府购买服务目录，将相关经费列入财政预算，采取政府补贴、奖励激励、购买服务等扶持措施，培育依法设立非营利性家庭教育服务机构，并依法对家庭教育服务机构及从业人员进行指导和监督，要求家庭教育服务机构加强自律管理，制定家庭教育服务规范，组织从业人员培训，提高从业人员的业务素质和能力。鼓励和支持有关人民团体、企业事业单位、社会组织开展家庭教育指导服务。鼓励社会工作者、志愿者参与家庭教育指导服务工作。对于企业事业单位、社会组织及个人依法开展公益性家庭教育服务活动、为家庭教育事业进行捐赠，对符合条件的，依法给予税收优惠。

3. 家校联合

教育行政部门、妇联统筹协调社会资源，协同推进覆盖城乡的家庭教育指导服务体系建设，并按照职责分工承担家庭教育工作的日常事务。中小学校、幼儿园将家庭教育指导服务纳入工作计划，作为教师业务培训的内容。在减轻义务教育阶段学生作业负担和校外培训负担的基础上，加强监督管理，畅通学校家庭沟通渠道，推进学校教育和家庭教育相互配合。可采取建立家长学校等

---

① 参见《中华人民共和国家庭教育促进法》第二十四条第一款。2010 年 2 月，全国妇联、教育部等部门颁布了《全国家庭教育指导大纲》。为深入贯彻落实习近平总书记的重要指示精神，强化品德教育在家庭教育中的核心地位，适应新时代家庭教育发展的新需求，全国妇联、教育部、中央文明办、民政部、文化和旅游部、国家卫生健康委员会、国家广播电视总局、中国科协、中国关工委共同对《全国家庭教育指导大纲》进行了修订，并于 2019 年 5 月印发。

方式，针对不同年龄段未成年人的特点，定期组织公益性家庭教育指导服务和实践活动，为严重违反校规校纪的未成年学生监护人提供有针对性的家庭教育指导服务。根据家长的需求，邀请有关人员传授家庭教育理念、知识和方法，组织开展家庭教育指导服务和实践活动。具备条件的中小学校、幼儿园应当在教育行政部门的指导下，为家庭教育指导服务站点开展公益性家庭教育指导服务活动提供支持。

4. 部门协同

同级人民政府及其有关部门建立家庭教育工作联动机制，人民法院、人民检察院发挥职能作用，配合做好家庭教育工作。婚姻登记机构、收养登记机构和妇联结合业务职能和独特作用，宣传家庭教育知识，提供家庭教育指导。居民委员会、村民委员会可以依托城乡社区公共服务设施，设立社区家长学校等家庭教育指导服务站点，配合家庭教育指导机构为未成年人的监护人提供家庭教育指导服务，例如针对"新父母"提供前端监护指导。婴幼儿照护服务机构、早期教育服务机构、医疗保健机构从科学养育的角度为未成年人的监护人提供家庭教育指导服务。公共文化服务机构和爱国主义教育基地每年定期开展公益性家庭教育宣传、家庭教育指导服务和实践活动，开发家庭教育类公共文化服务产品。人民法院在审理离婚案件时，对有未成年子女的夫妻双方提供家庭教育指导。

（二）家庭暴力救助

未成年人的监护人对未成年人的身心实施暴力的，属于不依法履行监护职责或者侵犯未成年人合法权益的行为。家庭暴力对未成年人的身心伤害极大，除了启动监护干预外，还应对未成年人及其家庭实施必要的救助与支持。因此，在《反家庭暴力法》和《关于做好家庭暴力受害人庇护救助工作的指导意见》（民发〔2015〕189号）中都强调了未成年人特殊保护原则。《反家庭暴力法》规定，"县级以上人民政府负责妇女儿童工作的机构，负责组织、协调、指导、督促有关部门做好反家庭暴力工作"，县级以上人民政府有关部门、司法机关、人民团体、社会组织、居民委员会、村民委员会、企业事业单位，应当做好反家庭暴力工作。县级或者设区的市级人民政府可以单独或者依托救助管理机构设立临时庇护场所，为家庭暴力受害人提供临时生活帮助。

1. 事前预防

反家庭暴力工作遵循预防为主，教育、矫治与惩处相结合的原则，国家开展家庭美德宣传教育，普及反家庭暴力知识，增强公民反家庭暴力意识。除了家庭教育指导外，各级人民政府应当支持社会工作服务机构等社会组织开展心理健康咨询、家庭关系指导、家庭暴力预防知识教育等服务，并对反家庭暴力工作给予必要的经费保障。县级以上人民政府有关部门、司法机关、妇联应当将预防和制止家庭暴力纳入业务培训和统计工作。工会、共产主义青年团、妇联、残疾人联合会应当在各自工作范围内，组织开展家庭美德和反家庭暴力宣传教育。乡镇人民政府、街道办事处应当组织开展家庭暴力预防工作，居民委员会、村民委员会、社会工作服务机构应当予以配合协助。人民调解组织应当依法调解家庭纠纷，预防和减少家庭暴力的发生。用人单位发现本单位人员有家庭暴力情况的，应当给予批评教育，并做好家庭矛盾的调解、化解工作。

2. 事后处置

单位、个人发现正在发生的针对未成年人的家庭暴力行为，有权及时劝阻。家庭暴力发生后，加害人所在单位和居民委员会、村民委员会、妇联等主体接到未成年人及其法定代理人、近亲属的投诉、反映或者求助后，应当给予帮助和处理。上述主体也可向公安机关报案或者依法向人民法院起诉。学校、幼儿园、医疗机构、居民委员会、村民委员会、社会工作服务机构、救助管理机构、福利机构及其工作人员在工作中发现未成年人遭受或者疑似遭受家庭暴力的，应当及时向公安机关报案。公安机关应当对报案人的信息予以保密。未成年人因家庭暴力身体受到严重伤害、面临人身安全威胁或者处于无人照料等危险状态的，医疗机构应当做好诊疗记录。公安机关应当通知并协助民政部门将其安置到临时庇护场所、救助管理机构或者福利机构。

3. 临时安置

未成年人救助保护机构等临时庇护场所应当接收公安机关护送来的遭受家庭暴力的未成年人，除未成年人救助保护机构内照护外，可采取家庭寄养、自愿助养、福利机构代养或者委托政府指定的寄宿学校安置等方式履行临时监护责任，[①] 对未成年人进行临时照料，并为未成年人提供心理疏导、情感抚慰等

---

① 《儿童福利机构管理办法》第十四条第一款规定："儿童福利机构可以接受未成年人救助保护机构委托，收留抚养民政部门承担临时监护责任的儿童。儿童福利机构应当与未成年人救助保护机构签订委托协议"。

服务。当出现以下情形时，未成年人救助保护机构可以将未成年人交由亲友照料，并办理书面交接手续，并书面告知临时照料人有权依法向人民法院申请人身安全保护裁定和撤销监护人资格：未成年人的其他监护人、近亲属要求照料未成年人的，并经公安机关或者村民委员会、居民委员会确认其身份；关系密切的其他亲属、朋友要求照料未成年人的，经未成年人父、母所在单位或者村民委员会、居民委员会同意。① 未成年人救助保护机构应当与公安机关、村民委员会、居民委员会、学校以及未成年人亲属等进行会商，根据案件侦办查处情况说明、调查评估报告和监护人接受教育辅导等情况，并征求有表达能力的未成年人意见，形成会商结论。经会商认为家庭暴力行为属于可以判决撤销其监护人资格情形的，未成年人救助保护机构应当向人民法院申请撤销监护人资格。经会商认为危险状态已消除或监护人能够正确履行监护职责的，未成年人救助保护机构应当及时通知监护人领回未成年人。未成年人救助保护机构通知监护人领回未成年人的，应当将相关情况通报未成年人所在学校、辖区公安派出所、村民委员会、居民委员会，并告知其对通报内容负有保密义务。未成年人救助保护机构应当指导或组织社会工作服务机构等社会力量指导村民委员会、居民委员会对监护人的监护情况进行随访，开展教育辅导工作。

4. 权益保障

《反家庭暴力法》第十九条规定："法律援助机构应当依法为家庭暴力受害人提供法律援助"。因此，为有效保护未成年人合法权益，加强未成年人法律援助工作，规范未成年人法律援助案件的办理，2020年9月16日，司法部、中华全国律师协会制定出台了《未成年人法律援助服务指引》，要求法律援助机构优先指派熟悉未成年人身心特点、熟悉未成年人法律业务的承办人员办理未成年人案件。在自诉报案、立案起诉、临时安置、搜集证据、要求出具告诫书、申请人身安全保护令和申请撤销监护人资格、指定监护等环节中，向有关部门或个人告知情况、权利，进行协助、提出建议，并引入心理疏导和测评机制，组织专业社会工作者、未成年人心理问题专家等专业人员参与诉讼，为受侵害未成年人和被申请人提供心理辅导和测评服务。工会、共产主义青年团、妇联、残疾人联合会、居民委员会、村民委员会等应当对实施家庭暴力的加害人进行法治教育，必要时可以对加害人、受害未成年人进行心理辅导。教育行

---

① 参见《关于依法处理监护人侵害未成年人权益行为若干问题的意见》（法发〔2014〕24号）第十七条第一款、第二款。

政部门应当保障受害未成年人在临时安置期间的转学、异地入学接受义务教育的需求。人民法院应当依法对家庭暴力受害人缓收、减收或者免收诉讼费用。

（三）预防犯罪教育

未成年人的监护人对未成年人的预防犯罪教育负有直接责任。监护人发现未成年人心理或者行为异常的，应当及时了解情况并进行教育、引导和劝诫，不得拒绝或者怠于履行监护职责。此外，国家鼓励、支持和指导社会工作服务机构等社会组织参与预防未成年人犯罪相关工作，并加强监督。共产主义青年团、妇联、工会、残疾人联合会、关心下一代工作委员会、青年联合会、学生联合会、少年先锋队以及有关社会组织，应当协助各级人民政府及其有关部门、人民检察院和人民法院做好预防未成年人犯罪工作，为预防未成年人犯罪培育社会力量，提供支持服务。

1. 学校预防

学校应加强与未成年学生的家庭及监护人的沟通，建立家校合作机制，共同做好未成年学生心理健康教育，将预防犯罪教育计划、对未成年学生采取管理教育措施的决定或发现未成年学生可能患有精神障碍的情况，及时告知其监护人。学校配备专职或者兼职的心理健康教育教师，开展心理健康教育。学校可以根据实际情况与专业心理健康机构合作，建立心理健康筛查和早期干预机制，预防和解决学生心理、行为异常问题。教育行政部门、学校应当通过举办讲座、座谈、培训等活动，介绍科学合理的教育方法，指导教职员工、未成年学生的监护人有效预防未成年人犯罪。

2. 社区预防

居民委员会、村民委员会应当积极开展有针对性的预防未成年人犯罪宣传活动，协助公安机关维护学校周围治安。及时掌握本辖区内未成年人的监护、就学和就业情况，采用适当形式组织、引导社区社会组织参与预防未成年人犯罪工作。学校、居民委员会、村民委员会对接受社区矫正、刑满释放的未成年人，采取有效的帮教措施。居民委员会、村民委员会可以聘请思想品德优秀，作风正派，热心未成年人工作的离退休人员、志愿者或其他人员协助司法机关以及有关部门做好安置帮教工作。

（四）特殊群体帮扶

本部分所指的特殊群体主要指农村留守儿童、困境儿童等未成年人群体。本章观点认为，留守状况与危困环境很大程度上反映出对上述未成年人群体的监护存在问题或困难，例如监护人的长期缺位、监护人履职能力的不足等。因此，为帮助农村留守儿童、困境儿童健康成长，使其享有与其他同龄人相同的受教育的权利和发展的机会，有必要采取一系列监护支持措施，引导监护人积极关注未成年人身心健康状况、加强亲情关爱，指导监护人开展家庭教育、弥补监护人缺位带来的影响、帮助监护人提升各项监护能力、改善家庭的监护环境。

1. 开展家庭教育支持

设区的市、县、乡级人民政府为留守儿童和困境儿童的监护人实施家庭教育创造条件。教育行政部门、妇联采取有针对性的措施，为留守儿童和困境儿童的监护人实施家庭教育提供服务。儿童福利机构、未成年人救助保护机构对本机构安排的寄养家庭、接受救助保护的未成年人的监护人提供家庭教育指导。家庭教育指导机构则根据具体情况，与相关部门协作配合，向履行家庭教育责任存在一定困难的家庭提供有针对性的服务。

2. 提供监护关爱帮扶

一是设区的市、县、乡级人民政府结合当地实际采取措施，对留守儿童和困境儿童家庭建档立卡，提供生活帮扶、创业就业支持等关爱服务；儿童督导员协助做好农村留守儿童、困境儿童的社会救助、精神慰藉等关爱服务工作。二是协调引进和培育儿童类社会组织、招募志愿者或发动其他社会力量参与社区儿童工作。例如设置社区临时托育点，缓解监护人的燃眉之急。① 三是儿童主任在乡镇人民政府（街道办事处）、村民委员会、居民委员会指导下，定期随访监护情况较差、失学辍学、无户籍以及患病、残疾等重点未成年人，协助提供监护指导、精神关怀、返校复学、落实户籍等关爱服务，对符合社会救助、社会福利政策的未成年人及家庭，告知具体内容及申请程序，并协助申请救助。四是当出现未成年人失踪、脱离监护单独居住生活、疑似遭受家庭暴力或不法侵害以及监护人丧失监护能力或不履行监护责任等情况时，儿童主任应及时向公安机关及其派出机构报告，并协助为未成年人本人及家庭提供有关支持。②

---

① 巩汉语：《一刻钟丨打造家门口的临时托育点，你可以把孩子交给社区带》，载澎湃新闻网，https：//www.thepaper.cn/newsDetail_ forward_ 20154482，最后访问日期：2022 年 11 月 5 日。

② 参见《关于进一步健全农村留守儿童和困境儿童关爱服务体系的意见》（民发〔2019〕34 号）。

3. 探索监护支持新模式

在国家发改委《关于推进儿童友好城市建设的指导意见》（发改社会〔2021〕1380号）中，将推进权利保障友好，完善适度普惠儿童福利体系作为儿童友好城市建设的重要目标。其内容涵盖优化完善社会散居孤儿、事实无人抚养儿童家庭走访、监护评估、家庭培训和监护保护制度；完善儿童收养登记管理，推进实施收养评估制度；推进儿童福利机构优化提质，支持建造家庭式居所，推广家庭式养育模式等方面，对强化儿童权利保障、完善未成年人监护工作机制起到支持促进作用。2021年，上海市开展了"为300名义务教育阶段家庭监护缺失或不当的儿童提供支持服务"列入本市为民实事项目，以社会工作个案干预的方式，为全市因家庭监护缺失、监护不当陷入困境的义务教育阶段未成年人及其家庭提供家庭监护指导、教育帮扶、日常照料、心理疏导、行为矫治和社会融入等个性化支持服务。基于工作实践探索，为了推进和完善这一品牌项目，上海市在2022年出台了《关于深化推进本市困境儿童保障工作的实施意见》中增加了"落实监护支持与干预"内容，明确"对具有监护意愿但缺乏监护能力的家庭，民政部门可以会同乡镇人民政府、街道办事处和社会工作服务机构，为其家庭提供家庭监护指导、教育帮扶、日常照料、心理疏导、行为矫治和社会融入等个性化支持服务"。① 2022年11月，上海市还通过了《上海市学前教育与托育服务条例》，这是国内首部包含0—6岁幼儿养育教育的地方条例，进一步均衡资源配置，提供更加完善、健全的学前教育和托育服务，支持家庭监护。② 另一方面，积极引导社会专业力量参与面向特殊未成年人群体的监护支持工作。吉林通过政府购买服务，引导和支持社工机构深度参与，"社工+儿童主任"模式，一道定期排查、评估监测、入户探视、救助帮扶等，精准关爱服务效果明显。③

（五）加强宣传工作

以未成年人监护为主题的宣传，不仅能够向社会传播科学的未成年人监护

---

① 参见《关于〈上海市人民政府关于深化推进本市困境儿童保障工作的实施意见〉的政策解读》，载上海市人民政府网，https://www.shanghai.gov.cn/202211zcjd/20220608/59be4d-98b5b9488f8336dab470749a70.html，最后访问日期：2022年7月1日。

② 参见《上海立法破解城市托育难题》，载中国青年网，https://m.youth.cn/jy/jylb/202211/t20221125_14155532.htm，最后访问日期：2022年11月30日。

③ 郭雍皓：《2021年吉林民政交出亮眼"成绩单"》，载潇湘晨报，https://baijiahao.baidu.com/s?id=1721929726560781741&wfr=spider&for=pc，最后访问日期：2022年7月1日。

理念和方法，还有助于营造重视未成年人合法权益的良好社会氛围，究其本身，也是对监护人履行监护职责的支持。对此，《家庭教育促进法》《反家庭暴力法》《预防未成年人犯罪法》等法律、文件都围绕各自立法内容对宣传工作进行了相应规定。在平台层面，通过广播、电视、报刊、互联网等新闻媒体以及学校、幼儿园等单位开展以家庭教育知识、反家庭暴力教育、预防未成年人犯罪为内容的宣传；在社会层面，要求工会、共产主义青年团、妇联、残疾人联合会应当在各自工作范围内，组织开展家庭美德和反家庭暴力宣传教育。由民政部、国务院国资委共同指导的全国农村留守儿童关爱保护"百场宣讲进工地"活动自2018年起已开展4年。该活动有利于增强父母尽责、家庭监护的主体意识，有利于进一步营造各级党委和政府重视农村留守儿童、社会各界合力关爱农村留守儿童的浓厚氛围，有利于加强对农村留守儿童的监护照料、亲情关爱，有利于保障农村留守儿童的安全、健康、受教育等权益。青少年宫、儿童活动中心等校外活动场所亦应开展多种形式的预防未成年人犯罪宣传教育活动；在社区层面，居民委员会、村民委员会可以依托城乡社区公共服务设施，设立社区家长学校等家庭教育指导服务站点，配合家庭教育指导机构组织面向居民、村民的家庭教育知识宣传。儿童督导员等基层未成年人工作者应开展农村留守儿童、困境儿童、散居孤儿等未成年人保护政策宣传。

五、现行中国未成年人监护工作机制中的"堵点"与展望

当未成年人的父母皆已死亡或者丧失监护能力时，可依法通过遗嘱、协商指定监护人，在未指定或协商时，根据顺位继承，拥有第一顺位监护资格的主体依法"递补"为监护人。这一整套监护人自动产生的运行机制确保了未成年人的监护职责在各拥有监护资格的主体之间的无缝衔接，体现了制度设计的精妙之处。同时，近年未成年人保护工作的开展，国家、社会对未成年人监护的重视与关注程度在逐渐加强，从家庭保护到临时监护，从教育指导到预防犯罪，从强制报告到收养评估，内容涉及监护监督、监护干预以及监护支持，共同勾勒出中国未成年人监护工作机制的图景。但是，从监护工作机制的运转效果上看，若想真正实现从监督到干预的工作机制闭环管理，实践中还存在一些需要疏通的"堵点"。本章对其中较为主要的问题进行了归纳与整理，并立足于在现有监护法律制度和实践做法，提出建议和展望，以期充分发挥制度潜力，逐渐完善工作机制。

（一）履行监护职责环节的"堵点"与展望

1. 对于未成年人监护人的确定监督力度不足

第一，现行顺位监护与现代社会经济发展状况存在脱节。《民法典》第二十七条的顺位监护模式的设计考虑到在中国三世同堂或四世同堂的传统家庭结构，而且未成年人及其监护人的亲友通常都生活在同一个范围有限的地区之内，具有浓厚的"乡土中国"元素和"熟人社会"的特点。亲属间的往来频繁，使得未成年人丧失父母监护的事实能够迅速被其他亲友知晓，便于其他亲属依法补位。但是，随着城镇化和人口流动日益加快，公民的社会关系已难以长期稳定地存在于特定区域内，家庭的核心结构已越来越表现为"父母+未成年子女"的形式。因此对于未成年人的父母是否丧失监护能力、是否被撤销监护人资格以及是否存在遗嘱指定等信息，父母之外享有监护资格的主体，尤其是未成年人的旁系亲属很难第一时间了解具体情况，从而增加了未成年人在某一期间内处于无人监护的风险。

第二，顺位监护与监护能力在特定情形下存在冲突。在《民法典》第二十七条关于监护人顺位的规定中，使用了"有监护能力的人按顺序担任监护人"这一表述，意味着法律将享有监护资格者的顺序与担任监护人应具备的实质条件规定在了同一个法条之中。但是，监护人的选任，除了依法按顺位自动确认外，法律还要求此人必须是一个"有监护能力的人"。而一个人是否具备监护能力，属于事实判断的范畴，必须依据该人的身体、精神、经济条件、养育知识等进行具体判断或评估，无法通过法律规定先行确认，亦不可能在顺位内进行自动筛选。简而言之，监护人依法自然产生模式，无法自动辨别各个监护人资格享有者是否具备监护能力，因此在实务中也并不一定能自然确定实际承担监护职责的人。

第三，当监护人的选任出现争议时，缺乏相应的发现和处置手段。《民法典》第三十一条因循《民法通则》的规定，以"对监护人的确定有争议的"为适用前提，引入了国家干预，确立了指定监护人规则，由法院考量各种因素，依法指定监护人。根据相关学理解释，"对监护人的确定有争议的"不仅包括争当监护人的情况，还包括互相推卸、拒不担当监护人的情况。然而，在现实生活中，具有监护人资格的主体相互推卸监护职责本就属于不作为，在监护人不经国家介入依法按顺位当然产生的前提下，只要各个具有监护人资格的主体不将争议诉至法院，那么国家无法察觉监护争议的存在，《民法典》对此缺乏必要的制度应对，另一层面也说明国家对于监护监督的启动时点有滞后之嫌。

从比较法上看，随着社会形态由传统熟人社会向现代社会的重大转变，德国《民法典》和日本《民法典》皆将传统的法定监护修改为了官选监护。法院选任监护人之所以得到普遍认可，不仅是因为传统的法定监护不再适应社会发展需求，还在于它具有以下益处：一是可以通过选任强调或强化监护人的监护职责；二是在选任监护人时可充分考虑未成年人与监护人双方的各自情况，从而为未成年人确立比较适宜的监护人。因此，本章观点认为，在监护人确定环节，公权力有必要加强对享有监护资格主体的监护顺位、监护能力、监护意愿等进行审查甚至评估。而且，通过这样的制度设计，也为未成年人在确定监护人前表达真实意愿提供了机会和渠道。

2. 对于放弃未成年人监护权的探索程度不够

未成年人的监护人对未成年人负有抚养、教育和保护的义务。通常情况下，监护人，特别是父母，基于亲情、血缘等因素，不会放弃监护权或拒绝履行监护职责。导致监护人放弃监护权的情况主要有两种。一种是主观故意，主要表现为"有力无心"，即监护人具备相应的监护能力，主观上却拒绝甚至遗弃未成年人，此种行为属于严重的监护失职行为。另一种则是客观不能，即"有心无力"，监护人具有履行监护职责的意愿，但是因为自身年龄、健康状况、经济情况等原因，无法、无力承担监护职责，遂放弃监护权。上述两种放弃监护权的典型情况其差别在于监护人对履行监护职责的态度，可考虑分类处置。

对于第一种情况，监护人对于放弃监护权持希望或放任的态度，存在主观故意。此种情况任何组织和个人都有权劝阻、制止或者举报，情节严重的应对未成年人进行临时监护，并申请撤销监护人资格，重新指定监护人。构成犯罪的，应依法追究其刑事责任。虽然《民法典》第三十七条已经规定："依法负担被监护人抚养费、赡养费、扶养费的父母、子女、配偶等，被人民法院撤销监护人资格后，应当继续履行负担的义务"，但是建议在此基础上可额外对监护人进行经济处罚或加强对不履行监护职责的监护人的训诫，以增加其违法成本，充分发挥法律的威慑力。对于第二种情况，监护人的放弃行为无主观故意，只是受客观不利因素影响无法履行监护职责，应以帮扶、支持为主，分析监护人或家庭面临的困难，有针对性地制定方案，实施补助、救助、辅导等措施，支持其不断恢复、增加监护能力。同时，结合《关于加强困境儿童保障工作的意见》（国发〔2016〕36号）对未成年人进行分类保障。如有必要，也可考虑变更监护人。若上述举措无法达到预期效果，可指定民政部门实施兜底监护。①

值得注意的是，《民法典》并未对监护人变更进行规定，但在《最高人民法院关于适用〈中华人民共和国民法典〉总则编若干问题的解释》第十二条中对此做出了具体规定："监护人、其他依法具有监护资格的人之间就监护人是否有民法典第三十九条第一款第二项、第四项规定的应当终止监护关系的情形发生争议，申请变更监护人的，人民法院应当依法受理"。未成年人的监护人因年龄偏大或健康缘故，逐渐丧失监护能力的情况在现实生活中较为普遍，而监护人出于未成年人的利益往往存在变更监护人的意愿。在此前提下，上述司法解释的规定则提供了一种可行的变更监护人方式。经过人民法院的受理和判决，使得这种监护人变更具有了法律效力，解决了变更后的监护人在合法性上的"后顾之忧"，顺畅履行监护职责。此外，《民法典》一千零九十三条第三项规定，生父母有特殊困难无力抚养的未成年人，② 可以被收养。因为收养的成立会导致养子女与生父母间的权利义务消除，养父母成为养子女的监护人，这实质上形成了监护人的变更。

3. 对于未成年人财产监护的规定较为原则

未成年人监护在内容上主要涉及人身和财产两方面。《民法典》第三十五条第一款规定："监护人应当按照最有利于被监护人的原则履行监护职责。监护人除为维护被监护人利益外，不得处分被监护人的财产"。根据继承、赠与等相关法律规定，当父母双亲死亡时，未成年人可以通过继承或遗赠获得遗产的所有权。在日常生活中，未成年人也可通过受赠等其他方式获得财产。各国或地区的民法对于未成年人财产监护，都要求监护人履行如下监护职责：妥善

---

① 董柳、李雪：《广州首例！孩子痛失双亲奶奶年事已高，法院判民政部门当监护人》，载羊城晚报客户端，https://ycpai.ycwb.com/amucsite/template3/#/newsDetail/121055/40156405.html？isShare=true，最后访问日期：2022年7月1日。

② 黄薇主编：《中华人民共和国民法典总则编解读》，中国法制出版社2020年版，第250页。本项的"有特殊困难"属于一个包容性较强的表述，既包括生父母因经济困难无力抚养，也包括生父母因身体或者精神原因自身不具备抚养能力等。从实践的情况看，因生父母无力抚养而需要被收养的情况复杂多样，采用"特殊困难"的表述可以不必列举具体情形，而由有关部门在确定是否可被收养时根据情况进行判断。

管理未成年人财产、监护开始时就未成年人的财产情况制作财产清册（单）、按规定报告财产状况、对处分未成年人财产进行的限制、禁止受让未成年人的财产、监护终止时进行财产清算和移交等。而我国《民法典》除作出保护被监护人的财产权利及非为维护被监护人利益不得处分其财产的概括规定外，对于监护人如何管理、保护未成年人的财产，没有再作其他更加具体的规定。但是依照《民法典》相关学理解释的描述来判断，我国立法并不拒绝对未成年人财产监护进行更细化的规制，相关学理解释中明确提及，在第三十六条的撤销监护人资格情形的兜底条款之中，即"实施严重侵害被监护人合法权益的其他行为"，包含了严重的侵犯未成年人财产权益的行为。同时，相关学理解释还表示，对于未成年人财产监护问题，"今后可根据司法实践的发展情况再作研究"。①

　　在我国已经全面建成小康社会，并由此向共同富裕的现代化社会迈进的趋势下，未成年人通过继承、赠与或因参加竞赛、技术成果而获得一定数量的财产，并非罕见现象。当未成年人拥有的财产在数量和金额上不断增加时，对其财产的监护也会显得更加复杂，监护人滥用监护权侵害未成年人权益的情况也很容易发生。如何规范监护人的财产管理行为以及由此衍生的代理行为，并防止侵占、滥用未成年人的财产，日益需要法律做出更为详细的回应。

　　4. 未对监护人的报酬请求权进行规定

　　《民法通则》《民法总则》及现行的《民法典》皆未涉及履行监护职责的报酬及费用问题。在我国，监护被视为一种家庭内部或家族内私事，在社会层面，更倾向被认定为一项社会义务。但是，必须注意到，受现代商业社会追求价值和效力的影响，近亲属之外的具有监护资格的主体承担监护职责很可能成为一项纯粹的个人义务，履行监护职责几乎不能带来任何利益，这会极大打击监护人承担监护职责的主动性、积极性。即使是具有亲属关系的个人也可能会缺乏自愿、主动承担监护职责的动力和热情，怠于履行监护职责。

　　当今世界大多数国家或地区的民法对监护人是否可酌情获得报酬有明确规定。法国《民法典》采无偿监护原则，监护人不能由监护获得报酬。而许多规定监护报酬的国家都以亲权与监护权相分离为前提。例如德国《民法典》规定：监护的执行费用由被监护人承担。如果监护人从自己的财产支出费用，其可以像受委托人那样，请求被监护人偿还。被监护人没有财产的，监护人可

---

　　①　黄薇主编：《中华人民共和国民法典总则编解读》，中国法制出版社 2020 年版，第 112 页。

以请求从国库中预付和偿还。原则上，只能要求偿还金钱和物质支出，以及适当的责任险费用。监护人提供的属于其营业或职业劳务的个人服务，也可以视为费用请求偿还。我国的监护立法具有"大监护"的特点，"广义的"监护权中包含有亲权与"狭义的"监护权。但是，从生理、血缘、情感的角度来看，父母对未成年人的"亲权"和父母之外主体履行的监护职责终究有本质不同。"法无禁止即可为"，从监护人与未成年人都具有独立的法律人格的角度出发，本章建议，至少对于父母、祖父母、外祖父母之外的个人担任监护人的，其因履行监护职责而产生的费用，在"不能因履行监护职责而获得交换性报酬"的前提下，可以酌情从未成年人的财产中支出，或者秉承"监护是一项应当由国家参与、承担的公共服务"的观点，由国家给予适当的补贴。

5. 收养需求与现实状况存在错位

家庭是未成年人最好的归宿，家庭监护也是最为普遍的未成年人监护形式。通过收养，可以让孤儿等特殊未成年人群体重新回归家庭，使收养人获得未成年人的监护权，对未成年人实施照护。当前国内家庭收养子女需求旺盛，但是大部分希望收养健康、低龄未成年人。然而，我国儿童福利机构养育的未成年人绝大多数身患病残，与收养家庭期望不符，减少了未成年人回归家庭的机会。

结合我国目前收养现状，本章观点认为，为鼓励国内家庭依法收养病残未成年人，应从以下两方面入手：一方面，因地制宜建立国内家庭收养病残未成年人的激励机制，逐步提高收养、落户等流程的效率，在未成年人生活、教育等方面加大补助力度，同时针对病残未成年人特点，提供家庭教育辅导等监护支持服务。结合转型后儿童福利机构的职能，开展面向收养家庭的医疗康复服务。[①] 如病残孤儿被收养后，可通过"孤儿医疗康复明天计划"项目、"福彩圆梦·孤儿助学工程"助学金由原儿童福利机构继续提供康复和特教服务。另一方面，考虑到家庭的隐私性和复杂性，需要进一步加强收养登记管理，持续深入规范收养评估工作，以降低未成年人回归家庭后面临的监护风险。根据《收养评估办法（试行）》的规定，对收养申请人是否具备抚养、教育和保护被收养人的能力进行调查、评估，并出具评估报告。中国儿童福利和收养中心

---

① 参见《民政部对"关于完善收养制度的建议"的答复》，载中华人民共和国民政部网站，https://www.mca.gov.cn/article/gk/jytabljggk/rddbjy/201610/20161015002174.shtml，最后访问日期：2022年4月13日。

充分发挥自身示范性、督导性作用，组建了一支专业的评估团队，先后受托承接了北京、黑龙江、贵州、陕西、青海等地区的国内收养评估工作，截至2021年底累计完成100余例收养申请人能力评估、融合评估和收养后回访评估，① 取得良好的效果。

6. 少数个案中监护权归属确认存在障碍

我国《民法典》对监护权归属的确认有着较为完善的规定，但是在因代孕行为所生子女这样的少数个案中，其子女监护权归属则处于"司法无法可依、学界尚存争议"的境况。在医学上，通过代孕产生的子女并非代孕服务购买方所生，根据传统的"分娩者为母"理论，代孕服务购买方与子女之间并无自然血亲关系。从法律拟制角度，代孕服务购买方与代孕子女间也不是养父母子女或继父母子女关系。在我国首例代孕子女监护权案中，一审法院也是参考了以上述观点，判令在子女父亲亡故后，由子女祖父母获得监护权。在该案二审判决中，二审法院首先确定了代孕子女系非婚生子女，并通过法律解释方法，将法条中的继子女的定义从"前婚子女"扩充到"一方非婚生子女"，② 并结合代孕服务购买方的主观抚养意愿和存在的抚养事实，查明其符合具有抚养关系的继父母子女关系的构成要件。③

本章观点认为，在尚无充分法律依据的前提下，上述判例为类似个案中解决子女监护权的归属问题提供了参考和启发。首先，从事实角度看，自然血亲关系是监护最常见的产生方式，但除了自然血亲关系，监护还包含着监护人与未成年人之间存在的或建立起的亲属情感这一因素，并且这种情感可以通过监护人的主观意愿和抚养行为表现出来。其次，从法律适用角度看，该判例巧妙运用法律解释方法中的扩大解释，成功地在事实与现行法律之间构建起关联的"桥梁"。再次，从实质重于形式的角度思考，代孕行为中暗含着商业因素，代孕的目的是通过代孕服务使购买服务方获得对代孕出生子女的监护权，若由代孕者获得子女的监护权，与代孕行为的目的不符，也有违背公序良俗之嫌。

① 张文峰：《中国儿童福利和收养中心，为您提供专业收养评估服务！》载中国儿童福利和收养中心网站，http://www.cccwa.cn/article/sytp/202202/20220200039898.shtml，最后访问日期：2022年4月13日。

② 许莉：《代孕生育中亲子关系确认规则探析——兼评上海"龙凤胎"代孕案》，载《青少年犯罪问题》2017年第1期，第22-28页。

③ 张延燕，刘芷函：《我国"首例代孕子女监护权案"研究——兼论后〈民法典〉时代的代孕立法问题》，载《医学与法学》2021年第13期，第80-85页。

最后，从保护未成年人权益的角度分析，代孕行为虽然于法无据，但是本案中将代孕子女监护权判归代孕服务购买方所有，使子女能够在家庭中接受监护人抚养，体现了最有利于未成年人的原则。

(二) 监护监督环节的"堵点"与展望

1. 我国监护监督工作有待加强

我国历史上一直存在子女系父母"私有"的传统观念，照护、教育子女乃家事而非公事，正所谓"法不入家门"。但是，监护职责的履行直接影响到未成年人合法权益的实现与保护，而未成年人的认知、判断能力尚处于渐进发展中，监护人是否积极履行了监护职责以及监护职责的履行效果，未成年人往往难以作出准确的判断。即使未成年人察觉到监护人的行为对其造成侵害，也因自身行为能力限制而难以寻求救济。在此情况下，监护监督制度更显得十分必要。而且，近年来时有发生的未成年人监护侵害案件，也反映出政府仍应继续加强对家庭监护的监督。

我国现阶段虽然没有统一的监护监督制度，但这并不意味着我国没有具体的监护监督措施。本章观点认为，我国目前的监护监督主要依托于未成年人保护工作，并与强制报告等制度协同发挥作用。通过基层儿童主任、儿童督导员、社工等未成年人保护工作者，以及村民委员会、居民委员会、未成年人救助保护机构、学校、医院等主体，对未成年人家庭监护状况进行监督和必要时的报告。随着基层未成年人保护工作网络的不断完善，下一步，建议我国监护监督机制与基层未成年人保护工作网络进一步衔接，一方面加强公权力对未成年人监护情况的监督力度，形成国家与社会力量共同参与的监护监督制度，体现最有利于未成年人的原则和国家对于未成年人全面保护的态度。另一方面加强新时代儿童主任等人才队伍的建设，不断增强其作用与功能。

2. 强制报告制度需要继续统一和细化

强制报告制度的设计契合最有利于未成年人原则以及国家亲权理念。《强制报告意见》的出台为强制报告制度的处置机制提供了规范指引，便于各地细化处置流程。但是，我国的强制报告制度在实践中仍有一些"堵点"需要打通：第一，相关法律法规间缺乏必要衔接。目前强制报告制度仅在《未成年人保护法》和《强制报告意见》等为数不多的法律文件中有所规定，在规制相关报告主体的规范性文件中出现较少，不利于不同层级、领域法律间的衔接适用。第二，报告主体范围有限。除了家庭内部，宾馆、火车站等公共场所也是监护失职行为的高发地点。但在目前的强制报告制度中并未对公共场所管理人员的报告义务及相应责任进行强化。第三，侵害标准判断有待细化。现行强制报告制度中的立法用语较为抽象，难以准确把握和操作，对侵害行为的分类侧重侵害未成年人的身体健康，对侵害心理健康的行为关注不足。第四，缺乏明确统一的渠道和报告方式。例如《未成年人保护法》第十一条规定的强制报告受理部门为公安、民政、教育等有关部门，而在《强制报告意见》中，强制报告的受理部门为公安机关。多部门作为强制报告受理部门的制度安排拓宽了报告的渠道与平台，但是对强制报告信息的分类甄别和各部门共享信息也提出更高的效率要求。另外，现行强制报告制度中没有明确报告的具体方式，缺乏统一的报告渠道，导致实践中多是通过电话报案、现场报案或举报，同时还存在当地受理部门因管辖权受限无法受理跨地区报告的情况。第五，缺少信息分类流程。从《强制报告意见》规定的处置流程看，公安机关在接到报告、了解案件基本情况之后，需先对案件分类定性，涉嫌犯罪的才立案，其他案件经过公安机关审查后做其他处置。但是，在所有未成年人监护侵害案件中，只有情节严重的，才有可能构成犯罪，将所有未经筛选的相关信息，全部向公安机关直接报告，会对案件定性、立案、处置等流程的效率产生负面影响。第六，基层实施遭到阻碍。学校是未成年人除家庭之外最主要的生活、学习场所，学校的老师也是除监护人之外最易发现未成年人身心异常的人。但在实务中，一些学校出于息事宁人的目的，在发现未成年人可能遭受监护侵害的线索后，往往选择"大事化小、小事化了"，而非启动强制报告程序，这就给强制报告制度的落地执行带来阻力。

综上，本章观点认为可从立法上对强制报告制度进一步梳理归纳，确保与新旧法律的衔接，扩大强制报告的主体，细化未成年人遭受侵害、疑似遭受侵害或者面临危险的程度，兼顾未成年人心理遭受侵害的情况。对于强制报告的受理部门，数量不宜过多，但也不可仅集中于单一部门。接收报告的部门对收到的信息进行初步筛选，并形成调查报告，经核实认为案件属于非刑事或非严重的行政治安案件时，可通过村民委员会、居民委员会、儿童福利机构、未成年人救助保护机构、社会工作服务机构、家庭教育辅导机构等主体对所报告的问题进行介入和处置。如果经初筛或处置过程中发现案件情节严重，应及时向公安机关报案或直接由公安机关受理。案件涉及教育部门的，还应当在教育部门备案。此种强制报告信息筛选分类方法，在保证监护案件得到分类处置的同时，还有助于公安机关提高执法效率。对于制度"落地难"的问题，建议继续强化对强制报告主体的问责机制，[①] 探索引入"报告人保护制度"，确保制度价值得以充分发挥。

3. 未成年人监护评估制度尚未完全确立

近年来，我国未成年人监护评估工作取得重大进展，未成年人监护评估的地方标准不断出台实施。但各地实务操作和实际情况不同，所出台标准的内容和形式差异也很大，未出台标准的地方在评估未成年人家庭监护能力时，则面临缺少指标依据的困境。此外，监护评估制度还面临着适用场景较少、在个案中不具备强制性等问题。

因此，为强化未成年人监护评估制度的作用，一方面，在各地方评估标准的基础上，国家层面有必要尽快明确评估标准的设计原则、框架内容、适用条件和范围，制定国家层面的监护能力评估标准，为评估未成年人的监护状况提供统一的、规范的、可参照的技术指标和评价指引，便于相关调查评估机构科学精准评估未成年人所处监护状况和风险等级。评估标准不仅要具备指引性、科学性和可操作性，还应具备一定的前瞻性，兼顾适用于各类未成年人群体。另一方面，评估的启动也不应受限于个案的需要，建议民政部门、司法机关探索、尝试将监护评估作为处置未成年人监护案件时的必要环节或前置程序。

（三）监护干预环节的"堵点"与展望

1. 临时监护的制度和理论有待完善

政府临时监护作为家庭监护和政府长期监护的补充，在监护人缺位或未成年人遭受监护侵害时可以起到填补未成年人监护空白的作用。在行政执法以及司法程序中，临时监护也可发挥"润滑"功效，使法律程序不因未成年人监护缺失而中断。因此，《未成年人保护法》规定临时监护主要由民政部门实施，确保未成年人及时、持续获得监护。为配合临时监护制度的落地，民政部门正积极推动基层儿童福利机构向未成年人救助保护机构转型。但是在实践中，临时监护的制度优势尚未完全体现出来，究其原因，主要是因为具体规范

---

① 李梦欣：《未履行强制报告义务，学校负责人被依法追责》，载正义网，https：//baijiahao. baidu. com/s？id = 1701240008731828666&wfr = spider&for = pc，最后访问日期：2022 年 11 月 4 日。

与指引的缺位。未成年人救助保护机构是国家承担临时监护的重要载体，但是目前对于未成年人救助保护机构的职能只在《关于进一步健全农村留守儿童和困境儿童关爱服务体系的意见》（民发〔2019〕34 号）中作为附件被提及，在临时监护领域，也尚未出台类似《儿童福利机构管理办法》这样的规范性法律文件。① 因此，实践中临时监护工作往往受到诸如机构职责内容不清晰、救助流程不统一、临时监护的启动与结束时点如何确认等具体问题的"掣肘"。导致未成年人救助保护机构的功能定位一直处于摇摆不定的状态。在理论层面，临时监护究竟是否会导致监护权的转移，亦存在争议，需要进一步阐明。

　　本章观点认为，随着县级民政部门儿童福利机构原则上逐渐向未成年人救助保护机构过渡转型，未成年人救助保护机构肩负的任务将越来越多，其临时监护责任也会越来越重。接下来应该总结基层实施临时监护有益经验，归纳上升为一套可复制、可推广的工作流程，尽快出台相应的未成年人救助保护机构管理规定，对机构职能定位、工作内容、作用发挥以及机构管理等进行规范，做好制度安排，细化收留的实施程序，落实抚养照护的具体措施。根据《中华人民共和国民法典》规定，结合《未成年人保护法》中涉及临时监护条款内容，明确需要临时监护的情形及相应接收流程，丰富临时监护的方式，强化未成年人救助保护机构临时监护职能并面向社会提供家庭监护支持，同时，建议明确临时监护的法律性质。有观点将临时监护视作一项监护措施，其内容更侧重于未成年人的人身日常照护。这种观点认为临时监护的启动并不必然导致监护权的转移。在因疫情、战争等不可抗力所导致的紧急情况下，② 传统的替代监护制度，往往是以监护权的转移为前提，而在紧急状态下，监护权的主体具有不变性，因而传统的替代监护制度无法被适用。例如：由监护人临时委托他人进行替代监护、由医疗隔离机构人员代为照顾、由当地的民政部门、基层自治组织或妇联组织等代为联系人员照顾，再如由民间志愿者或公益组织代为联系人员照顾等等。但是无论暂时进行替代监护的主体是谁，都不意味着他们同时享有了监护权。一方面，紧急状态下的监护缺失现象通常非常短暂，没有

----

　　① 中国儿童福利和收养中心曾在民政部"未成年人保护工作百日攻坚"工作中组织工作专班受托起草《未成年人救助保护机构管理办法》（草案稿）。

　　② 参见《中华人民共和国民法典》第三十四条第四款规定："因发生突发事件等紧急情况，监护人暂时无法履行监护职责，被监护人的生活处于无人照料状态的，被监护人住所地的居民委员会、村民委员会或者民政部门应当为被监护人安排必要的临时生活照料措施"。

转移监护权的必要，另一方面，无论是从原监护人的角度出发，还是从替代监护者的角度出发，他们的本意都不是为了转移监护权，而仅仅是为了寻找到一个能够暂时履行监护职责的适格主体。因此，在紧急状态下，暂时性的替代监护行为，应当被理解为仅是转移了监护人暂时无法履行的监护职责，而非其享有的监护权。①《民法典》第三十四条第四款并未使用"监护"这个用词，而是使用了"必要的临时生活照料措施"的表述，其目的就是为了强调紧急状态下监护权主体的不变性。②

本章观点认为，相较于监护人与临时监护人共同享有监护权的观点，上述观点中的法律关系更加明晰，在实施照护未成年人的基础上，避免了因共享监护权而导致的扯皮与纠纷。而且，监护职责作为由亲情、血缘衍生的职责，其稳定性对于未成年人成长的影响不言而喻，对于监护人的变更或增减应持慎重态度，不可过于随意。

2. 撤销及恢复监护人资格申请流程和事由有待进一步优化

随着《反家庭暴力法》《民法典》《侵害未成年人权益问题意见》等法律、文件的实施，我国民事立法对未成年人撤销监护人资格制度的规定经历了由不完善到较为完善的过程，但是，通过司法实践，该制度仍有若干可以改进的空间。第一，申请流程复杂。《民法典》第三十六条第二款规定："有关个人、组织包括：其他依法具有监护资格的人，居民委员会、村民委员会、学校、医疗机构、妇联、残疾人联合会、未成年人保护组织、依法设立的老年人组织、民政部门等"。为防止上述主体未及时提出申请，该条还在第三款规定由民政部门进行兜底性申请。但是，基于法律间协调性，《民法典》规定撤销监护权的申请主体范围相对狭窄，操作性较弱，实践中，部分申请撤销监护权的主体主动性弱或因客观条件制约难以启动诉讼程序。③如若发现报告不及时，民政部门可能也无法及时介入。即使检察院通知有撤销申请资格主体或向民政部门发出检察建议，是否申请撤销仍取决于这些主体的考量，若上述主体最终未提出申请，那么之后撤销、重新指定等一系列操作依旧无法实施。第二，忽视精神侵害，目前的撤销事由更多关注对身体健康的侵害，但是对于监护人通过语

---

① 黄薇主编：《中华人民共和国民法典总则编解读》，中国法制出版社 2020 年版，第 72-73 页。

② 张梦蝶：《论紧急状态下的国家监护制度》，载《行政法学研究》2021 年第 2 期，第 164-176 页。

③ 李秀华：《家庭教育法视角下监护权撤销制度研究》，载《中华女子学院学报》第 2021 年第 7 期，第 33-42 页。

言或态度所造成的心理、精神上的伤害有所忽视。第三，撤销内容笼统。我国目前采用的是撤销全部监护权的方式，对于人身监护权和财产监护权不加以区分。这种方式全面有余但精准性不足，忽略了监护人在其他方面对未成年人履行监护职责的可能性，在指定新监护人前，对于未成年人非人身方面的监护容易产生"真空地带"。第四，监护人资格恢复存在滥用风险。监护人资格恢复制度充分考虑了基于亲缘关系未成年人父母悔改的可能性。但是，父母的悔改并无期间限制，父母可以随时以"确有悔改"为由申请恢复监护人资格，这会导致未成年人监护权的归属陷入摇摆之中，增加其中的不确定性。

从最有利于未成年人原则出发，立足未成年人检察工作的职能，可以尝试让检察机关在撤销监护人资格的程序中发挥更加积极的作用，甚至探索将检察机关直接纳入有权申请撤销监护人资格的主体范围内。国家对于监护的干预具有必要性和适度性的特点，因此，申请撤销监护人资格的主体应保持适当谨慎态度。由检察机关主动启动监护人资格撤销程序，可以充分发挥其对案件了解程度较深且掌握相关证据的优势，还能够及时弥补其他申请主体主动性不足的缺陷，也间接传递了国家坚决保障未成年人合法权益的信号。在撤销程序中，应重视对未成年人心理、精神损害的认定。尽管对精神侵害程度与后果难以界定与列明，但仍可以从心理学、医学等角度进行量化评估，认定侵权责任，全面考量监护人实施的上述心理、精神层面的侵害行为是否达到监护权需要被撤销的法定情形。[1] 建议将监护人对未成年人的辱骂、漠视、威胁、诽谤、挖苦等行为视为精神侵害，上述行为对未成年人达到一定侵害程度或造成严重后果时，可认定为申请撤销监护人资格的事由。但是，对精神侵害事由的认定应更加谨慎，避免撤销监护人资格的申请使用泛化。此外，在未来监护法律的修订中，可从人身和财产两个领域规范监护权的内容，视侵害行为的性质、动机、情节、后果撤销部分或全部监护权，为监护人留出悔改的余地，体现国家对于未成年人监护的精准干预。同时，在恢复监护资格的程序中，对于未成年人父母"确有悔改"的情况应制定或总结具体的裁量标准，并结合父母被撤销监护人资格的事由、未成年人在新监护环境中的适应程度等因素严格考量，避免恢复监护资格被滥用。最后，在撤销和恢复监护人资格程序中，还应当对未成年人的监护状况进行评估。

---

① 李秀华：《家庭教育法视角下监护权撤销制度研究》，载《中华女子学院学报》第 2021 年第 7 期，第 33-42 页。

3. 对失职监护人的惩戒措施有限

除了撤销监护人资格这样的"终极手段",对于不依法履行监护职责,或者侵害未成年人合法权益的监护人,我国在《未成年人保护法》、《反家庭暴力法》等法律中还规定了劝诫、制止、批评教育、出具告诫书、申请人身安全保护令以及行政处罚等方式,对监护人进行惩戒,促使其承担相应法律责任。而在《民法典》中,却仅对撤销监护人资格制度进行了规定,对其他惩戒或制止监护人不当行为的法律措施较少提及。实践中司法机关发出的督促监护令、家庭教育令加强了对未成年人监护的干预力度。但是,因其目前在法律层面没有后续罚则作支持,是否能够达到预想的效果尚有待观察。

在监护侵害案件中,能够导致撤销监护人资格的个案终究属于少数。更多情况下,未成年人所遭受的侵害是来自那些具有重复性、持续性但尚未达到撤销监护权程度的监护不当行为,这些行为同样不能忽视,也迫切需要法律给予更多关注和回应,例如对不按照督促监护令、家庭教育令履行监护职责或者侵害未成年人合法权益的监护人实施更具针对性的训诫、教育等措施或处罚,社区也可在一定期间内加强对失职监护人履行监护职责情况的监督。

(四) 监护支持环节的"堵点"及展望

1. 社会力量参与未成年人监护的程度有限

民办非企业单位、基金会等社会组织是政府与服务对象之间承上启下的桥梁。村民委员会和居民委员会作为基层群众自治组织更是社区治理的重要组成部分,承担着打通政策传递"最后一公里"的任务。进一步支持、引导上述社会力量参与未成年人保护事业,使之成为未成年人保护体系链条中的重要一环,肩负起救助保护和提供专业化服务的重要使命,有助于全社会形成保护未成年人的合力。但是,目前社会力量与政府间仍然缺乏有效互动机制,特别是对于社会专业组织的具体支持、引导措施仍不明确,难以充分激发其内在潜能。另外,一些社会力量存在专业人员和资金储备不足、项目持续性不强等问题,客观上也制约了其作用的充分发挥。

(1) 社会监护的模式存在发展瓶颈

《民法典》的出台,构建起以家庭监护为基础、社会监护为补充、国家监护为兜底的监护制度。一方面,村民委员会和居民委员会依法承担未成年人临时监护职责是目前最主要的社会监护方式。但考虑到居民委员会、村民委员会承担的社区事务十分繁杂，缺乏物质保障，也缺少具备相关专业知识的工作人员，这种社会监护在实践中极为少见，更多的还是由民政部门进行国家监护。另一方面，虽然社会组织在向未成年人及其监护人提供专业服务、筹集善款过程中能够起到非常积极的社会效果，但是在能否担任未成年人监护人的问题上，仍然受到一定的法律限制。

首先，要说明的是，根据《民法典》的规定，社会组织是可以担任未成年人的监护人的。《民法典》第二十七条在承继《民法通则》关于"父母；祖父母、外祖父母；兄、姐"按顺序担任监护人的基础上，将"关系密切的其他亲属、朋友"扩张到"其他愿意担任监护人的个人或者组织"，但是"须经未成年人住所地的居民委员会、村民委员会或者民政部门同意"。从上述规定可以看出，我国立法允许社会组织担任监护人，不过在操作上仍有顺序的限制，只有当无在先顺位监护人或者在先顺位监护人无监护能力时，社会组织经有关单位同意，才能担任监护人。其次，社会组织获得监护权后，应如何履行监护职责才能符合最有利于未成年人的原则，以及当社会组织无法继续存续或公益项目期满结束时，应如何安置未成年人才能最大程度减少监护权变更给他们成长带来的不确定性，亦是急需疏通的"堵点"。

（2）家庭寄养的适用受到限制

本章观点认为，社会力量不仅包括专业的社会组织、群团组织，还应吸纳关注、支持未成年人工作的爱心家庭。家庭是最有利于未成年人成长的环境，家庭寄养的方式也能充分调动社会上爱心家庭的积极性，值得进一步推广。为更好地履行民政部门作为监护人的职责，保障被寄养未成年人的合法权益和寄养家庭的正当利益，民政部在《家庭寄养管理办法》等相关规定的基础上，于2019年5月出台了《家庭寄养评估标准》，进一步统一寄养标准，细化寄养流程，评估寄养家庭所具备的照料能力和经验，明确寄养家庭成员应没有不良嗜好及犯罪记录，且寄养应获得家庭成员一致同意等要求。家庭寄养不仅有利于充分发挥社会力量的作用，广泛培育爱心家庭，还使未成年人获得更多重新回到家庭环境继续生活成长的机会。在英国、加拿大等国，家庭寄养是一种重要甚至主要的未成年人安置方式。通常，相关未成年人会被带至其亲属处进行寄养，并由国家给予相应的补助，形成儿童、家庭、国家"三赢"的局面。现阶段，《家庭寄养管理办法》中仅将监护权在县级以上地方人民政府民政部门的孤儿、查找不到生父母的弃婴和儿童列为寄养对象，暂未覆盖至事实无人抚养儿童、查找不到监护人或监护人有特殊困难的未成年人，以及需临时监护的其他未成年人。

（3）家庭教育指导服务的开展有待政府进一步推动落实

家庭教育对未成年人的成长成才至关重要，而参加家庭教育指导服务则是监护人学习家庭教育知识、培养正确家庭教育理念的重要方式和渠道。对此，《未成年人保护法》政府保护章节规定，各级人民政府应将家庭教育指导服务纳入城乡公共服务体系，开展家庭教育知识宣传，鼓励和支持有关人民团体、企业事业单位、社会组织开展家庭教育指导服务。①《家庭教育促进法》则对家庭教育辅导工作及机构进行了重点规定，进一步体现了国家对社会力量参与未成年人监护的支持态度，并规定"县级以上地方人民政府及有关部门可以采取政府补贴、奖励激励、购买服务等扶持措施，培育家庭教育服务机构"。② 但在现实生活中，未成年人的监护人受学历、阅历、年龄等因素影响，对家庭教育指导机构的认可程度及其服务内容的理解程度不尽相同。在不干预家庭对未成年人正常照护活动的前提下，政府通过何种方式使家庭教育指导服务的内容、形式能够被大多数家庭所理解接受，仍是一项具有挑战性的任务。

鉴于社会力量在未成年人监护中的作用以及上述问题，本章对其未来发展有以下展望：首先，出台或修订社会组织内控规范和行业标准，建立评估考核机制，帮助社会组织健康发展，逐步实现内部管理规范化、服务水平专业化。在政府购买服务过程中，尝试根据实际服务需求，适当延长服务合同期限等方法，培育一批在未成年人保护领域深耕细作的社会组织，并形成一定程度的规模，带动整个行业高质量发展。其次，依托法律、心理、社会工作等专业社会机构，全方位加强未成年人权益保护，为监护缺失或遭受监护侵害的未成年人提供心理疏导、司法救助、法律援助等专业服务。再次，打造未成年人监护工作联动响应机制，引导社会组织参与监护监督和监护支持工作，面向社会组织，制定未成年人监护指引，探索建立持久稳定的未成年人社会监护模式，并尝试扩大家庭寄养适用对象的范围。探索将优质公益慈善项目转化为政策。最后，引导社会力量面向村居、社区或与学校合作，积

---

① 参见《中华人民共和国未成年人保护法》第十五条、第十六条和第八十二条；《中华人民共和国家庭教育促进法》第十四条。

② 参见《中华人民共和国家庭教育促进法》第三十六条第二款。

极提供家庭教育指导服务、宣传家庭教育、养育知识，建立健全家庭、学校、社会协同育人的机制。

2. 对未成年人监护的经济支持尚需加强

育儿成本的不断提升，会加重监护人的抚养成本，影响监护质量。为切实减轻多孩家庭生育、养育负担，国务院决定，自 2022 年 1 月 1 日起，纳税人照护 3 岁以下婴幼儿子女的相关支出，按照每个婴幼儿每月 1000 元的标准定额扣除。[①] 一些城市还启动了面向多孩家庭的购房优惠政策，如成都市在《关于进一步优化完善房地产政策促进市场平稳健康发展的通知》（成房领办发〔2022〕2 号）中明确二孩及以上家庭可在现有限购套数基础上新购买 1 套住房。随着三孩生育政策的落地，可以预见未来将会面向多孩家庭制定实施更多的税费减免政策和普惠型儿童津贴发放方案，并引导社会组织向有孩家庭提供生育、照护、教育等方面的专业支持服务，鼓励市场主体承担社会责任，在补贴、假期等方面向来自多孩家庭的职工提供更多支持与福利。

3. 对正确监护观念的宣传、教育、引导的力度不足

《未成年人保护法》确立最有利于未成年人原则无疑是未成年人立法的一大进步。修订后的法律以未成年人为权利主体的视角，更加侧重未成年人利益本位，不仅更大程度考虑、保护了未成年人的合法权益，也体现了对未成年人这一弱势群体的充分尊重。但是，要想真正将中国的未成年人从成人的依附地位中解脱出来，不仅需要在法律中加以"宣示"，更要加强社会层面的宣传，依托互联网等信息平台，传播正确的监护理念，普及监护法律知识，促使监护人不断改进家庭教育的方式方法，及早纠正家庭监护中出现的教育、照护不当等情况，将对未成年人合法权益的保护及法律地位的尊重渗透到社会的各个方面，逐渐形成全社会的共识。

结　语

未成年人监护制度是未成年人保护事业的重要内容。这一制度机制的合理构建关系到未成年人的切身利益。法谚云"无救济即无权利"。未成年人由于受自身认知和行为能力的限制，其合法利益的保护很大程度上依赖于父母及监护家庭，这也使得未成年人的利益带有一定的依附性，需要国家介入到家庭监护之中，支持、引导监护人正确履行监护职责，对处于强势地位的监护人进行

[①]　参见《关于设立 3 岁以下婴幼儿照护个人所得税专项附加扣除的通知》（国发〔2022〕8 号）。

监督，及时发现在监护中权利受损的未成年人，并提供干预、救济。因此，构建一个更加完善的、由家庭、社会、政府共同参与的未成年人监护闭环工作机制，对未成年人的保护、国家未来的发展有着十分重要的意义。

第五章 典型大陆和英美法系国家未成年人监护体系介绍

　　根据联合国经济和社会事务部发布的《世界人口展望 2022》统计，截至 2021 年，全球未成年人口数量已经超过 25 亿。对这样一个庞大的人群，如何保护他们的合法权益，不仅关系到未成年人的健康成长，更关系到整个世界的未来和发展。关爱保护未成年人已经成为全世界的共识，多层面完善的法律制度、多部门协调的合作机制是全面保护未成年人利益不可缺少的前提条件。伴随着社会的进步与儿童权利意识的深入人心，未成年人监护制度已逐步确立了以保护未成年人的利益为核心和根本出发点的立法原则。作为一项古老的法律制度，未成年人监护制度在现代各国立法体系中都有着其独特的功能与价值，它一方面保护着未成年人的基本权利，针对限制行为能力的未成年人有着不可替代的重要意义；另一方面它也对维护社会稳定、保障社会关系和谐、推动可持续发展有着举足轻重的作用。

　　本章通过阐释国外未成年人监护制度的历史沿革及发展趋势，通过概括总述及分别举例的方法，全面梳理了典型的大陆法系国家（日本、德国）和英美法系国家（美国和英国）现有未成年人监护制度的整体特点、监护类型、监护职责、监护监督以及监护的不同情形。同时，针对大陆法系亲权与监护分立的情况，分别对亲权与监护的起始终止和具体内容进行了对比分析。从借鉴国外立法经验的角度出发，从强化强制报告制度、适时开展家庭寄养、明确监护程序和要件、完善未成年人监护监督机制、细化财产监护制度以及建立监

[①] 张金晶，中国儿童福利和收养中心儿童发展部职员，研究方向：未成年人保护、儿童福利，电子邮箱地址：1592648747@qq.com；黄悦，中国儿童福利和收养中心儿童发展部主任，研究方向：未成年人保护、儿童福利。

人报酬制度六个方面介绍了国外未成年人监护制度的成功经验，希望以此为完善我国的未成年人监护制度提供更多借鉴。

一、国外未成年人监护制度的起源及早期发展趋势

（一）国外未成年人监护制度的起源

国外未成年人监护制度可以追溯到古罗马时期[①]，公元前 450 年的《十二铜表法》是古罗马第一部成文法典，里面有着最早的关于监护制度的规定。罗马家庭与"城邦"一词对应，是与现代家庭完全不同的另一种以初始状态为基础的、国家统治的基本自治单位。罗法创建的家长权、监护制度和保佐制度从本质上都是为维护家庭利益不被损害，保护家庭财产不被浪费，这是最早的监护制度的起源[②]。

在早期的罗马家庭中，家长对其他家庭成员拥有绝对的支配权，作为家长，甚至可以根据罗马法中"赋予生命的人亦有权带走生命"这一原则操纵子女的生和死。这种支配权涵盖了早期监护的实质内容，表现为家长对家属的管理与支配。罗马法中的监护指对妇女和对未适婚人的监护（罗马法规定未适婚人的年龄是男子不满 14 岁，女子不满 12 岁）。在罗马时期，人们的共识是妇女操持家务，对财产法律不够了解，稍有不慎便会给家庭财产造成损失，所以需要对女性设立监护，以弥补其管理财产行为能力的不足。对于未适婚子女，在其出生后如果没有家长或被家长解放[③]，或者家长死亡、丧失家长权[④]、市民权[⑤]或自由权时，也要被设置监护人。因此，罗马早期的未成年人监护制度是为弥补家长权的缺位，巩固家庭的自治能力，保全国家的统治基础。此时

[①] 古罗马指从公元前 9 世纪初在意大利半岛（即亚平宁半岛）中部兴起的文明，古罗马先后经历罗马王政时代（前 753~前 509 年）、罗马共和国（前 509~前 27 年）和罗马帝国（前 27~476 年）三个阶段。

[②] 参见董思远：《未成年人监护制度研究》，中国人民公安大学出版社 2019 年版，第 53 页。

[③] 指子女经家长解放，不再处于家长权的支配之下，由他权人变成为自权人。

[④] 家长权，又称家父权，是家庭中最高和最完全的权力。广义上的家长权指家长对家属、奴隶、牲畜和其他财产的支配权，是各种权利的集合，包括（1）对物的所有权（2）对奴隶的家主权（3）附妻子的夫权（4）对家子的父权（5）买受劳动力的买主权。狭义的家长权仅指家长对家属的支配权，无论家属是否成年、缔结婚姻、拥有何种社会或政治地位，皆处于家长支配之下。参见曹诗权：《未成年人监护制度研究》，中国政法大学出版社 2004 年版，第 154 页。

[⑤] 市民权是拥有罗马市民身份的人，而没有罗马市民身份的人在《十二表法》中被称为外人，在以后的法中被称为异邦人，他们是自由的，但是不受罗马法的保护。

监护人的主要职责是保护被监护人的人身安全并管理他们的财产，批准被监护人从事某些特定的行为。随着社会发展，在对未适婚人实施的监护制度中权力的色彩逐渐弱化，职责的性质更加明显，同时教育和代理的内容不断丰富①。

与监护制度类似的是罗马法中的保佐制度②。监护和保佐均是对市民法③中认为没有能力进行自我保护的自权人④设置的。早在《十二铜表法》中，就有针对精神病人和浪费人⑤设置的保佐制度。在罗马早期，到达适婚年龄就取得了完全的行为能力，不需要再被监护，但到了罗马末期，随着商品经济的发展，一些人利用适婚未成年人⑥对复杂的交易规则不够了解的情况而行骗图利，这样的行为经常会给家庭财产造成浪费和损失。为此，公元前 2 世纪末期，罗马制定了《普雷托里亚法》，之后几经完善，发展到共和国末叶，未成年人也被纳入保佐的对象范围。经过后期的改革，未成年人的保佐制度与监护制度趋于一致⑦。

（二）未成年人监护制度从早期到近代的发展趋势⑧

未成年人监护制度发展到近代，无论从立法原则还是具体的法律条款制定方面都体现出如下趋势：

一是未成年人的利益逐渐优先于父母及其他利益主体受到更多重视。伴随着社会发展，家族制度逐渐崩溃，到罗马时代末期，监护制度和保佐制度更注重保护被监护人和被保佐人的实际利益，妇女和儿童等弱者的利益逐渐受到重视，监护人的设立慢慢体现出以未成年人利益为本位的思想。近代以来，个人开始获得独立的主体价值，监护制度的立法理念发生了较大变化，从"父权

① 参见董思远：《未成年人监护制度研究》，中国人民公安大学出版社 2019 年版，第 51-58 页。
② 保佐又称"保护"，是指辅导或监督行为能力受限制的人实施民事法律行为以保护他们的合法财产权益的法律制度。参见邹瑜：《法学大辞典》，中国政法大学出版社第 1991 年版。
③ 市民法亦称公民法，是民众大会和元老院所通过的带有规范性的决议以及其他一些习惯法的规范；其适用范围仅限罗马公民。李红：《浅谈古代罗马法的形成与发展》，载《西藏民族学院学报（哲学社会科学版）》2004 年第 3 期，第 66 页。
④ 自权人是指不受夫权、家长权或者买主权支配的市民。
⑤ 浪费人是罗马法上对特定行为能力人的一种称呼，具体是指滥用、挥霍财产，使本人和法定继承人的利益受到损害的人。参见邹瑜：《法学大辞典》，中国政法大学出版社 1991 年版，第 12 页。
⑥ 罗马人以百岁为上寿，25 岁为人生的四分之一，即为成年之时。作者注：综合前文对适婚年龄的规定，适婚未成年人指男子年龄在 14 岁到 25 岁之间，女子年龄在 12 岁到 25 岁之间。
⑦ 参见董思远：《未成年人监护制度研究》，中国人民公安大学出版社 2019 年版，第 51-58 页
⑧ 参见董思远：《未成年人监护制度研究》，中国人民公安大学出版社 2019 年版，第 81-88 页

优先"发展为"儿童优先原则"。

二是未成年人的监护制度从绝对的家族自治、亲属自决到国家介入，公权力干预逐渐增强。在罗马时代末期，当未成年人没有遗嘱指定监护人时，罗马城邦的裁判官或行省的总督会负责公开任命监护人，官选监护的出现昭示着监护制度已经不是家长权统摄的家庭自治事务。发展到近代，在德国和日本曾作为解决家庭纠纷、决定家庭监护重大问题的亲属自治机构——亲属会议逐渐被取消，取而代之由法院或国家行政机构来决定与未成年人监护相关的重大事宜，并对监护人的履职情况进行监督。在近代英国的《子女监护法案》中也明确规定大法官基于对子女利益和公益的考虑，可以享有凌驾于父权之上的权利。

三是未成年人的监护制度逐渐失去了权力的色彩，监护的性质从权力发展为职责。在罗马时代，监护人的职责主要是对被监护人的人身、财产进行照顾和管理以及在某些事务上批准被监护人的行为。到了近代，未成年人监护制度表现出了更多的职责性特点，除了照顾未成年人的身体并代理其进行民事行为外，也应对其在被监护过程中造成的财产损失承担赔偿责任。

四是在监护人的选任方面，男女越来越平等。在罗马时期，监护人的指定或选任一般会从被监护人的男性亲属中选择，女性家庭成员终身都处于被监护的地位。到了优士丁尼时期①，宗亲关系逐渐削弱，妇女偶尔也有担任监护人的机会。到了近代，母亲可作为子女的监护人，虽然会附加一定的条件，例如《拿破仑民法典》规定母亲也可作为子女的监护人，但要求父亲生前以遗嘱的方式指定辅助人才能生效。

二、典型大陆法系国家未成年人监护制度概述

世界上现存的主要法律体系包括以英国为代表的英美法系和以罗马法为起源的大陆法系。其中大陆法系采用成文法典的立法模式，在此基础上努力探寻国家不同部门专门法之间的内在逻辑，以期创建完善的国家法律体系。下文主要以德国、日本两个典型的大陆法系国家为例，对大陆法系国家现行的未成年

---

① 优士丁尼王朝（518~610），东罗马帝国的第三个王朝。东罗马帝国又译拜占庭帝国（395-1453年）。公元395年1月17日，罗马帝国皇帝逝世（346-395年）。将帝国东西部分与两个儿子继承，其中东罗马帝国延续了近千年之久，被人简单地称为"罗马帝国"。

人①监护制度进行分析说明。

（一）大陆法系未成年人监护制度的立法基础及特点②

（1）以成文法典为基础的法律体系。德国、日本等典型的大陆法系国家均以各国《民法典》等成文法典对未成年人监护制度的核心—亲权制度和监护制度—进行设定，以此构建未成年人监护制度的法律基础，再辅之以其他单行法。以德国为例，1900 年 1 月 1 日开始实施的《德国民法典》结构严谨，在五编制结构、体例安排和理论学说方面做出了重大突破，它的编纂和实施不仅在德国历史上具有重大意义，在国际社会上也受到各国法学界的重视。随后的瑞士、奥地利、波兰、希腊、土耳其、日本、中国以及泰国等国在制定各自的民法典过程中都受到《德国民法典》的影响。《德国民法典》明确了亲权与未成年人的监护制度，除此之外，该国的《儿童与青少年救助法》《德国非讼事件法》和《儿童及少年辅助法》等一系列与保护儿童权益相关的法律条款中都涉及与未成年人监护监督程序相关的内容，它们共同构成了德国未成年人监护制度的法律体系。

（2）亲权与监护制度并行的制度架构。大陆法系国家均确立了亲权与监护制度并行的立法模式，即首先由亲权制度规定父母对子女的监护责任，当父母丧失或被剥夺亲权或因其他事由无法行使亲权时，则启动监护制度，以监护制度弥补亲权的缺位。早期《德国民法典》的亲权制度较为保守，具有父权优先的家长制特征，子女甚至母亲的权利都会遭到约束。随着个人监护主义弱化，国家监护主义确立，亲权制度和监护制度相对独立但又互相交织，共同构筑未成年人权益的保护体系。同时，亲权制度的性质也开始由权利形态变为义务形态。虽然行使主体和内容有所不同，但亲权与监护在未成年人的人身保护和财产管理上的目的是一致的，两者在发挥作用方面具有极高的相似性与互融性。在《德国民法典》改革中，逐步确立了实质的父母照顾权，使得监护关系与监护内容更加契合③。

（3）多部门联合的工作体系。在大陆法系国家，未成年人监护制度的实

---

① 根据《中华人民共和国民法典》第十七条、第十八条的规定：不满十八周岁的自然人为未成年人。

② 高维俭、谢杨强：《"无缝"监护体系的构建——从性侵未成年人犯罪预防谈起》载《人民检察》2021 年第 15 期法学专论栏目，第 9-10 页。

③ 参见曹诗权：《未成年人监护制度研究》，中国政法大学出版社第 2004 年版，第 188-195 页。

施通常是一项涉及国家多个行政部门和不同司法单位共同参与的系统性工作。以德国为例，该国已经形成以青少年局、家庭法院、监护法院为中心，以社会组织和个人为辅助力量的监护监督机制。其中，家庭法院在监护人、监护监督人的选任、资格撤销和监护事务处理等多方面发挥主要作用，随时掌握着未成年人的被监护情况；青少年局则是监护职责承担的实体性主体，在必要时代表国家担负监护未成年人的责任。在司法实践中，德国许多社会组织，甚至个人都参与到监护事务中①，体现了国家对监护的公权力干预和监护制度的社会化，未成年人的利益受到来自政府、司法机关、社会组织和个人等各方的重视和保护，监护制度具有全程性、广泛性、深入性和强制性的特征。

（4）规范可操作的工作程序。现行德国、日本等典型大陆法系国家的监护制度，在着力完善法律框架体系的同时，也十分注重相关程序的规范性和可操作性。一方面，对于监护的启动条件、监护人资格、监护内容等方面都做出了详细规定。另一方面，对各项程序也进行了严格规范，例如监护的启动程序、监护监督程序等。

（二）亲权的起始、内容与监督②

1. 亲权及其内容

从子女出生伊始，已婚父母即是未成年子女的亲权人（在德国称为照顾权人③），这种亲权（在德国亲权被称为照顾权）既包括血缘上的亲子，也包括养父母与养子女之间的关系。如果子女出生时父母未结婚，母亲是亲权人；其生父只有在收养或准正④非婚生子女后才能行使亲权。

亲权包括对子女的人身照顾权、财产照顾权和代表权。具体包括父母对子女的照料、教育和监督，决定子女的住所和交往情况等权利。在日本，亲权人可在适当范围内惩戒子女并拥有对子女从事职业的许可权。

2. 亲权的监督

在行使亲权的过程中，当子女的人身和财产权益受到侵害时，法院有权对

---

① 参见曹诗权：《未成年人监护制度研究》，中国政法大学出版社第2004年版，第188-195页。

② 参见董思远：《未成年人监护制度研究》，中国人民公安大学出版社2019年版，第96-180页。

③ 《德国民法典》在1980年的修改过程中用"父母照顾"的概念取代了传统的亲权概念。参见冯源：《北大法宝法学期刊库》，载《东方法学》2019年第4期。

④ 非婚生子女的准正，指已出生的非婚生子女因生父母结婚或司法宣告而取得婚生子女资格的制度。

案件开展调查并做出判定。当父母不能消除子女身边的危险情况时，法院可采取公共救济措施进行干预，如果采取的救济措施无效，法院有权让子女脱离家庭或者命令父母离开家庭、做出剥夺或部分剥夺父母亲权的裁定。同时，不同国家还有各自独特的方式对父母亲权进行监督。如德国，在亲权履行的过程中，当父母中的一方不承担亲权职责时，根据另一方的申请，青少年局可作为子女的辅助人，提出抚养请求权，父母的亲权不会因此受到限制。在日本，当亲权人与子女的利益发生冲突时，家庭法院可根据亲权人的请求为子女选任特别代理人。除此之外，作为对亲权的限制内容，只有在得到法院批准后，父母才能代理子女处理他们因继承而得来的遗产或者进行财产的赠与。在德国，法律赋予父母管理教育和约束子女的权利，但是这种管教和约束以不得实施暴力为前提。

3. 亲权的停止、辞任与终止

当父母无行为能力、在较长时间内不能行使亲权或因父母不恰当的行使亲权使子女利益受到侵害时，法院可裁定停止父母的亲权。因行使子女财产管理权而造成子女利益损失的，法院可裁定取消父母对子女财产的管理权。当导致亲权被停止或财产管理权被取消的理由消失后，父母的亲权或对子女财产的管理权可以被恢复。

一些大陆法系国家都有对亲权提出辞任的相关规定，例如在日本，当行使亲权的父母有不得已的理由时，可向法院申请辞去亲权或对子女财产的管理权，当辞任理由消失时，父母可申请恢复亲权或管理权。子女成年后，亲权终止。

（三）监护的起始、类型、职责及监督①

1. 监护的开始及监护人选任

当未成年人不处于父母双方的亲权之下，或行使亲权的父母在涉及人身或财产的事务中没有代理权，或当亲权的行使给子女的最佳利益带来危害时，监护开始。

由于监护人执行监护事务事关未成年人的人身及财产利益，所以大陆法系国家都通过立法规定了监护人的积极或消极资格。在德国，监护的开始需要得到法院的命令。《德国民法典》规定了担任监护人的积极资格，即具有民事行

---

①　参见董思远：《未成年人监护制度研究》，中国人民公安大学出版社2019年版，第96-184页。

为能力的成年人均可被选任为监护人。对非婚生子女来说，青少年局的法定监护资格根据其出生的事实自动发生，不需要法院任命。

监护人的消极资格指不得和不宜担任监护人的情况。例如在日本，不能成为监护人的情况包括：未成年人、破产的人、去向不明的人、被法院免职的代理人、保佐人和辅助人①、对被监护人提起诉讼的人及其配偶、直系亲属。《日本民法典》规定，在父母离婚后，需要对父母的权利进行重新分配，实行亲权与监护并行的双轨制②，其目的是对父母中不与子女共同生活的一方的权利做出限制。当父母中的一方既是监护人又是亲权人时，可行使亲权的全部内容；当父母中一方是监护人、另一方是亲权人时，亲权人的权限仅涉及对子女财产的管理，对子女的人身照顾则由监护人行使。

2. 监护类型

未成年人监护类型分为两类，即意定监护和法定监护③。意定监护指父母或监护人通过遗嘱、委托合同等方式为未成年人确定监护人，监护人的权利、义务及职责范围等内容由遗嘱或委托合同确认，如有未明确事宜，则适用法定监护。法定监护指监护人的设立、职责及终止由法律直接做出规定的监护类型。大陆法系国家的意定监护包括父母指定监护和委托监护，法定监护包括法院选任监护和机构监护。

（1）指定监护：对子女有亲权的父母在死亡前可为未成年子女指定监护人，社会组织可以被指定为监护人。在适用过程中，父母的遗嘱指定监护具有优先效力。

目前的《德国民法典》已废除了亲属会议的指定监护，但仍有其它大陆法系国家延用这一制度，如法国。《法国民法典》规定，当父母没有指定监护人或被指定监护人停止履行监护职责时，亲属会议需另行指定监护人。亲属会议应根据未成年人的具体状况、有关当事人的监护能力及需要管理的财产情况，指定监护人。若指定数位监护人，每一位监护人互相独立，不相互承担责任，每位监护人可在不经过其他监护人批准的情况下实施监护行为，但应相互告知决定。

---

① 日本的法定监护人制度根据被监护人因精神障碍而欠缺辨识整理能力程度的不同分为监护、保佐和辅助三种类型。参见刘金霞：《德国、日本成年监护改革的借鉴意义》，载《青年政治学院学报（法制与法治）》，2012年第5期。

② 参见王竹青、杨科：《监护制度比较研究》，知识产权出版社2010年版，第71~72页。

③ 参见董思远：《未成年人监护制度研究》，中国人民公安大学出版社2019年版，第94~120页

（2）委托监护：法院可根据父母或者养育者的申请将未成年子女的照顾权转交给养育者。在日本，亲权人可将子女的财产管理权委托给第三人行使，这也被视为委托监护。

（3）法院选任监护：在没有指定监护或者被指定人没有监护资格时，法院要履行选任监护人的职责①。有监护能力的社会组织可以被选为监护人。但在德国，父母可以在生前指定排除某人被选任成为其子女的监护人。

（4）机构监护：在德国，对需要设置监护的非婚生子女，青少年局承担法定监护人的职责，无需法院选任，其职责自非婚生子女出生时自动生效。

3. 监护职责

监护人职责包括人身监护、财产监护和法定代理职责。

（1）人身监护职责

对未成年人的人身监护职责与对未成年人的亲权内容大体相同，总体上是照料未成年人的日常生活；对未成年人进行教育；保护未成年人的身心健康；指定住所权；医疗决定权；未成年人返还请求权；适当惩戒未成年人的权利以及与未成年人共同居住的义务。在德国，对已婚或曾婚的未成年人的人身监护职责不包括人身照顾权。

人身监护权与亲权也有不同之处，例如：在德国，当监护人与被监护人信仰不同宗教时，可以限制监护人对被监护人进行宗教方面的教育。监护人对被监护人不能实施体罚，也不能命令被监护人承担家务或店务帮助义务。监护人只有在得到法院的批准后，才能做出剥夺被监护人自由的安置。在日本，只有在得到法院或者监护监督人同意后，监护人才能变更亲权人已经确定的居所、将被监护人送入惩戒场所或停止对被监护人的经营许可。

（2）财产监护职责

对未成年人的财产监护职责包括以下几方面的主要内容。第一，提交财产报告：在接任监护职务后的规定时间内，监护人要完成对被监护人的财产调查工作，这项工作要与监护监督人一起完成，否则没有法律效力。按照监护监督人的要求，监护人要随时出具与监护事务相关的财产报告，并接受针对被监护人的财产状况调查。第二，制定开销预算：监护人也要定期对被监护人的各种

---

① 在监护法院选择监护人时，候选人的人身条件和财产状况以及其他情况都应当予以考虑。另外还应当考虑父母可能怀有的意愿，被监护人的个人关系、被监护人的亲属或姻亲以及被监护人的宗教信仰等对监护人确定具有重要意义的情况。

计划开销做出预算。在日本，被监护人的开销与监护人的报酬均从被监护人的财产中支出。监护人为了自己的利益使用被监护人资金的，返还时应支付利息；若有损害应当承担赔偿责任。第三，管理、处分财产：在一定条件下监护人可代理处分未成年被监护人的财产，代理被监护人申请或接收救济金、保险金或遗赠的财产；第四，补偿请求权：监护人为履行监护职责对预先支付的资金要求补偿的权利；第五，报酬请求权：在很多大陆法系国家，履行监护职责一般是无偿的，但是，《德国民法典》规定，在有特殊理由或监护难度达到一定程度时，监护人也可以申请得到适当的报酬，如果被监护人自身无财产支付此费用，监护人可向国库请求预付或偿还。然而，当代表公权力的机构或社会组织作为监护人时没有报酬请求权。

（3）法定代理职责

法定代理职责是指监护人可作为未成年人的法定代理人行使民事权利[①]和诉讼权利[②]，承担民事和诉讼义务。监护人行使法定代理职责时，会受到比父母亲权更加严格的限制，很多方面的代理行为都要得到法院或监护监督人的批准，并且有些行为是被禁止代理的。例如在日本，只有在得到监护监督人的同意后监护人才能代理被监护人开展经营活动、买卖不动产或重要动产、分割遗产、接受附有负担的遗赠以及拒绝遗赠或赠与等行为。在德国，监护人被禁止代理的行为有：以监护人配偶或其直系亲属为一方、被监护人为另一方的法律行为（除非该法律行为只为清偿债务）、代理被监护人做赠与（但如果该赠与是由于道德上的义务或礼仪上的考虑则不在此限）。

4. 监护转移

若监护人因客观原因暂时无法亲自履行监督、保护和教育被监护人的职责时，大部分大陆法系国家都设定了监护转移的情形，但具体规定有所不同。比如在德国，需得到法院判决或监护监督机构的同意，父母才能将监护职责转移给第三人或机构履行，转移的内容可以是子女的财产监护职责，也可以是对子女的人身监护职责。在日本，父母可以自行转移监护职责，无需法院审判，但内容仅限于对子女财产的管理权。

---

① 民事权利是法律赋予民事主体享有的利益范围和实施一定行为或不为一定行为以实现某种利益的意志。

② 诉讼主体及其他诉讼参与人在诉讼中依法享有的权利。

5. 监护拒绝

当代表公权力的机构被指定为监护人时，只有在出现正当理由时才能拒绝监护职责。选任监护人时，监护候选人的意愿在大多数情况下都会被考虑。在德国，当监护候选人有下列情形时可以拒绝承担监护职责：对家庭的照顾妨碍其履行监护职责；年满 60 周岁；对 3 个以上未成年子女的人身或财产享有照顾权；存在疾病或残疾情况会影响其履行监护职责；住所远离法院所在地而影响其监护职责的履行；目前的监护对象已经不止一人。但是该拒绝权必须在法院选任前提出，已经被选任为监护人之后，拒绝权消失。

6. 监护监督

大陆法系国家普遍建立了监护监督人和国家公权力监督相结合的机制，适度的监护监督机制能有效地预防监护履职的懈怠和滥权，及时发现监护不力的各种情况并采取相应的解决措施，有效地维护被监护人的利益。

（1）监护监督人：事关大宗财产管理监护时需要设立监护监督人，其职责包括：监督监护人的履职行为；当监护人与被监护人利益冲突时，代表被监护人的利益行事；当监护人死亡或出现可致监护人被免职的情形时及时报告给法院。国家公权力机关作为监护人时不用选任监护监督人；父母指定监护人时不用设立监护监督人，在这种情况下，被指定的监护人也可免除制作财产清单与账目的职责。在日本，监护人的配偶、直系血亲或兄弟姐妹不能作为监护监督人。

（2）国家的监护监督：德国的监护法院和日本的家庭法院是代表国家公权力行使监护监督职责的机构，具体内容包括：监督并干预监护人和监护监督人的履职行为；直接调查监护事务和被监护人的财产状况；在未选任监护人或监护人不能履行职责的过渡期内，采取必要的临时监护措施；对监护人提出的放弃法定继承和遗赠的申请等事项作出决定；在必要时做出解任监护人的判决。

在机构监督方面，亲属会议监督是早期资本主义民法中出现较多的一种亲属组织，但目前只在法国、个别亚洲国家以及我国台湾和澳门地区使用，其成员多为被监护人的亲属，但是在成员选任和工作开展中均由监护法官主导，公权力介入体现得越发明显。

7. 监护终止

（1）监护相对终止：包括监护人的辞任与被免职，前者指在有正当理由的情况下，经法院同意，监护人可辞任；后者指当监护人有不正当行为或其他不适合担任监护人的理由、丧失监护能力时，法院可免除其监护人职责。在此情形下，监护人应对被监护人的财产进行清算，提交财产账目清单，报法院审核。如果被监护人仍为不完全民事行为能力人时，还需选任下一任监护人。在德国，当免职有利于被监护人的利益并有其他适合担任监护人的人选时，法院可依职权或依满 14 岁被监护人意愿或根据主张被监护人利益的任何人的申请，免除青少年局或社会组织监护人职责。

（2）监护绝对终止：当被监护人死亡、成年或被收养时，监护终止。被监护人被宣告失踪并不导致监护的终结，直到法院废止监护时，监护才终结。未成年被监护人结婚会造成对其人身监护权的限制，但并不导致监护的终结。

（四）亲权与监护的关系

对于大陆法系国家的未成年人监护制度而言，亲权是基于血缘关系建立的，是父母对未成年子女在人身和财产方面的保护和管教，是权利与义务的统一；监护始于子女不处于父母的亲权之时，从一定程度上讲，监护被视为亲权的延伸与补充。亲权与监护有诸多相似之处：一是两者的指导原则相同，均以儿童最大利益、尊重未成年人真实意愿为原则，随着"儿童最大利益原则"被越来越多的国家作为处理儿童事务的基本原则，公权力对父母亲权和未成年人监护的干预也都在适当增强。二是两者共同使用一套社会管理机构，对父母亲权进行监督和干预的机构通常也是负责对未成年人监护职责进行监督和干预的机构。三是两者的制度内容，包括亲权人（监护人）的资格和职责内容、亲权（监护）的终止条件以及对于亲权（监护）监督的具体要求等方面，都有诸多相似之处。

三、典型英美法系国家未成年人监护制度概述

英美法系亦称普通法系，是西方国家里与大陆法系并列的历史悠久且影响较大的法系。英美法系国家不区分父母的亲权与监护，这是与大陆法系国家监护制度最大的区别。它产生于英国，后扩大到曾经是英国殖民地、附属国的许多国家和地区，包括美国、加拿大、澳大利亚、新西兰等国家和地区。该法系以英国普通法为基础，以判例法为主要表现形式，法官具有突出的作用，是法官在地方习惯法的基础上，归纳总结而形成的一套适用于整个社会的法律体系。这种法系用平民组成陪审团，根据日常生活中的公序良俗做出判定。正如

美国大法官霍姆斯在他的《普通法》一书中指出："法律的生命不是逻辑，而是经验"。这句话真实地反映了英美法系的特征。

对比大陆法系，下面以英国、美国为例，对现行英美法系在未成年人监护制度方面更为鲜明的特点进行归纳分析。

（一）英美法系未成年人监护制度的显著特点

（1）注重判例的法律体系。英美法系没有成文法典，未成年人监护的相关法律散见于多个法律、法案中，在相关法律发展中，一些典型判例产生了重要影响。比如英国，二战及战后出现的儿童虐待案件和青少年犯罪问题，对英国政府形成了巨大压力，不断推动包括监护制度在内的儿童保护法律政策的改革和完善，先后出台了《儿童法》（1848年）、《儿童与青少年法》（1963年和1969年）、《地方政府社会服务法》（1970年）、《儿童法》（1975年）等。其中，《儿童法》（1975年）是针对"科勒韦尔案件"而制定的。在该案件中，一名叫玛丽亚·科勒韦尔的女孩，遭受收养父亲虐待殴打致死，引起社会广泛关注，相关判例直接推动了儿童收养制度的改革，其结果包括为那些没有被寄养或收养的儿童提供合法的监护人；授权地方当局安置需要照顾的儿童；为收养父母提供更多的保障，使收养供给与照顾服务的一体化成为可能，特别是规定了地方当局应提供综合性的儿童收养设施等①。之后，英国继续对相关法律进行修订、完善，1989年的《儿童法》成为英国到目前为止最重要的儿童保护法案，未成年人监护制度也是该法案的重要内容。

与英国类似，美国也没有编纂民法典，未成年人监护制度比较分散。在州一级，儿童监护的规定原则上由各州自行决定，经过40年来联邦宪法法院对家庭法进行干预，各州的法律逐渐趋于一致。在联邦一级，现代美国制定法已经代替了判例法的地位，成为家庭法的主要表现形式，未成年人监护制度在1997年《收养和家庭安全法案》、《统一监护和保护程序法案》、1999年《寄养照顾独立法案》、2000年《儿童虐待预防施行法案》、2001年《家庭安全和稳定促进法案》以及2003年《儿童和家庭安全维护法案》等法案中都有涉及。

（2）存在路径差异的适用原则。英美法系未成年人监护制度强调遵循儿童利益最大化原则，但在适用过程中存在路径差异。基于历史发展的原因，英

---

① 丰华琴：《公共治理的范例—英国儿童保护制度对我国的启示》，载《南京晓庄学院学报》2018年9月第5期。

美法系国家的自由、个体意识较强，在立法原则上更追求人权理念，重视对儿童权益的保护，儿童利益最大化原则已经渗透到未成年人监护制度的方方面面。鉴于儿童利益最大化是一个动态的概念，具有很大的不确定性，在该原则的适用过程中，因对传统的权利-义务路径或实用主义路径的不同选择可能导致完全不同的结果①。在大多情况下，父母对未成年子女具有医疗决定权，但在英国曾出现过这样一个案例，当事人阿尔菲·埃文斯（Alfie Evans）出生于2016年5月，出生后不久表现出类似于肌肉抽搐和痉挛的症状，最初就医时被告知这是"发育缓慢"的表现。2016年年底，埃文斯病情加剧，被送入医院后长期处于"半植物人"状态，必须依靠仪器才能维持生命。医学专家认为，埃文斯可能患有"线粒体DNA耗竭综合征"，是不可能治好的；继续治疗只会给他增加痛苦，是"无情"且"不人道的"。2018年2月初，一场艰难而漫长的关于让埃文斯"维持生命还是安乐死"的诉讼拉开帷幕。最终，英国高等法院裁定维持生命的治疗不符合埃文斯的最大利益，医生可停止为埃文斯提供治疗。但埃文斯的父亲公开斥责法院裁决，认为这是对埃文斯生命的"漠视和谋杀"②。2018年4月23日，医院遵循法院判决结果，终止为埃文斯提供维持生命的治疗。在这个案例中如果按照传统的权利-义务路径进行逻辑推演，即如果某人享有某项权利，在权利被侵害的情况下，权利的享有者可以寻求救济，那么埃文斯的父母享有对孩子的医疗同意权，如果他们愿意为治疗承担各种费用并有能力支付，他们就有权同意埃文斯继续接受治疗；但是法官在做出判决时显然采用了另一种考量方式，即实用主义路径。对于未成年人最大利益这一原则来说，实用主义路径的逻辑思路是基于儿童的立场和视角来分析各种因素。首先，确立"儿童最大利益"这一目标，之后围绕此案中"什么是儿童最大利益"以及"如何实现这样的利益"这两个问题进行论证，通过理性权衡各种因素所占比重后审慎确定何种做法符合儿童最大利益，并据此作出裁决。那么法官在处理儿童问题、判断什么是儿童最大利益时应当考虑哪些因素呢？英国1989年《儿童法》（*Chidlren Act* 1989）第1条第3款做出了相关的规定，应该考虑的内容包括：有关儿童可确定的愿望和感情（根据其

---

① 参见夏吟兰：《从父母责任到国家监护——以保障儿童人权为视角》，中国政法大学出版社第2018年版，214-218页。

② 陆家成：《生存还是毁灭？英法院禁止患儿"续命"被批"谋杀"》载环球网2018年4月27日，最后访问日期：2022年9月23日．https：//baijiahao.baidu.com/s？id=1598834071487181964&wfr=spider&for=pc.

年龄和理解能力）；儿童的身体、情感和教育需要；儿童所处环境的任何变化对其可能的影响；儿童的年龄、性别、背景以及法院认为与其有关的任何特征；儿童所遭受的或可能遭受的任何伤害；儿童父母以及法院认为与该问题有关的任何其他人是否有能力满足儿童的需要；法院在有关诉讼中的权力范围①。

（3）渐次深入的公权力干预。对于未成年人的监护问题，英、美等国家最初都是本着"不干涉家庭生活"的原则，只有在儿童权利受到侵害、儿童安全受到威胁时公权力才开始介入。比如英国，法院会根据未成年人所处不同危险环境等级而依次下达紧急保护令、看护令或监督令，以区分公权力介入的不同力度和时效。而针对父母离婚或分居的家庭，法院也会依情下达交往令、居住令和抚养令②，以期达到让儿童在家庭环境中获得健康成长的最终目标。在美国，随着时代发展和社会变迁，特别是一些骇人听闻的家庭虐待案件的发生，未成年人监护问题越来越多地进入公法范畴，公权力的干预也渐次深入。美国最高法院法官在 Prince v. Massachusetts 案件中表示："没有一项宗教权利或父母权利是不受限制的。为了保障儿童福利的一般权利，国家作为国家亲权者可以通过督促就学、规范或禁止童工以及许多的其他方式来限制父母的控制权。"③ 所以，当儿童处于被侵害的危险情况时，国家可以并应该介入家庭生活。为此，美国国会通过多次立法规定了国家机构对父母权利的监督义务，以维护未成年子女的最大利益。美国儿童福利局作为国家机构，从接听儿童虐待或忽视案件的举报、介入调查、到法院的审理以及儿童的安置，全程参与案件处理，直到帮助儿童脱离危险环境。美国法院在儿童福利局的协助下监督父母权利的行使并采取干预措施，当父母不能正常履行他们对未成年子女的监护职责时，法院会在儿童福利局的申请下终止父母权利，并对脱离父母监护的未成年人进行长久安置或临时安置，长久安置主要是收养安置，临时安置包括家庭监督④、集体照顾和家庭寄养等。

---

① Children Act 1989，网址 https：//www. legislation. gov. uk/ukpga/1989/41/contents.
② 李贤华、李山中：《域外法院保护儿童的司法实践，重庆市第三中级人民法院》，载人民法院报 2019-5-31 期第 008 版。
③ Prince v. Massachusetts, 321 . U. S. 158, 166（1994）.
④ 家庭监督或称保护性监督，是指将儿童安置在原来的家庭，由州来进行监督的一种临时安置方式。在紧急情况下，儿童福利局将受虐儿童带离家庭后，需要及时通知法院，法院在此期间开展"紧急性监护听证"，法院在听取儿童、父母及其他相关人员各方意见后决定儿童是否可以留在家中。如果法院认为儿童可以留在家中，则法院会可决定将儿童留在家中，但会要求儿童福利局提供家庭服务，监督父母权利的行使，定期走访跟踪，防止父母再次滥用权利，保证儿童处于安全状态。此时，儿童仍待在原来的家庭，但是家庭的意义不再一样，孩子的抚养照顾权可能在州，原来的家庭只不过是儿童安置的处所而已。陈苏，撤销监护人资格问题研究。北京：法律出版社，2007：23。

（4）广泛参与的社会力量。为健全未成年人监护体系，英美两国非常重视社会力量的参与，他们认为社会组织参与立法不仅有利于实现公民参与，也能更直接地推进法制民主化的过程。英国议会通过的第一部防止虐待儿童的法律《儿童宪章》就是由"全国防止虐待儿童协会"推动创设的。该法案将"虐待儿童"作为一个明确的法律概念提出，确定了国家对家庭的新型干预关系，是英国儿童保护制度建立的重要里程碑。在美国，为减轻国家监督的压力，充分激发社会监督的活力，建立了强制报告制度，形成了政府与社会组织共同构建的一个及时发现、高效应急、依法惩处、法制教育、感化挽救和成长帮教的全方位未成年人监护监督保护网络。该制度要求公民无论从事何种职业，只要发现儿童有疑似被虐待、遭受家庭暴力、忽视、情感压抑等情形，都负有立刻向相关部门报告的义务，强制报告主体（医生、老师和儿童社工等机构的工作人员）如没尽到报告义务，还会因此受到处罚。此外，美国还有学校、社区、大量的儿童保护中心等民间组织和学术团体，为政府提供关于父母虐待或者忽视儿童方面的信息，弥补了政府在监督父母履行监护职能过程中的不足。美国律师协会儿童法律中心，是美国律师协会于 1978 年创建的一个儿童事务组织，开始时该中心仅限于小范围内处理虐待和忽视儿童的事务，到现在已经成为了一个全方位地、为儿童及其家庭提供法律援助、集中培训并组织研究的机构，其业务内容包括预防儿童遭受虐待、忽略和家庭暴力、儿童收养、儿童健康、儿童寄养和监护等各方面内容，组织的资金主要来源于政府及私人捐助。从英美两国的实践看，社会性的儿童保护组织成为公权力与个体家庭之间的中介力量，让公权力更好的延伸到每一个家庭，推进儿童权利保障政策的落实，进而提升整体社会的儿童福利水平，相应地，通过社会组织，家庭或公民个人也可以获得集体的话语表达权，全面地实现参与儿童保护在内的各项社会管理事务，表达个人对政府行为的看法和意见，进一步完善政府行政水平，提高政府执政能力。

（二）监护制度的起始、类型、责权与监督

1. 监护的设立和类型①

英美法系国家的未成年人监护都始于子女出生之时。类型包括：父母法定

---

① 参见董思远：《未成年人监护制度研究》，中国人民公安大学出版社 2019 年版，第 107-120 页。

监护、父母指定监护、监护人指定监护、委托监护、法院选任监护和特殊监护。与大陆法系相比，英美法系中较为特殊的监护类型包括：

（1）父母法定监护：父母是未成年子女当然的法定监护人，其监护人身份始于子女出生时。

（2）监护人指定监护：指非父母监护人在自己生前为未成年人指定的监护人。

（3）英国的特殊监护：英国的特殊监护指不在父母监护下的未成年人，法院可根据申请为其指定监护人，这是收养的一种替代方式，避免了被监护人父母尚在的情况下完全隔断父母与子女的关系，同时也可避免将子女长期放在托儿机构给其成长带来不利影响。

（4）美国法院选任的临时监护人和紧急监护人：前者是指法院根据申请为未成年人指定的临时监护人，时间不超过六个月[1]；后者指当法院发现诉讼程序将对未成年人的健康和安全造成极大伤害，但没有人对此进行干预时而指定的紧急监护人，其权力仅限于紧急监护指令文书上规定的权限范围，时间不超过30天。

2. 监护人的责任与权利[2]

在英国，1989年《儿童法》规定了非父母监护人几乎拥有与父母同样的监护责任，并且十分重视儿童保护领域的国家干预，认为公权力对父母施加同样的干预和监督，所以父母与监护人在权利和义务方面没有差别。未成年人监护人的责任包括：（1）权利和权力：对未成年人身体的权利，包括住所指定权；决定其在哪所学校学习；代理诉讼权；宗教选择权；管理财产权；医疗同意权；结婚同意权以及同意与未成年人接触的权利。（2）义务：对未成年人进行教育、照顾和保护[3]。非父母监护人与父母监护承担责任的差别在于前者没有抚养未成年人的义务。另外，在监护发生之前，若未成年人财产已经被设

---

① 美国1970年《统一结婚离婚法案》第403条规定，监护诉讼的一方当事人可以作为临时监护人，法院在选任临时监护人前应当举行听证会，如果没有人反对，那么临时监护人可以在宣誓之后就任。如果在父母起诉离婚或法定分居时，法院为子女选任了临时监护人，但后来离婚或法定分居的诉讼请求被驳回，除非一方父母或监护人继续就监护提起诉讼，那么法院应当终止临时监护。如果父母在没有提起离婚或法定分居诉讼情况下单独提起监护诉讼，法院也可以为子女选任临时监护人。

② 参见董思远：《未成年人监护制度研究》，中国人民公安大学出版社2019年版，第136-139页。

③ 参见王竹青、杨科：《监护制度比较研究》，知识产权出版社第2010年版，第136页。

置了信托，那么监护人对未成年人财产的管理权将会受到限制。

在美国，要求父母对子女进行监护时要充分参考子女的意见①。（1）监护人职责：监护人应鼓励被监护人参与到自己事务的决定中，帮助被监护人发展管理自己事务的能力；应对被监护人的生活、教育、健康和福利事务作出决定；监护人要诚实善良地管理监护人的财产。（2）监护人权利：申请或接收任何为了支持监护而给予被监护人或者监护人的资金；有权为维护被监护人的财产权益而提起诉讼；有权将其管理下的被监护人的财产使用在对被监护人的抚养、照料、教育、健康及福利事务上；监护人有权指定被监护人居所，但当对监护事务有管辖权的法院作出指令后，监护人将被监护人带出所在州需获得法院许可；监护人有权对被监护人的结婚和离婚作出同意与否的决定；在法院同意的情况下，监护人有权因履行监护职责而得到适当的报酬或因提供给被监护人住房、膳食和衣服享有适当的补偿权利；非父母监护人不需要花费自己的资金和财物来履行监护事务。

3. 监护监督②

英美法系国家一般采取机构监护监督的方式，英国的主管机构是法院和地方当局，美国则是法院和当地福利机构。对于机构监护监督的内容，除了与大陆法系国家机构监护监督职责一致的内容外，在英美法系国家里较为特殊的内容包括：在英国，英国法院会根据未成年被监护人所处的不同危险情况下达照顾令、监督令、儿童评估令以及紧急保护令。前两者的发放对象是 16 周岁以下的未成年人以及 16 周岁以上 17 周岁以下的未婚未成年人。当未成年人遭受或可能遭受严重伤害时，地方当局可做出对未成年人给予照顾的决定，即照顾令。当照顾令生效后，地方当局就获得了未成年人父母的责任，可决定父母或者监护人履行其监护权的程度；当未成年人遭受伤害的情节更为严重时，可将未成年人完全置于地方当局或者照看人的监管之下，即在照顾令的基础上，下达监督令。当未成年子女处于义务教育年龄且未接受教育时，可下达教育监督令。在怀疑儿童正在遭受重大伤害时，法院可做出儿童评估令，从指明开始的时间算起，不超过七天。在评估令期间法院可视情况让未成年人远离家庭环境。当有理由相信出现了比下达儿童评估令更严重的情况时，法院就会下达紧

---

① 笔墨：《美国的未成年人监护》，载《中国社会报》，2014 年 6 月 17 日期。
② 参见董思远：《未成年人监护制度研究》，中国人民公安大学出版社 2019 年版，第 157-162 页。

急保护令，紧急保护令生效期间，任何适合的人、在任何时间均可按要求将未成年人移交给申请人，申请人会拥有未成年人父母的责任，有权将未成年人接到申请人为其提供的居所，并防止其被带离此处。为履行其对儿童的父母责任，申请人要采取保障或提升未成年人福利所必要的合理措施。

在美国，一旦被监护对象的利益受到侵害，法院可根据任何人或者机构的申请变更、撤销监护人资格或者判决监护人赔偿损失。当发现儿童遭受虐待或者被遗弃后，政府可以根据儿童最大利益原则，或允许儿童继续留在父母身边并为其提供指导服务；或要求把儿童从家庭带离。为实现对未成年人的国家监护，在确认、变更或因监护人怠于履职而需要撤销监护人的诉讼案件中，当未成年人没有监护人或法定代理人时，法院应为未成年人选任诉讼代表人，代表未成年人的利益独立参与诉讼。美国最高法院建立了公职律师制度，公职律师必须都是具备十年以上律师从业经验的公职人员，由首席大法官任命。公职律师作为未成年人的诉讼代表人，在诉讼中代表未成年人的利益，维护其合法权益。

4. 监护终止与辞任

监护的终止包括：遗嘱监护人拒绝担任监护人职务、监护人辞职、监护人履职不当被撤销监护人资格、单独监护人死亡、被监护人成年、结婚和死亡。

英美法系国家一般都规定了监护人的辞任制度，影响监护人履行监护职责而发生辞任的原因包括：监护人疾病或残疾；住所发生变化；经济状况发生变化以及监护人与被监护人的关系发生变化[1]。

四、国外未成年人监护制度经验介绍

（一）强化强制报告制度

1974 年美国联邦政府通过《儿童虐待预防和治疗法案》，确立了儿童保护强制报告制度，该制度能有效预防和发现儿童虐待情况，这是当今许多国家用以有效发现虐待儿童的行为并作出适当处置的儿童保护制度。据统计，强制报告制度在欧洲地区的覆盖率已经达到 86%、美洲达到 90%，非洲和亚洲达到 72%[2]。

---

① 参见董思远：《未成年人监护制度研究》，中国人民公安大学出版社 2019 年版，第 177-184 页。

② 祁占勇、王艺鑫：《国外虐童行为治理的法律透视》，载《比较教育研究》，2018 年 40 （10） 期，最后访问日期：2022 年 9 月 3 日，https://kns.cnki.net/kcms/detail/detail.aspx? dbcode = CJFD&dbname = CJF-DLAST2018&filename = BJJY201810009&uniplatform = NZKPT&v = qqbdJk4XvH _ - SEw0B2-zMWSxboawvfpsRF00wQmci_ Ocmvh36e5hgNKVEs9v_ zZJr.

（1）建立不同风险等级的差别响应模式①。建立强制报告制度的首要目的是发现更多虐待或忽视儿童的线索，美国各个州都允许把"疑似"儿童被虐待或忽视的案件报告给儿童保护服务机构，在经过初步的审查②后，根据儿童被虐待与忽视情节的不同，将收到的报告案件分为高级和中低两个风险级别，高风险案例使用调查响应模式③，系司法导向的处理方式，强调司法干预。如果指控得到证实，加害人④的身份信息就会被添加到各州的中央登记处，一些被授权的部门包括就业部门将获知这些信息，势必对加害人未来的个人发展产生重要的影响。中低风险案例则会使用替代响应模式⑤，接受替代响应的家庭不需要被认定存在虐待或忽视儿童的事实，个案工作者从评估家庭的需求开始提供服务，家庭照顾者也不会作为犯罪者被记录在案。迄今为止，在美国已有超过三分之二的州使用了差别响应模式，另有一些州也正在计划实施中。有些州还采取更多样的响应路径，如明尼苏达州、加利福尼亚州的一些县和马萨诸塞州都会把早期干预作为第三种路径，通过积极主动地向家庭伸出援助之手来避免虐待儿童事件的发生，但一般都以调查响应模式和替代响应模式为主。这种分级干预模式是英国、美国、加拿大和澳大利亚等实施儿童保护强制报告制度的国家较为常见的做法，能高效、快速地利用儿童保护资源，及时对有需要干预的个案展开深度调查，更有针对性地保护儿童的合法权利。

---

① 杨晶：《美国儿童保护强制报告制度响应模式的新转向及其对中国的启示》，载《社会发展研究》（2019-5-16）最后访问日期：2022年9月3日. https：//kns. cnki. net/kcms/detail/detail. aspx？ dbcode = CJFD&Dbname = CJFDLAST2019&filename = HFYJ201902004&uniplatform = NZKPT&v = 0Ir_ DqQfYjTvHmt_ 3df6Ol0E31XprtAOseScIetAsCbTFWngSNJ0Je1OxAP-rQc1.

② 初步的审查是指核实报告内容是否真实，是否存在未成年人被加害的情形。

③ 调查响应模式（Investigation Response，IR）调查响应，又称传统响应模式或高风险评估。是对接收到的"疑似"儿童虐待与忽视的案件进行回应的一种方式，需要达到4个目标：判断儿童虐待与忽视犯罪是否发生；确定谁是加害人；提出支持或驳斥这些指控的证据；发现、收集与分析证据，使其在刑事诉讼中可以被采用。它只对初步判定为存在高风险或发生了严重儿童虐待的报告或是特别规定的报告（如俄亥俄州要求对性侵报告一律使用调查响应）进行调查。有些最初被判断为中低风险并使用替代响应方式进行处理的个案在过程中如果有新信息或美国儿童保护强制报告制度响应模式的新转向及其对中国的启示证据证明儿童面临严重的风险也能被灵活地转回使用调查响应模式方法。

④ 加害人是相对于受害者的一个概念，是对受害者实施加害行为的人，简言之，就是实施损害行为的人。

⑤ 替代响应（Alternative Response，AR），又称非调查响应。它强调服务，主要用于中低风险的个案干预，其中有些是儿童保护服务机构收到的儿童虐待与忽视报告，有些是由社区组织和服务机构转介的家庭，有些是自己寻求服务的家庭。

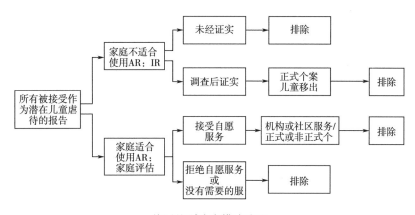

美国差别响应模式流程

（2）利用评估结果完善儿童保护制度。美国对响应系统执行状况的评估是丰富且充分的。在儿童保护强制报告系统中，政府每年都对儿童虐待与忽视报告个案进行跟踪和资料的收集，与相关的机构和单位共同分享案例分析结果，为之后研究团队进行深层次的分析与评估提供最真实的数据和最有价值的参考内容。在这个过程中，国家机构或民间自发的儿童保护组织会对调查响应模式和案例处理过程做出各自的评估和分析，在综合实际案例的基础上为后续儿童保护政策的修改及完善提供借鉴依据和实例的证据，在国家儿童保护部门决定往哪方面投入、投入多少资金时提供负责任的佐证，以期事半功倍地达到保护未成年人权益的结果。

（3）保护强制报告主体。强制报告的主体在履行报告义务后，有可能受到加害者的打击报复，为此，美国各州均对强制报告的主体采取一定的保护措施，具体包括：①允许匿名报告。为免除报告主体的担心和顾虑，在美国大多数州都规定可以匿名进行报告①，并要求对报告主体的信息保密。②在知晓报告主体的身份信息更利于开展调查的情况下，大部分州都明确规定："禁止向侵害者透露报告主体的个人信息，并明确规定相关报告的文件信息应当严格保密，只在特定情况下才可披露②"。③在信息泄露给报告主体带来安全隐患时，会给予报告主体人身安全保护、心理咨询和相应的法律援助。④对善意报告错

_____

① 亚利桑那州规定："本法不特别规定报告者必须在报告时提供个人的姓名。"

② 肯塔基州规定，"报告者的身份信息除以下情形外不得泄露：法律执行官员、儿童保护机构或联合调查机构基于调查的需要；根据法庭命令，或者法庭有确切理由相信报告主体故意为虚假报告"。

误的豁免。《儿童虐待预防和处理法案》规定州法中必须设立报告免责条款，而且满足该项规定是获得联邦拨款的资格要求。这种免责不仅适用于报告行为，也适用于在后期调查的协助行为①；但不适用于故意延迟报告的行为。⑤对报复报告人的行为进行处罚。加拿大对打击报复强制报告主体的行为人可以单处或并处不多于 5000 加元罚金或不超过两年的监禁。

（4）建设专业的社会工作者队伍。在处理儿童虐待或监护不当的案件中往往是警察和社会工作者合作完成对儿童侵权案件的调查、处置及儿童安置问题。社会工作者活跃在美国儿童福利服务前线，他们不仅为不同生活环境里有需要的未成年人提供相应的福利服务，同时更关注提升未成年人所处家庭的养育能力的提升，为未成年人的父母或其监护人提供咨询、指导并链接相关支持性服务项目。

（二）适时开展家庭寄养②

由于受到现代儿童保护理念的影响，英美法系国家的法律制定及实践都更偏向于将儿童视为与保护者享有同等权利、具有同样人格尊严的人，在立法和适用过程中充分强调"儿童利益最大化"原则，其中，美国的寄养制度是其儿童保护体系的支撑部分，值得我们了解并取其优势。

（1）寄养理念的由来。对于未成年人在家庭范围内出现监护不利的问题，美国联邦政府最初的保护理念是把孩子从失职的父母那里"解救"出来，在生活环境上保证儿童的人身安全，到了近期，这样的儿童保护理念逐渐朝着预防和永久安置为目标的模式发展。从"稳定的家庭和人际关系对儿童至关重要"这样的理念出发，美国在 1980 年提出"永久计划"这一思想，要求法官在裁判过程中尽量避免把儿童从家庭中转移出来，确保在一定时间里把儿童安置在一个相对永久的家庭中。这种做法更多地兼顾了儿童和父母在心理、情感方面的需求，显得更加人性化，更利于儿童的健康成长。1980 年《收养资助和儿童福利法》是美国现代寄养制度形成的标志，该法中明确规定：儿童应尽可能地与家人在一起，如果暂时必须隔离，也要尽快重聚。这样的观念使儿

---

① 美国《密歇根州儿童保护法》规定，基于善意进行报告、配合或协助调查的人，相应的调查、执法部门应对其进行善意推定，免除因该行为所致的民事或刑事责任。

② 刘程：《儿童的家庭保护：美国的经验和启示》，载《当代青年研究》2009 年第 12 期 87-92 页。

童寄养在亲属家庭的比例升高。

（2）寄养制度的发展。美国联邦政府颁布了不少保护儿童的法律，对应儿童保护的不同领域，其中影响最大的当属 1974 年《儿童虐待预防与处理法》，该法除了要求各州建立强制举报制度外，还为收养、资助提供了指导原则。其后是 1980 年《收养资助和儿童福利法》，确保被寄养的孩子享受到稳定的家庭环境，防止被反复转移到不同的家庭；减少在寄养家庭中儿童的数量以及他们在寄养家庭中所生活的时间；鼓励采取收养的方式为儿童寻找长久处所。之后是 1997 年《收养和家庭安全法案》，该法案提供了收养的激励机制；限制了州用来拒绝收养的理由范围；大幅度减少了儿童被收养前留在寄养家庭的时间；明确了资金支持，要求联邦政府和州政府按照 1∶1 的比例共同分担寄养家庭因寄养儿童产生的费用，并承诺要随着经济社会的不断发展调整儿童福利体系的财政拨款额度。之后还有 1999 年《寄养照顾独立法案》、2001 年《家庭安全和稳定促进法案》以及 2003 年《儿童和家庭安全维护法案》，政府通过逐渐完善的法律制度更好地保护了家庭范围里的儿童权利。

（3）寄养安置的程序。对于寄养的发生一般会按照这样步骤完成：虐待和忽视报告。在大多数州，人们发现虐待、忽视儿童的情况后，可以向警察、儿童保护部门举报，也可以通过 24 小时热线举报，就是我们前面所说的强制报告制度。经过初步筛查，可能采取的措施包括：如果不需要进一步的询问，直接将报案交给相关的服务机构，开展儿童和家庭评估；如果儿童处于危险中，则需要做出紧急反应。案件调查服务。在相关部门对举报案件进行调查中，如果没有发现充分的证据支持举报内容，这种报告将被认为无效，仅做记录供日后参考；如果有证据表明真实存在对未成年人的虐待或忽视行为，儿童福利部门会判定举报有效，案件将进入司法程序并转给社工，采取下一步措施。家庭外临时性保护与安置服务。如果社工认为儿童处境不安全，在需要的情况下，他们可以直接采取措施或者在获得法庭授权后，将儿童临时带离家庭，送往一个安全的处所，如亲戚、传统的养育之家、群体之家和社会机构。家庭维护和安置前预防服务。如果社工确认支持服务能确保儿童安全，就会为儿童和家庭提供持续的支持服务，包括咨询、家庭内看护、父母课程、帮助获得其他支持、提供心理卫生咨询等（这种服务有些是免费的，即使是收费项目也都控制在家庭的预算范围内），其目的是改善家庭和儿童身心状态，同时尽量不破坏儿童与自然血亲家庭的联系。永久性安置。如果社工认为儿童不宜与父母继续生活时，儿童保护服务机构有责任为儿童寻找稳定的养育环境。虽然收养是永久性安置的首选，但考虑到收养关系等同于生父母与子女之间的关系，确立收养关系之后未成年人的亲生父母就再也不能从养父母那里赢回监护权，所以将儿童交给合法监护人或长期寄养就成了十分重要的备选方案，甚至是更佳选择。

（三）明确监护程序和要件

1. 明确监护的起始时间是确立监护程序的重要环节

在我国，目前仍采用"大监护"的概念，即不区分亲权与监护，父母的监护与亲权没有区别，但是非父母监护的开始时间并没有十分明确。对比大陆法系国家，在关于未成年人的监护立法中都区分设立亲权制度与监护制度，监护开始于未成年人不处于父母的亲权之下。对于监护的终止，有必要区分是因被监护人的原因而使监护失去了存在的必要性，即监护绝对终止，还是因监护人不能履职而造成的监护相对终止。如果是后者的情况，应及时另选适当的监护人，确保监护关系的存续。明确未成年人监护的起始时间对保护未成年被监护人的权益、完善监护程序有着十分重要的意义。

2. 明确监护责任主体更有利于保护被监护人利益

对于监护制度的组成要件——监护人，我国《民法典》规定，在没有父母、祖父母、外祖父母、兄或姐的情况下，其它愿意担任监护的个人或者组织（在经过未成年人住所地的居民委员会、村民委员会或民政部门同意后）都可担任未成年人的监护人。这种有可能让某个组织承担未成年人监护人职责的规定，使得承担监护职责的主体没有明确到个人，有时会造成监护责任落实不到位。相比来看，无论是大陆法系国家还英美法系国家，监护人的选任多以自然人为主，法国、德国、英国和日本都在各自的相关法律法规中规定未成年人的监护人是自然人，而且为了避免监护人之间的互相推诿，以一人为限；只在特殊情况下会选择机构或组织（比如德国的青少年局及社会组织）。

3. 明确非父母监护的限制条件有利于提高监护制度的可操作性

监护事务包括对被监护人人身和财产两方面的保护和管理，在人身监护方面，大陆法系国家都规定了监护人有对被监护人的居所指定权、教育和管束权、交还子女的请求权、职业许可权、医学治疗同意权以及身份行为的同意权及代理权。对于亲权与监护分立的国家来说，这些监护内容基本上都是对照亲权内容设定的，但相比亲权又做出了更多的限制，比如德国法律规定只有当监护人与被监护人之间形成了类似于父母与子女的关系时，才可适当的、为了教育的目的对被监护人实施惩戒；日本法律也规定只有以服务社会为目的时被监护人才能协助监护人进行家务劳动①。细化监护事务，明确非父母监护的限制条件能提高监护制度在实践过程中的可操作性，切实保障未成年被监护人的权益。

（四）完善未成年人监护监督机制

近现代以来，特别是第二次世界大战后，两大法系的监护制度都进行了较大幅度的改革，监护不再被视为私人事务，而被看作国家公务。德国联邦法院在 1960 年的判决中明确表示，监护制度乃是国家执行其对公民之公法上的保护义务，监护系一公职②。建立对未成年人监护的监督机制是保护被监护人利益的有效方式，国家机构作为监护监督主体直接参与监护事务是现代未成年人监护制度的发展趋势，也是国家公权力的内容之一。例如，美国各州的儿童福利局是未成年人监护监督的行政机关，当未成年人处于危险情况或者被忽视、虐待时，儿童福利局有权为维护儿童利益采取必要的行动，包括向法院提起诉讼。《德国民法典》分设父母照顾权和监护权，其中，父母的照顾权由家事法院专门监督。在立法中，家事法院的许可权内容被规定得十分详尽，例如，在监护人或父母需要对未成年人的财产做出投资或其它处置行为前，必须获得家事法院的许可和授权。可以说，许可权是一种事前监督方式，在这个事前监督的过程中，家事法院必须听取监护监督人的意见，同时负有对监护人行为的指导义务和全程监督义务，之后才可对监护人的行为做出相应的裁判。在监护履职的过程中（即事中监督），如果监护人或监护监督人没有适当地完成相应的职责，家事法院就会强行介入，并在必要时采取相应的惩罚措施，即事后监督。严格的未成年人监护监督机制能有效地保护被监护人权益，确保立法宗旨的实现。

（五）细化财产监护制度

《中华人民共和国民法典》第三十四条监护职责里规定："监护人的职责

---

① 参见董思远：《未成年人监护制度研究》，中国人民公安大学出版社 2019 年版，第 120-146 页。

② 参见李霞《民法典成年保护制度》，山东大学出版社第 2007 年版第 83 页。

是代理被监护人实施民事法律行为，保护被监护人的人身权利、财产权利以及其他合法权益等。"对于这种概括性地对被监护人财产权利的保护规定，很难做到对未成年被监护人财产安全的真正保障。从财产监护的角度看《德国民法典》，后者细化了这方面的规定，要求监护人必须为被监护人的财产开具财产目录，在目录制作的过程中，还要求监护监督人对监护人制作的财产目录的真实性和全面性加以保证，之后再提交法院审核。《日本民法典》也要求未成年人监护人在开始承担监护职责后的规定时间里要会同监护监督人从速调查被监护人的财产情况并制作目录；在履职过程中，监护人还必须定期向监护法院报告被监护人的个人情况，对被监护人每年的生活、教育、治疗及财产管理所需要的支出金额做出预算。除了保证让监护监督机构能一目了然地掌握被监护人的财产状况外，针对财产监护履职的具体内容，无论是大陆法系国家还是英美法系国家，都明确了监护人的管理义务、详细列述了监护人在执行财产监护过程中的禁止性行为以及在给被监护人的财产造成损失时，监护人应承担的赔偿责任。当发生针对未成年人财产监护不当的情况时，全面、具体的法律条款内容能为相应救济措施的实施提供明确且可行性更强的法律依据。

（六）建立监护人报酬制度

对于未成年人监护人的报酬问题，有的国家认为监护本身是有偿行为，履行此职责就应获得报酬，例如，在美国，监护人是法院的公职人员，许多州都对监护人的费用及开支做出了明确规定。也有的国家采取补偿原则，即监护本身是无偿的，没有将获得报酬作为监护人的权利，但在有特殊理由或监护难度达到一定程度时，在法律规定的范围内，根据监护人和被监护人的财产状况，监护机关可以决定是否给予监护人报酬以及具体数量；特别是当监护人是非父母的人时，为调动其履职积极性，在履行监护职责的过程中，监护人或监护监督人为了执行监护而支付的费用、提供的劳务，都可以请求被监护人预付或偿还，例如日本、德国都有相似的规定。从实践中可以看到，无论是大陆法系国家还是英美法系国家大多都会考虑实际情况给予监护人津贴或者适当的报酬。另外，如果确认监护人是以职业方式承担监护职责的，那么监护人履职就应当以有偿的方式进行，这也为未成年人监护工作朝着专职化的方向发展提供了可能性。

第六章　港澳台地区未成年人监护体系概述

冉耀霖　徐泽生 [①]

我国香港特别行政区（以下简称"香港"）、澳门特别行政区（以下简称"澳门"）和台湾地区与内地 [②] 同根同源、一脉相承。源于特定的历史背景，以及当地的经济社会文化发展情况，香港、澳门和台湾地区较内地更早地引入了西方现代未成年人监护理念，经历或正在经历着公权力介入、干预和支持原生家庭监护的本土化过程，逐步构建相对完备的监护体系，也在实践中摸索出了具有地区特点的经验做法，这对内地推动构建未成年人监护体系研究和相关工作具有现实的参考和借鉴意义。本章尝试从未成年人监护的内涵及历史沿革、法律制度、工作概况、辨析借鉴等几个角度对香港、澳门和台湾地区未成年人监护体系进行介绍和呈现。

一、我国港澳台地区未成年人监护的内涵及历史沿革

我国香港、澳门和台湾地区未成年人监护的对象均为未满18周岁的自然人，与内地通用。 [③]

---

① 冉耀霖，中国儿童福利和收养中心儿童收养部副主任，研究方向：未成年人保护、儿童福利，电子邮箱地址：ryl@ cccwa. cn；徐泽生，中国儿童福利和收养中心儿童收养部主任，研究方向：未成年人保护、儿童福利。

② 本章中"内地"专指中华人民共和国除特别行政区外的实际管辖地域。鉴于本章内容涉及港、澳、台及内地四地域有关未成年人监护的差异比较，考虑到中国大陆包括了内地与港澳地区，为明确指向，直接使用"内地"而非"除港澳外的大陆地区"的概念。

③ 香港于1990年修订《成年年岁条例》，明确18岁为成年；修订前香港规定成年年龄为21岁。澳门未成年人即未满18岁。台湾未成年人监护对象主要指12岁以下的儿童、以及12至18岁的少年，台湾"民法典"第12条规定年满20岁方为成年。2020年8月13日，台湾地区当局通过38项关于调降成年年龄的相关修法草案，18岁就算"完全成年"，暂定施行日期为2023年1月1日。参见《台湾把"完全成年"年龄由20岁降到18岁2023年施行》，载中国经济网 https://baijiahao. baidu. com/s？ id=16749665303797764418&wfr=spider&for=pc，最后访问日期：2022年5月16日。

在香港地区，监护权概念最早可追溯到英格兰的"自然监护权"，其基于保卫家族土地财产多于保护儿童，后来演变为父亲对其合法未成年子女保持权利的工具。当时，父亲是其未成年子女的自然监护人，当父亲健在时，母亲无权要求作为自然监护人。后来，法律才赋予母亲向法院提出管养和探视申请等部分权利。1886年，才规定父亲去世后母亲可以自动成为监护人。《1925年幼年人监护法令》（Guardianship of Infants Act 1925）对母亲与父亲给予了相同的监护权利。由此，"自然监护人"的概念演变为"监护人"，往往与父母一词同意互用。①整体上，香港地区主要沿袭了英国的法律体例和立法宗旨，从12世纪英国长子继承制度，1839年颁布的《子女监护法案》，1925年颁布的《幼年人监护法令》，到1997年回归时香港特区政府颁布的《未成年人监护条例》，香港地区不区分亲权与监护，适用大监护的概念。

在澳门地区，自19世纪中晚期以来，主要沿用葡萄牙的法律体系和制度。1999年回归后澳门特区政府颁布了《民法典》，一定程度上也继承了1867年葡萄牙《塞亚布拉法典》体例和精神，反映了大陆法系国家民法传统和思想，区分亲权与监护，适用小监护的概念。澳门《民法典》认为，亲权是父母对子女基于血缘关系产生的，是父母特有的对未成年子女保护和教养的权利和义务，既包括了父母抚养、教育和保护子女的义务，也包含了父母教养子女与管理子女财产等权利；而将监护认定为"弥补亲权的方法"，属于对亲权的一种补救措施，只有在没有亲权人或亲权人不适合监护未成年人时，才会设立监护。因此，监护权的产生不一定是以血缘关系为基础。为了更好地保护被监护人的利益，法律对监护人赋予了更多的义务性规定，从这种意义上说，监护应是一种义务而非权利。②

在台湾地区，自1945年以来一直适用早期国民党当局在大陆国统区颁布实行的"民法典"，即1930年"中华民国民法"。从20世纪80年代起，台湾地区对其"民法典"亲属编包括监护在内的诸多内容进行了多次增补和修订，当前适用的是2010年最新修订版本。虽然台湾地区"民法典"深受《德国民法典》的影响，整体上属于大陆法系的体例，区分亲权与监护，但其在立法

---

① 参见陈苇主编：《当代中国内地与港、澳、台婚姻家庭法比较研究》，群众出版社2014年版，第578页。

② 冯心明：《澳门与内地监护制度的比较研究》，载《华南师范大学学报（社会科学版）》2001年第1期，第35—36页。

及修订时充分考虑了当时的民情与风俗，对亲权与监护的规定进行了本土化完善。例如台湾地区"民法典"将亲权概括为"孝亲、保护和教养"。子女对长辈而言，是孝亲；父母对子女，是教养与保护。这种亲权相较于西方的亲权，更多的带有一种血浓于水的感情。[①]

总体来讲，我国香港、澳门、台湾地区未成年人监护分属两大体例，一是我国香港地区属于英美法系，没有区分监护与亲权，《未成年人监护条例》以单行法规的形式对监护及相关事宜进行专门规定；二是我国澳门、台湾地区是属于大陆法系，将未成年人监护制度的内容规定在"民法"中，明确区分监护与亲权，将监护与亲权并列设置。父母对未成年子女的教养和保护，适用亲权；对不在亲权保护下的未成年人的人身和财产权益的监督和保护，适用监护。

二、我国港澳台地区未成年人监护法律制度介绍

有学者认为，未成年人监护制度是未成年人保护法律制度中的基础性核心性制度，其他各项未成年人保护的法律制度均是因之而延伸、扩展和转化。[②]可见，未成年人监护制度是未成年人福利和保护的基石。

源于历史、经济、社会及文化的沿袭和变化，我国香港、澳门和台湾地区监护制度体系有所不同。香港地区未成年人监护制度主要以《未成年人监护条例》为核心，与《婚姻诉讼条例》、《父职鉴定诉讼条例》、《婚姻法律程序与财产条例》等有关监护的规定共同构成对未成年人在人身、财产及其他合法权益的监督和保护；而澳门、台湾地区则主要以其"民法典"为核心，与相关儿童福利或保护性法律法规共同构成未成年人监护法律制度体系。

（一）监护的开始

未成年人监护的开始，可以理解为在何种情形下需要对未成年人进行监护或设立监护。总体来讲，我国香港、澳门和台湾地区皆规定以下情形：一是自然人出生且未成年，属于自然而然接受监护的情形，即父母是未成年子女天然

---

① 洪金建：《海峡两岸未成年人监护制度的比较研究——以〈民法总则〉为视角》，载《预防青少年犯罪研究》2018 年第 3 期，第 86 页。

② 参见吴用：《儿童监护国际私法问题研究》，对外经济贸易大学出版社 2009 年版，第 41-42 页。

的监护人，对其履行监护职责；二是无亲权人、监护人的情形，包括丧失父母、身份不明的未成年人等；三是亲权人、监护人不能或不宜行使亲权或者监护权的情形等。在这一点上，香港、澳门和台湾地区与内地基本一致。

但在具体规定方面，又呈现出差异性，尤其是香港和澳门地区。在香港地区，生父不具备对非婚生子女天然的监护权，其《未成年人监护条例》指出，非婚生子女的，其生母是该子女天然的监护人，但其生父却不被直接视为该子女的父亲，除非经法院采信为某未成年人的父亲；非婚子女的生父经被采信为该未成年人的父亲后，可以作为该子女的监护人，获得全部或部分监护职责。在澳门地区，对父母事实上无法行使亲权的情形做出了具体规定，即父母处于已死亡、在管理子女人身事宜上被禁止行使亲权、亲权行使在事实上受阻 6 个月、或身份不明等情形，未成年人须接受监护。①

（二）监护的类型

无论是否区分亲权与监护，父母均是未成年子女的天然监护人，在这一点上，香港、澳门和台湾地区与内地做法是一致的。除父母监护之外，在香港、澳门和台湾地区主要涉及以下几种监护类型：

1. 遗嘱指定监护

在香港、澳门和台湾地区，均有遗嘱指定监护的情形。即未成年人的父母出于其将来死亡等因素考虑，可以订立遗嘱，在其去世后由指定的其他人担任未成年人的监护人。其中，台湾还规定，只有最后行使、负担对未成年子女亲权的父或母，才拥有遗嘱指定监护人的权利。

2. 委托监护

在香港和澳门地区，未成年人的父母可以通过契约或其他文书的形式在自己无力监护的情形下，指定他人担任自己未成年子女的监护人。内地《民法典》虽然没有对委托监护进行界定，但内地《最高人民法院法关于适用〈中华人民共和国民法典〉总则若干问题的解释》规定，在未成年人的父母丧失监护能力时由与之订立协议的、具有监护资格的人担任监护人，人民法院依法予以支持。②可见，香港和澳门地区与内地在监护的立法精神上是一致的，均

不允许父母随意放弃对未成年子女的监护职责，但在父母无监护能力的前提下，基于父母对子女的最大利益考虑，适用其委托监护的安排。

台湾地区也有监护职责委托相关规定，即因特定事项，在一定期限内，父母可以书面委托他人行使未成年子女的监护职责。①其不同在于，这里所称的特定事项，包括事实上的保护教育等具体事项，以及连带的居住所指定权、惩戒权等，但不包括身份行为的同意权、被收养的代理权、财产行为的代理权和同意权等。②同时，行使亲权的父母可随时终止对监护职责的委托。因此，台湾地区的委托监护更类似于内地的委托照护，属于监护职责的部分委托，而非监护人身份的变更。

3. 法定监护

香港、澳门和台湾地区均将父母作为未成年子女事实上的法定监护人。此外，在台湾地区，其"民法典"还明确在父母均不能行使、负担对于未成年子女的权利义务，或父母死亡而无遗嘱指定监护人，或遗嘱指定的监护人拒绝担任监护人时，依据下列顺序确定监护人：（1）与未成年人同居的祖父母；（2）与未成年人同居的兄姐；（3）不与未成年人同居的祖父母。③

4. 选任监护

在香港和澳门地区，未成年人如无父母或其他监护人，法院在接获任何人提出的申请后，如认为适当，可委托其为未成年人的监护人；如认为不适当，则由法院另行指定监护人。在澳门地区，法院在指定监护人前都要听取亲属会议④意见，还要听取已年满12周岁的未成年人的意见，若没有符合条件履行监护职责的人，则将未成年人交托给适当的公共或私人机构，履行监护人职责。⑤在台湾地区，在未能依法定监护顺序确定监护人时，"法院"根据未成年人、四亲⑥等内的亲属、检察官、主管机关或其他利害关系人的申请，结合未成年人最佳利益，在其三亲等旁系血亲尊亲属⑦、主管机关、社会福利机构

---

① 参见台湾"民法典"第1092条。

② 参见林秀雄：《亲属法讲义》，台湾元照出版公司2011年版，第347页。

③ 参见台湾"民法典"第1094条。

④ 亲属会议一般来讲是为防止亲权的滥用，保护亲属利益或其身后特定事项之讨论与处理，由一定范围亲属所组成的会议。载学问百科，https://xuewen.cnki.net/R2007010260002779.html，最后访问日期：2022年11月16日。当前我国澳门和台湾地区保留了亲属会议制度。

⑤ 参见澳门《民法典》第1787、1818条。

⑥ 台湾"民法典"第968条规定，血亲亲等之计算，直系血亲，从己身上下数，以一世为一亲等；旁系血亲，从己身数至同源之直系血亲，再由同源之直系血亲，数至与之计算亲等之血亲，以其总世数为亲等之数。由此推理，一等亲包括：（岳）父母，公婆，子女及其配偶；二等亲包括：（外）祖父母，兄弟姐妹及其配偶，（外）孙子女；三等亲包括：（外）曾祖父母，叔叔、伯父、姑姑、舅舅、阿姨及其配偶，侄子女、外甥、外甥女及其配偶，（外）曾孙子女；四等亲包括：堂（表）兄弟姊妹及其配偶。

⑦ 尊亲属即辈分高的亲属。

或其他适当的人中选定监护人。

5. 临时监护

在香港地区，未成年人处于相关危急情形时，法院可发出相关命令，指定临时监护人。在澳门地区，在未成年子女父亲或母亲死亡，且子女不宜由尚存的母亲或父亲照顾的情况下，法院须指定临时监护人，照顾该未成年子女。①台湾地区则是在"法院"明确监护人前，由当地社会福利主管机关临时担任监护人。

综合来看，在香港、澳门和台湾地区，遗嘱指定监护、委托监护都是出于父母意愿并通过协议等方式指定相关人士承担其未成年子女监护职责，在一定程度上可视为广义的意定监护（内地的意定监护对象仅为不具备完全民事行为能力的成年子女）；法定监护适用于父母亲权或监护缺失时，且无监护意定前提下，按照监护顺位明确监护人的情形；委任监护是在意定监护和法定监护均缺失或均不为"法院"认可情形下，出于未成年人最佳利益出发，由"法院"指定或改定监护人履行监护职责；临时监护则是未成年人面临亲权或监护缺位时，且新的监护人尚未明确且履职前，由"法院"采取保护未成年人权益的过渡性措施。

（三）监护的主体

1. 监护人的资格

在香港地区，自然人、社会福利署和法院都可以担任监护人。一是自然人担任监护人的情形。主要是未成年人的父母。若未成年人无父母或其他监护人，法院可委任有关申请人为未成年人的监护人。二是社会福利署担任监护人的情形。法院如认为情况特殊，不适宜将该未成年人交由父母其中一方或任何其他人士看管，则可将该未成年人交由社会福利署署长监护。②三是法院担任监护人的情形。法院监护令可以将管养权及父母的一切权利赋予法院，也可以将实际照顾和管束该未成年人的权利转授他人。若父母其中一方或双方要求撤销法院监护令并领回该儿童，但共同居住管养该儿童的人对此持反对意见的，该共同居住管养该儿童的人可申请法院监护。养父母也可以申请将儿童判由法

---

① 参见澳门《民法典》第 1762、1763 条。
② 参见香港《未成年人监护条例》第 5、7、13 条。

院监护。①

在澳门地区，自然人、亲属会议、公共和私人机构都可以担任监护人。一是自然人担任监护人的情形。自然人原则上都可以担任监护人，但有9种人士被排除其外：即（1）未成年人、禁治产人及准禁治产人②；（2）明显精神错乱的人；（3）行为不检点的人或者生活方式不为人所认识的人；（4）被禁止或中止行使全部或部分亲权的人；（5）不履行有关义务而被撤销或中止另一监护职务或亲属会议成员职务的人；（6）正在或最近五年内与有关未成年人或其父母进行争讼的人；（7）父母、子女、配偶或与本人有事实婚姻关系的人正在或在最近五年内有关未成年人或其父母有诉讼纠纷的人；（8）与有关未成年人或其父母个人敌对的人；（9）曾经被有关未成年人的父母从监护人的范围排除的人。此外，因挥霍导致的准禁治产人、破产人、无偿还能力人、在财产管理上被禁止或中止行使亲权的父母，以及被撤去财产管理职务的监护人，可以对未成年人提供人身照顾，但不得被指定为监护人。③二是亲属会议担任监护人的情形。规定监护权由监护人及亲属会议行使，这明确了亲属会议具有行使监护的资格。三是公共和私人机构担任监护人的情形。如没有符合履行监护职责条件的人，法院可将未成年人委托给适当的公共和私人机构，由其履行监护人的职责。④

在台湾地区，自然人和社会福利组织都可以担任监护人。一是自然人担任监护人的情形。台湾地区的监护人一般由被监护人的亲属担任，但也不限于亲属。但未成年人、被监护人、受破产宣告人及失踪人不得作为未成年人的监护人。二是社会组织担任监护人的情形。在没有法定顺序的监护人和其他人担任监护人的情形下，由社会福利机构担任监护人。在"法院"指定前，由当地社会福利主管机关作该未成年人的临时监护人。"法院"在选定或改定监护人

---

① 参见陈苇主编：《当代中国内地与港、澳、台婚姻家庭法比较研究》，群众出版社2014年版，第582-583页。

② 禁治产人指因心神丧失或精神耗弱而对自己的财产无处理能力，经法院宣告丧失民事行为能力的人。载百度百科 https：//baike.baidu.com/item/%E7%A6%81%E6%B2%BB%E4%BA%A7%E4%BA%BA/9947324? fr=aladdin，最后访问日期：2022年11月16日。准禁治产人指因精神耗弱或有生理缺陷如聋、哑、盲等以及浪费而经法院宣告为限制民事行为能力的人。载百度百科 https：//baike.baidu.com/item/%E5%87%86%E7%A6%81%E6%B2%BB%E4%BA%A7%E4%BA%BA? fromModule=lemma_ search-box，最后访问日期：2022年11月16日。

③ 参见澳门《民法典》第1789条。

④ 参见澳门《民法典》第1781、1818条。

时，需考虑以下因素：（1）被监护人的年龄、性别、意愿、健康情形及人格发展需要；（2）监护人的年龄、职业、品行、意愿、态度、健康情形、经济能力、生活状况及有无犯罪前科纪录等；（3）监护人与被监护人之间或被监护人与其他共同生活人之间的情感及利害关系。①

由此可见，对于监护人的资格，香港地区主要是从正面予以规定，而澳门和台湾地区则从正反两方面进行约束，列举不能担任监护人的情形，尤其是澳门地区将诸如与未成年人父母是否存在纠纷、诉讼和敌对等回避性因素考虑进去，台湾地区还明确了"法院"指定和改定监护人需考虑的因素，进而维护未成年人合法权益，增加了可操作性。②

2. 监护人的顺序

监护人顺序主要指法定监护的顺序。香港、澳门对于父母外监护人的顺序没有明确的规定。在台湾地区，当父母均不能行使对于未成年子女监护职责或父母死亡而无遗嘱指定监护人，或遗嘱指定的监护人拒绝履职时，依下列法定顺序确定监护人：第一顺位为与未成年人同居的祖父母；第二顺位为与未成年人同居的兄姐；第三顺位为不与未成年人同居的祖父母。当无法依据顺位确定监护人的，或出于最有利于未成年人利益考量，法院可根据相关人士的申请，选定或改定为监护人。其与内地法定监护顺序的主要区别在于，台湾地区在强调祖父母、外祖父母、兄姐等亲属关系的基础上，将是否共同居住及其带来的情感依恋和生活习惯一并纳入了优先考量的范畴，努力为未成年人提供合适的生活成长环境。此外，澳门地区对遗嘱指定或委托监护指定数名监护人情形下对监护顺序作出了规定。明确为同一子女指定一名以上的监护人，且未以任何方式列明监护人先后次序，则监护权按作出指定的顺序归属各被指定人。③

3. 监护人的拒绝

在香港地区，父母作为未成年人的监护人，不能放弃对子女的权利及义务，其与他人订立的全部或部分放弃对子女的权利及义务的协议不能被执行。④但没有对父母之外的监护人拒绝或辞退作出明文规定。

在澳门地区，为了更全面保障被监护人的权益，规定以下8种可推辞监护职

---

① 参见台湾"民法典"第1094、1096条。
② 参见陈苇主编：《当代中国内地与港、澳、台婚姻家庭法比较研究》，群众出版社2014年版，第631页。
③ 参见澳门《民法典》第1786条。
④ 参见香港《未成年人监护条例》第4条。

务的情形：（1）政府高官、立法会议员等；（2）法院司法官或检察官；（3）居所距未成年人大部分财产所在地较远者；（4）须照顾两名以上直系晚辈亲属的人；（5）正担任另一监护职务或保佐①职务的人，但拟被监护人与现被监护或被保佐人是兄弟姊妹的除外；（6）年逾六十五岁的人；（7）与该未成年人不存在血亲或直系姻亲关系的人；（8）因患病、精力不足或经济匮乏等不宜担任监护职务的人。②

在台湾地区，对监护人拒绝的界定比较笼统，其规定，监护人有正当理由，经"法院"许可，可以辞任监护人。同时，遗嘱指定的监护人，在规定期限内未向法院报告的，将被视为拒绝就任监护人。③所谓的正当理由，主要应以监护人自身情况是否胜任监护职责来判断，诸如是否患有重病、残疾、年老体衰等。④

（四）监护的职责

监护职责可以分为人身监护、财产监护以及法律代理等。

在香港地区，监护人有权决定未成年人的住所、教育方式以及宗教信仰，代管未成年人的财产以及在特殊情况下予以处置，并代理未成年人行使法律诉讼等。此外，当出现未成年人父母分居并由其一方提出申请、未成年人父母没有监管权或共同监护人（生父母健在的一方与其他人共同监护未成年人）出现意见分歧等情形下，法院有权将看管职责从监管权中分离出来，交由其中一方或第三人看管。这里的看管，主要负责对未成年人的日常生活的人身监护，而不包括对其财产和法律权利的代理。监管权分离时，父母有探视未成年人子女的权利，以及支付相应抚养费的义务。⑤

---

① 保佐指辅导或监督行为能力受限制的人实施民事法律行为以保护他们的合法财产权益的法律制度。保佐与监护类似，但又有不同。保佐是保佐人协助被保佐人进行财产管理，而对被保佐人的身体的保护则一般不负责任；监护则是对被监护人的财产、人身全面的保护责任。监护人是被监护人的法定代理人，保佐人则不是被保佐人的法定代理人，只能在被保佐人是未成年人且参加民事诉讼时，保佐人可以未成年人的法定代理人身份从事诉讼活动。载百度百科 https：//baike. baidu. com/item/%E4%BF%9D%E4%BD%90/8584040? fr = aladdin，最后访问日期：2022 年 11 月 16 日。

② 参见澳门《民法典》第 1790 条。

③ 参见台湾"民法典"第 1093、1095 条。

④ 参见陈苇主编：《当代中国内地与港、澳、台婚姻家庭法比较研究》，群众出版社 2014 年版，第 615 页。

⑤ 参见陈苇主编：《当代中国内地与港、澳、台婚姻家庭法比较研究》，群众出版社 2014 年版，第 584－586 页。

在澳门地区，监护人具有与父母亲权相同的权利和义务，但被监护人的财产收益必须用于被监护人的抚养、教育及财产的管理上。同时禁止监护人无偿处分未成年人的财产，承租未成年人的不动产或直接或透过他人取得未成年人的财产或权利，以被监护人名义订立与被监护人的教育、自立或工作无关合同等。此外，监护人以被监护人名义代理提起诉讼，须经法院授权，但属收取定期给付的诉讼，或延迟起诉可能导致损害的除外。法院作出授权前，应事先听取亲属会议的意见等。①

在台湾地区，监护人对未成年人的人身监护包括保护、教育、居住指定、惩戒权以及交还因违法被扣留的未成年人的请求权等。对财产监护的规定包括：监护开始时，监护人对于被监护人财产，应会同遗嘱指定、当地市（县）当局指派或"法院"指定的人，于二个月内开具财产清册，并呈报"法院"。同时规定，未经"法院"许可，监护人不得代理被监护人购置或处分不动产，不得代理被监护人出租其居所，不得以被监护人财产进行投资或受让被监护人财产等。被监护人财产，由监护人管理；执行监护职责的必要费用，由被监护人财产负担。"法院"可责令监护人提出监护事务报告、财产清册或结算书，检查监护事务或被监护人财产状况。在法律代理方面，监护人行为与被监护人利益相悖或依法不得代理时，"法院"可根据监护人、被监护人、主管机关、社会福利机构或其他利害关系人的申请或依职权，为被监护人选任特别代理人。②

（五）监护的报酬

对于监护的报酬，主要涉及三个方面。一是是否收取报酬。我国香港、澳门和台湾地区采用有偿报酬，主要适用于除父母外其他监护人监护未成年子女的情形。例如，香港规定除父母监护无报酬外，法院可授权其他监护人收取法院认为适当的报酬。澳门规定，监护人有权收取报酬。台湾规定，监护人可以请求报酬，其数额由法院按监护人付出以及被监护人的财产情况酌定。二是确认监护人报酬的主体。香港和台湾规定为法院，澳门为父母指定、法院和亲属会议确定。三是确定监护人报酬的依据。香港主要依据法院命令的规定。澳门则主要依据亲属会议的意见，并设定了数额限制，明确不得超过未成年人财产

---

① 参见澳门《民法典》第 1791、1792、1793、1794 条。
② 参见台湾"民法典"第 1085、1098、1099、1101、1102、1103 条。

纯收益的十分之一，并规定了对监护人履行监护职责的合理开支的补偿等。①台湾也明确，执行监护职责的必要费用，由被监护人财产负担。

（六）监护侵权责任

在香港、澳门和台湾地区，不履行监护职责或履行监护职责不力导致被监护人权益受损的，不单单引发监护人监护职责被罢免或被撤销，还会视情节，追究监护人的民事乃至刑事责任。

在香港地区，其《未成年人监护条例》规定，对于法院发出监护命令后，该支付人存在无合理理由而没有支付或未按时足额支付等情形的，法院可部分或全部扣押其等额收入，支付给应受款人。②其《侵害人身罪条例》规定，任何人非法抛弃或遗弃不足两岁的儿童，以致该儿童的生命受到危害，或健康蒙受（或相当可能蒙受）永久损害，即属犯罪，最高刑罚为监禁10年。监护人故意行使或导致被监护的未成年人遭受袭击、虐待、忽略、抛弃或遗弃的，即属犯罪，此条控罪的最高刑罚为监禁10年。③

在澳门地区，其《民法典》规定，监护人须对因故意或过失造成被监护人权益损害负责。④其《刑法典》规定，因强奸、性侵等犯罪而被判刑者，可以停止其行使亲权、监护权或保佐权，为期二年至五年；监护人或保佐人对被监护的未成年人实施上述犯罪行为的，属于加重处罚范畴，在最低或最高限度均增加三分之一；监护或保佐人将被监护的未成年人财产据为己有的，可以处1年至8年徒刑。⑤

在台湾地区，其"民法典"规定，监护人在执行监护职责期间，因故意或过失，造成被监护人权益受损的，应负赔偿责任。赔偿请求权，自监护关系消灭之日起的五年内有效；期间若有新的监护人，该期间自新监护人就职之日起算。⑥此外，其"刑法典"规定，对受自己监督、扶助、照护的未成年人，利用权势或机会发生性交，含性交未遂的，处六个月以上五年以下有期徒刑；

---

① 参见陈苇主编：《当代中国内地与港、澳、台婚姻家庭法比较研究》，群众出版社2014年版，第636-637页。

② 参见香港《未成年人监护条例》第20条。

③ 参见香港《侵害人身罪条例》第26、27条。

④ 参见澳门《民法典》第1801条。

⑤ 参见澳门《刑法典》第171、173、199条。

⑥ 参见台湾"民法典"第1109条。

存在猥亵情形的，处三年以下有期徒刑。①

（七）监护的变动

1. 监护的撤销与变更

在香港地区，法院可根据未成年人福利的需要，酌情罢免父母用遗嘱指定的监护人，另行委托监护人取代被罢免的监护人。②在澳门地区，未履行监护义务或欠缺履行监护职责能力，或就任后履职不力的监护人，将被撤销其监护职务；当出现任何可推辞担任监护职务的情形时，监护人有权请求法院免除其监护职务。③在台湾地区，当监护人出现死亡、经法院许可辞任、不符合被监护人最佳利益等情形的，由申请人提请"法院"或"法院"直接依职权变更，同时法院可另行指定监护人。④

对监护撤销的恢复，香港仅规定法院有权依据相关人士的申请，对之前撤销的命令进行更改、解除、暂时撤销监护权或于暂时撤销后予以恢复。澳门则允许对禁止的亲权予以恢复，明确法院宣告行使亲权的禁止，在导致禁止原因终止时须予终止；终止禁止的请求，可随时由检察院提出，也可由父母任何一方被宣告禁止判决起一年后提出。⑤台湾地区对此没有明文规定。此外，香港、澳门和台湾地区监护撤销、变更和恢复的机关均为法院。

2. 监护的终止

对于监护终止的事由，香港没有明文规定。澳门监护终止涉及被监护人成年、亲权解除、收养、亲权禁止行使的终止、父母行使亲权障碍的终止以及父亲或母亲身份的确立等。⑥台湾地区对监护的终止没有具体规定，但结合其法律精神，涉及三个方面的原因：一是被监护人已成年或已结婚者；二是未成年人父母恢复亲权，或被监护人被收养等；三是被监护人死亡，监护自然终止。⑦在此，需要说明的是，我国台湾地区男女法定婚龄分别为18岁、16岁⑧，

---

① 参见台湾"刑法典"第 228 条。
② 参见香港《未成年人监护条例》第 8 条。
③ 参见澳门《民法典》第 1804、1806 条。
④ 参见台湾"民法典"第 1095、1106、1106-1 条。
⑤ 参见澳门《民法典》第 1770 条。
⑥ 参见陈苇主编：《当代中国内地与港、澳、台婚姻家庭法比较研究》，群众出版社 2014 年版，第 605 页。
⑦ 参见林秀雄：《亲属法讲义》，台湾元照出版公司 2011 年版，第 361 页。
⑧ 参见台湾"民法典"第 980 条。

未成年人结婚导致监护自然终止的情形是客观存在的。

（八）监护监督

在香港地区，未成年人监护监督的机关是法院，履行对父母和其他监护人的监督。主要包括：一是监督父母协议的内容，法院认为不符合子女利益的协议不予执行；二是监督监护人的行为，出于未成年人福利考虑，可罢免或更换该监护人；三是不限制原诉法庭的司法管辖权，即不限制或影响原诉法庭委任或罢免未成年人的监护人或其他关乎未成年人的司法管辖权。[①]法院主要以审判方式对涉及为对未成年人监护人的罢免、给予同意的限制等事项进行监督。

在澳门地区，法院和亲属会议均为未成年人监护监督的机关，法院履行对亲权人和监护人的监督，亲属会议配合法院履行对监护人的监督。包括：（1）对亲权人的监督。如父母一方因过错导致子女权益受严重损害，或缺乏监护经验、患病、因故长期不在子女身边等原因无法履行监护职责的情形，法院可根据检察院、未成年人的任何血亲或事实照顾该未成年人的当事人的申请，宣告禁止行使亲权。[②]对亲权人监督主要由法院承担，更多体现为对亲权人特定行为的许可权、撤销权和确认权，而对亲权人的监督规定较少。（2）对监护人的监督。法院有权要求监护人提交报告，甄选监护监督人，以及监督监护人行使财产管理职责。同时，澳门还规定，亲属会议中有一名成员担任监护监督人，履行相关职责，包括：监督监护人的工作；与监护人合作履行监护职务，按照亲属会议所定条件并在取得监护人同意下负责管理未成年人的特定财产；在监护人不在或因故不能履职时代为履职，同时将监护监督人职责交由亲属会议另一成员承担；在未成年人与监护人出现利害冲突，且法院未指定特别保佐人时，担任未成年人的法律代理人。[③]

在台湾地区，"法院"和亲属会议均为未成年人监护监督的机关，法院履行对亲权人和监护人的监督，亲属会议配合法院履行对监护人的监督。包括：（1）对亲权人的监督，主要体现为对亲权滥用予以禁止。其"民法典"、"儿童及少年福利法"相继明确，父母双方或一方滥用其对于子女的权利，父母

---

① 马钰凤：《我国内地监护监督立法之审思——以港、澳、台三法域监护监督立法之评介为视角》，载《社会科学家》，2012年第12期，第102页。

② 参见澳门《民法典》第1769条。

③ 参见澳门《民法典》第1811、1812条。

或监护人对儿童及少年疏于保护、照顾且情节严重，或未禁止儿童及少年使用毒品或非法管制药品的，"法院"可根据利害关系人的请求，宣告停止其部分或全部亲权，甚至另行选定或改定监护人；对于监护人是养父母的，可申请"法院"宣告终止其收养关系。①（2）对监护人的监督。"法院"主要履行接受遗嘱指定监护人和法定监护人的报告、在监护人行为与被监护人利益相悖时另选特别代理人、审查选定或指定监护人的报告和建议、审查有关监护事务的财务报告等，维护被监护人权益。②亲属会议对监护人的监护监督包括：监护前选派指定人员会同监护人开具财产清册，听取监护人就被监护人的财产状况的例行年报，监护关系终止监督财产清算等。

三、我国港澳台地区未成年人监护干预、支持、保障等情况介绍

未成年人的抚养、教育和保护事宜，从父母或监护人视野即为监护，延伸和拓展到社会、政府和国家层面，就涉及儿童福利和未成年人保护的方方面面。此部分就香港、澳门和台湾地区未成年人监护干预、支持、保障情况进行摘要介绍。

（一）政府及社会介入推动

1. 政府主导推动

在香港地区，特区社会福利署是未成年人监护的政府主管机关，同时也负责儿童福利和未成年人保护工作。社会福利署既履行《未成年人保护条例》等法律法规中所规定的诸如就监护人监护事宜向法院提出申请、备呈相关报告以及在特定情形承担未成年人照顾或监管等法定职责，同时还从未成年人保护的角度对未成年人监护发挥监督、干预和支持的作用。

在澳门地区，特区社会工作局是儿童福利和未成年人保护的主管机关，设立了4个社会工作中心和1个社会工作中心分站。同时在内设的社会互助厅下属的儿童及青少年服务处，负责为因自身和家庭环境问题而处于成长危机或社会不适应状况的未成年人提供所需服务。并通过与社会组织和公共部门的共同合作，以及在社会保护制度范围内向法院提供协助等，向有关的未成年人提供

---

① 马钰凤：《我国内地监护监督立法之审思——以港、澳、台三法域监护监督立法之评介为视角》，载《社会科学家》，2012年第12期，第103页。

② 参见台湾"民法典"第1103、1108条。

辅助、临时监护或保护；向为相关社会组织和社会设施提供技术支援和资源辅助。

在台湾地区，地域较香港、澳门更为广阔，其对未成年人监护的干预、支持、保障可以区分为三级——台湾地区、市（县）及乡（镇），主管机关在地区层面为"卫生福利主管部门"，具体涉及其下属的保护服务司和社会及家庭署（2013 年前为"内政主管部门"下属的儿童及少年局），在市（县）为其社会局，在乡（镇）为民政科。与卫生、教育、劳工、警政、交通、新闻、户政等机关，依据各自职权履行未成年人监护的干预、支持、保障，形成了跨部门、跨专业体系的分工协作的儿童福利服务网络。①

2. 社会组织参与

在香港、澳门和台湾地区，社会组织在未成年人监护支持方面发挥不可或缺的作用。

在香港地区，非官方数据显示，社会组织（包括社会福利机构）大约提供全港五分之四的社会福利服务，而政府（社会福利署）提供服务仅为五分之一。② 例如，分布全港各区 65 间综合家庭服务中心及 2 间综合服务中心，为有需要的个人或家庭提供一系列预防、支援和补救服务，包括家庭生活教育、亲子活动、咨询服务、义工培训及服务、外展服务、小组及活动、辅导和转介服务等，这些绝大部分是由社会组织承办的。这些社会组织包括香港防止虐待儿童会、保良局、"母亲的抉择"、平等机会委员会、联合医院、性侵犯综合辅导服务中心等。这些社会组织除了得到社会捐助资金外，大部分也通过招投标方式得到政府的专项资金支持，每年向政府汇报资金使用情况和有关儿童问题的统计数据，参与未成年人监护服务，填补政府工作力度的不足。以香港防止虐待儿童会为例，其长期致力于虐待儿童防治，积极推动政府从预防着手，加强援助年轻父母、单亲家长、精神健康有问题家长与贫穷家庭，教导正面管教方法，同时继续检讨和完善未成年人监护的法例，提出政策建议。除此之外，如社会家庭福利会、香港学生辅助会等，秉着为未成年人创造关怀备至、无暴力的环境，常态化为未成年人维权，一旦发现包括监护缺失或履职不力等

---

① 石燕：《我国台湾地区儿童及少年保护工作：实践、反思及启示》，载《南京工程学院学报（社会科学版）》2021 年第 2 期，第 26 页。

② 《"十问香港幼稚园"系列报道之一香港社会如何保护幼儿?》，载人民网 http：// hm. people. com. cn/n/2012/1129/c42272-19734393. html，最后访问日期：2022 年 5 月 14 日。

可能引发虐童事件的情形，将派社工上门了解家庭背景、监护情况，并视其情节予以服务支持或诉诸法律。

在澳门地区，早期的社会福利一直是社会组织独自承担的，直到1938年，澳门政府设立公共救济总会，才开始介入民间慈善事业。据不完全统计，全澳门80%以上的福利机构中为民间团体和宗教组织所主办。较之于政府机构，民间社团机构更能适应社会的变化，更能有效地向社会提供日益多元化的服务，社会覆盖面越来越大。澳门社会各界也普遍公认："澳门的社会福利事业相当程度依赖民间团体和民间福利机构。"①同时，为加强与民间社会团体的合作关系，澳门政府主要通过财政资助、提供活动场所、基础设施、活动设备等途径鼓励民间社团参与未成年人监护和保护工作。社会组织则通过个人及家庭辅导、社区服务等方式为被监护人及其家庭提供支持性服务等。

在台湾地区，早期的社会福利主要是由民间团体主动倡导和参与，直到20世纪40年代，当局才渐渐意识到并逐步履行自身在社会福利方面的责任，台湾地区全社会福利体系逐步建立，民间团体等社会组织才从服务主要供应者，退居到辅助性地位。20世纪90年代，台湾地区经济增速变缓，当局在社会福利投入方面压力剧增，社会组织参与的重要性又开始被重新认识和强化，并在未成年人福利和保护领域发挥着重要的支持作用。涉及未成年人监护的服务主要有儿童保护、未婚妈妈服务、儿童及家庭咨询服务、卫生保健咨询服务、心理卫生工作等支持性服务；托育服务、医疗辅助、医疗服务、经济扶助等补充性服务；以及寄养、儿童收养、儿童安置和收容等替代性服务。在社会组织介入福利机构方面，不仅有传统意义上的自行创办、公立民营方式，更有由民间团体提供资金委托当局设立福利机构开展社会福利工作的方式。②

（二）监护干预、支持工作机制

1. 香港地区

香港特区社会福利署下设了家庭及儿童福利科，专门负责管理家庭和儿童福利服务，主要依托保护家庭及儿童服务课为平台，为管养或监护儿童争议、

---

① 童翎：《非政府组织与社会福利：香港、澳门之比较》，载《学理论》2012年第18期，第32页。

② 参见郭静晃著：《儿童福利概论》，台湾扬智文化事业股份有限公司2013年出版，第253-254页。

虐待、拐拐等问题进行介入并提供相应服务。①具体体现为：

（1）强化分区覆盖。社会福利署在中西南及离岛、东区及湾仔、观塘、黄大仙及西贡、深水、九龙城及油尖旺、沙田、大埔及北区、屯门、荃湾及葵青、和元朗等 11 个地方分区设置保护家庭及儿童服务课，定期于每周周一至周五的上下午和周六的上午向社会公开，确保服务延伸到全社会、全区域。

（2）建立热线服务电话。社会福利署 23432255 热线电话提供全天候、全时段服务。通过互动话音系统，接受来电者查询及索取数据服务。其热线社工在指定工作时间内，为包括监护缺失、家庭暴力或虐待及相关情形的未成年人和其他有需要的人士提供实时辅导、支持和咨询服务，并安排适当的跟进服务。在当值时间以外（包括公众假期），通过电话接转到有关社会组织热线或外展服务队寻求社工协助，或利用留言服务以及向警方求助。

（3）提供全面跟进服务。一是提供监护未成年人问题服务咨询、数据查询，并受理个案举报。二是开展外展工作。接获个案举报后，尽快提供外展服务，作出初步评估；提供实时危机介入；安排有需要的受害未成年人前往医院接受身体检查及治疗或到其他适当地方接受临时照顾等。三是调查工作。主动接触个案中的被监护的未成年人、其家人及有关人士，以了解其家庭背景、问题和困难、被侵害未成年人及其家人的意见，以便有效介入及治疗；与警方进行联合调查怀疑虐待未成年人个案；透过多专业个案会议为被侵害未成年人及其家人拟定福利计划；协助法庭为有监护及探视儿童问题的个案提供背景调查并向法庭提交建议。四是个案工作。提供法定监管、辅导服务并统筹其他跟进服务，例如临床心理服务、庇护中心服务、经济援助、体恤安置、法律服务、就学安排等。五是小组工作。为服务对象安排支持、教育或治疗小组。六是预防性工作。推行小区教育及宣传活动，提高市民对未成年人监护问题的关注，提倡父母在离异后共同教养子女、并鼓励家庭暴力受害者及早求助；加强与有关服务单位的协同合作，打击侵害被监护的未成年人相关违法犯罪行为。

（4）推进多专业合作。采用"多专业合作模式"处理被监护的未成年人及家庭暴力个案。当怀疑未成年人受到伤害、虐待时，社工、医生、警务人员、临床心理学家及老师等人士出席多专业个案会议，讨论事件性质，并拟定跟进计划以帮助该未成年人及家庭。此外，服务课社工、社会福利署临床心理

---

① 保护家庭及儿童服务，载香港社会福利署网站 https：//www. swd. gov. hk/sc/index/site_ pubsvc/page_ family/sub_ listofserv/id_ familyandc/index. html，最后访问日期：2022 年 11 月 16 日。

学家会联同警方就相关案件进行联合调查，并使用录影方式为遭受伤害、虐待的未成年人录取口供，以减轻他们在调查过程中所受到的心灵创伤。推行社区教育，提高市民对家庭暴力及被监护的未成年人受伤害、虐待问题的关注等。

同时，社会福利署还拥有五家妇女庇护中心、一家危机介入及支援中心和一家家庭危机支援中心，为面对家庭暴力或身处危机的仍处于监护状态的未成年人提供紧急栖身之所、临时住宿及其他综合服务。另有五家共享亲职支援中心，为离异家庭中仍处于监护状态的未成年子女提供支援服务。

2. 澳门地区

澳门地区以特区社会工作局为主导，在未成年人监护及相关方面提供法院辅助、院舍及转介、社区支援、家庭寄养等全方位服务。具体包括：

（1）法院辅助服务。[①] 当法院针对未成年人行使审判权时，儿童及青少年服务处负责在监护和保护制度范围内，就其他类别的个案向法院提供协助。包括亲权与监护权的行使和规范；未满十二岁而作出抵触法律规定的行为；处于各种成长危机或社会不适应状况，例如被遗弃、无依靠等个案。社会工作局2020工作报告显示，2020年向初级法院及检察院提供协助的个案共307例，涉及监护权事宜的有18例。

（2）儿童及青少年院舍、托儿所转介服务。[②] 社会工作局定期资助的托儿所、儿童及青少年院舍或青少年及家庭综合服务中心等设施或服务计划共有61家（项）。对于因故无法得到正常家庭照顾而需入住社会工作局所资助的儿童及青少年院舍的未成年人，提供院内照顾服务。对经社会工作局评估为处于弱势或危机之中的家庭，以及由此引发缺乏监护照顾的幼儿提供托儿所转介服务。其他个案服务包括特别转介入托服务和住宿照顾服务。社会工作局2020工作报告显示，2020年处理涉及托儿服务个案共49宗，涉及对象共55人；儿青住宿照顾服务个案共174宗，涉及对象共227人。

（3）社区支援计划。[③] 对于因监护缺失或监护不力等原因，出现首次"犯罪"或"轻微违法"的年满12岁而未满16岁未成年人，经警方警诫后并同

---

① 法院辅助服务，载澳门社会工作局网 https：//www.ias.gov.mo/ch/swb-services/children-and-youth-service/court-auxiliary-service，最后访问日期：2022年11月16日。

② 儿童及青少年院舍、托儿所转介服务，载澳门社会工作局网 https：//www.ias.gov.mo/ch/swb-services/children-and-youth-service/community-support-scheme，最后访问日期：2022年11月16日。

③ 社区支援计划，载澳门社会工作局网 https：//www.ias.gov.mo/ch/swb-services/children-and-youth-service/referral-to-children-and-youth-homenursery，最后访问日期：2022年11月16日。

意的，提供社区支援计划。包括，向这些未成年人提供个别辅导，协助其面对警诫后可能出现的情绪和处理日常生活上遇到的问题；组建结构性的辅导小组并开展系列活动，协助处理个人需要，纠正行为偏差；加强对这些未成年人的家庭、朋辈及社群的支持，帮助其顺利融入社会；有需要时，社区青少年工作队转介未成年人的父母和监护人参与支援性的服务，学习一起帮助他们的子女。

（4）寄养服务。① 为 3-18 岁有需要的未成年人提供暂时性的家庭式照顾服务。同时设定了寄养家庭的条件，包括：居澳年期满 5 年且持有澳门居民身份证；年龄介乎于 25 至 65 岁之间；夫妇结婚 3 年或以上；无刑事犯罪纪录；小学毕业或以上；家庭经济状况稳定，有独立的生计来源维持家庭生活；夫妇一方固定工作，另一方每星期兼职不超过 25 小时可照顾被寄养人；或双职夫妇经评估具备照顾条件；喜爱儿童及有照顾儿童的经验和能力；能为儿童提供整洁、安全的居住环境；乐意与社工及寄养儿童的家人合作；健康良好，无传染性疾病等。在经历接受电话甄选、出席座谈、提交申请、家庭评估、寄养培训等前期评审和培训环节，才能纳入寄养名册，等待与被寄养人的配对。此外，针对父母身份不明或均已去世、被父母遗弃、其父母监护不作为等情形，可提供收养服务，予以安置。

另外，社会工作局还面向社会设立了家庭危机专线，接受家庭问题举报并作出迅速处置。社会工作局 2020 工作报告显示，2020 年，社会工作局通过家庭危机专线共接获咨询及通报求助个案 1，787 宗，经评估及标识为怀疑家暴个案 38 宗，当中家暴儿童个案 10 宗。

3. 台湾地区

台湾地区在地区及市县层面各自成立儿童少年保护联络会报机制，统筹规划各地未成年人包括监护在内的保护工作并建立监管和保护网络；建立了 24 小时未成年人保护通报专线，并提供及时救援和转介服务；推进儿童福利机构建设，承接未成年人监护或保护个案的长期安置；加强未成年人监护和保护的宣传，联合教育单位加强强制亲权教育，预防虐待事件发生；整合社会资源，完善家庭寄养制度，为不幸的未成年人提供照顾支持等。同时，支持地方设立公立托儿所，增进社区化、精细化的托育服务功能，建立托儿教保示范制度，

---

① 寄养服务，载澳门社会工作局网 https：//www.ias.gov.mo/ch/swb-services/children-and-youth-service/court-auxiliary-service-2，最后访问日期：2022 年 11 月 16 日。

加大对因家庭问题而托育的儿童的服务力度等。

其中，台湾地区借鉴国外经验并形成了自己的 24 小时强制报告制度。一是明确了责任主体。当地法律规定医事人员、社会工作人员、教育人员、保育人员、警察、司法人员、其他执行儿童及少年福利人员，一旦获悉违反儿童及少年保护情形发生，有向市、县主管机关通报的强制性义务。二是规定了报告时限和违规处罚。要求强制报告时间不得超过 24 小时。如果无正当理由而没有报告的，有报告义务的人员将被处以新台币 6000 元以上 3 万元以下罚款。三是细化了报告处置要求。即主管机关接到报告后须立即指派社政、卫政、教育或警政单位等处理，最迟不得超过二十四小时。此后，还须指派专业社工走访探视该儿童或少年并进行安全性评估，于受理案件后四个工作日内提交调查报告。依据调查报告，被保护儿童、少年会被转介到相关专业机构，政府会链接资源，提供关怀访视、经济补助、托育补助、社会救助、人身安全维护、就学、心理卫生服务等个案服务。此外，台湾地区建立 24 小时的"110"和"113"两部未成年人保护报告热线，专门受理家庭暴力、性侵害、儿童及少年保护事件的咨询及举报服务。由于宣传到位，当地民众对这两部热线的知晓度非常高、由民众拨打热线通报儿童保护案件的情况比较普遍。同时，两个热线平台还整合了台湾地区的社会工作、警务人员和教育人员等多个专业力量，为平台多方面发现儿童及少年侵害案件提供了全方位的预警系统。[①]

再者，在台湾地区，作为儿童重要安置方式的家庭寄养，也经历了一个不断演进和完善的过程，主要表现在两个方面：一是服务对象上，从早期单纯的家道变故，延伸到了须接受保护、感化的未成年人；二是服务方式上，从早期的自愿申请、签订合作方式委托代为照顾，延伸到了对儿童紧急保护性的临时安置寄养服务。同时，台湾地区建立并完善了从接案、安置、到结案的服务流程。一是在接案方面，从有寄养意愿的家庭数据库中为未成年人选择适合的家庭，并做好寄养前准备工作，包括与被寄养人讨论寄养安置事宜，排除其心理负担；安排未成年人与家庭会面，减少被寄养人对新环境陌生和恐惧感；与寄养父母讨论寄养计划并明确其权利义务，保障寄养工作顺利开展。二是在安置方面，定期走访探视，了解被寄养人适应情况和家庭可能存在的困难并提出解决方案；协助被寄养人与原生家庭保持联系，加强情感维系；在被寄养人难以

---

① 石燕：《我国台湾地区儿童及少年保护工作：实践、反思及启示》，载《南京工程学院学报（社会科学版）》2021 年第 2 期，第 27 页。

适应寄养、寄养家庭变故或寄养家庭不愿意继续寄养的情况下，解除该寄养并作再次安置；通过定期走访、电话、面谈、座谈会、联系活动、提供社会支持等方式，协助解决原生家庭困难，协助原生家庭重建。三是在结案方面，对原生家庭经重建支持适宜回归的，安排未成年人返回原生家庭生活；对寄养家庭无法改善的，转为收养或机构寄养；强化工作评估，为社工日后服务提供改进依据等。[1]

（三）监护保障机制

在香港地区，监护保障的主体是政府和基金组织，监护保障主要体现为社会救助，对象包括个人和家庭。在人身救助方面，香港的"保留及执法伤亡赔偿计划"可以为被监护人提供救助。另外，社会或儿童福利机构也可为当事人提供人身监护。在财产救助方面，例如1997年制定的香港"综合社会保障援助计划"，旨在为有需要的个人及家庭提供现金援助，以应付生活的基本和特别需要。同时，其《法律援助条例》规定，任何财务资源不超过26万港币的人，均可获得该条例所使用的法律援助。法律援助的具体形式是社会福利署署长或律师根据本条例的条款代表受助人办理案件。在有关监护权的诉讼中，法院须以"未成年人的福利"为首要考量，包括有关未成年人的管养和财产管理等问题。法院在作出相应决定时，既要充分考量未成年人的意愿，即根据其年龄、识别理解能力等因素考虑其意愿是否可行，也会听取社会福利署署长呈交的相应报告和意见等。[2]

在澳门地区，监护保障的主体是政府和民间组织，对象包括个人或家庭，并对被监护人提供社会救助。澳门的社会救助由社会工作局负责，通过提供资金、物质援助以及技术支持的方式，向有经济困难的个人或团体提供社会援助，维持其基本生活需要。同时，强调家庭服务以及社会互助的功能，构建"助民解困、共建新生"的格局。其《发放援助金制度》、《未成年人教育和社会保护制度》对相关事宜进行了明确规定。另外，澳门的民间组织对基层情况较为了解，针对被监护人的监护保障具有独特优势，普遍采取政府资助、机

构运作、政府监督的方式，开展社会救助服务等，发挥着重要作用。同时，其法律援助资金主要是政府财政拨款，澳门《规范司法援助制度》规定所有居住或临时居住在澳门、住所或主管行政管理机关在澳门的法人及其他当事人（包括被监护的未成年人），如能证明没有足够经济能力支付案件全部或部分费用，均有权获得司法援助。司法援助的内容包括预付金及诉讼费用的全部或部分免除，以及指定律师代理等。①

在台湾地区，监护保障的主体是有关当局和社会福利机构，对象包括个人和家庭。在人身方面，主要是对不适宜在家庭教养的儿童、弃婴及生活无着儿童，予以适当安置；对权益受到侵害的少年儿童提供保护、安置等。在财产方面，对无谋生能力或在学的少年，无扶养义务人或扶养义务人无力维持其生活者，主管机关依社会救助有关法令给予生活扶助等。②同时，有关当局还鼓励私人或团体创办儿童福利机构，增强监护保障力量。但私人或团体开办儿童或少年福利机构，须向主管机关申请，凡对外接受捐助者须办理财团法人登记。③此外，对被监护人的援助包括诉讼或仲裁的代理或辩护，咨询，调解、和解，文书的撰拟以及其他事务上必要的服务和费用的扶助等。当地的主管机关是台湾"司法部门"，具体由依据台湾"法律扶助法"成立的财团法人法律援助基金会负责。④

四、我国港澳台地区未成年人监护体系特点辨析与经验借鉴

（一）推进现代未成年人监护理念和机制的本土化

从亲职观念来看，在我国等东方社会父母眼中"孩子是自我的一部分"的观念比较普遍，父母与子女之间存在"反哺"式的双向义务伦理关系；而西方文化中更强调人的个体和独立性，在亲子关系中体现便是"接力"关系。因此，在东方社会，儿童监护是父母亲职的重要部分，当父母亲职出现状况时，个体更倾向于接纳非正式制度的帮助。而在西方社会，不仅强调家庭对儿

---

① 参见陈苇主编：《当代中国内地与港、澳、台婚姻家庭法比较研究》，群众出版社2014年版，第606-608页。

② 参见台湾"儿童与少年福利法"，第30、36、39、48、72条。

③ 参见李霞：《监护制度比较研究》，山东大学出版社2004年版，第224页。

④ 参见陈苇主编：《当代中国内地与港、澳、台婚姻家庭法比较研究》，群众出版社2014年版，第624-625页。

童的监护责任，对国家亲职在儿童保护中的功能与做法也普遍能认同；当父母亲职或者家庭出现危机的时候，由政府对儿童及少年给予制度保护和正式介入效果较好。①

我国香港、澳门和台湾地区较内地更早地引入了西方未成年人监护理念，也经历了与本土文化的交融和结合的过程。由于历史沿袭、族群多元化及社会国际化等原因，香港社会对公权力介入监护的认知度、接纳度相对较高，并在实践过程中逐步形成了自有的未成年人监护体系，政府和社会介入和支持家庭监护更具深度和广度，而澳门和台湾地区部分民众对西方未成年人监护理念的接纳还有一定的差距。尤其是台湾地区，其地域相对广阔且经济社会发展区域差异较大，当地又以台湾地区原住民和内地各省迁入人群为主，延续和深受我国传统文化和习俗影响，更强调家庭乃至家族观念，在涉及公权力介入和干预监护方面，一些区域和部分人群接纳度不高，相关理念措施存在落地难的情形。

这种文化及理念的冲突与融合也反映在其监护制度上，主要涉及亲属及亲属会议在未成年人监护的角色和作用。在选择父母以外的监护人方面，香港地区不设置法定监护及其顺序，也未将亲属纳入父母以外监护人的优先备选，当出现父母死亡或无法监护的情形，法院可直接为未成年子女指定监护人，甚至存在法院指定监护人与父母中存世一方共同监护未成年人等特殊情形。而台湾地区则更倾向于未成年人的近亲属作为监护人。在亲属会议方面，我国澳门和台湾地区都保留了该项制度，参与对未成年人监护的相关事宜。澳门的亲属会议是由未成年人的血亲或姻亲中挑选两名成员及检察人员组成，并由检察院人员主持，且其中一名亲属担任监护监督人；而台湾的亲属会议则按照亲属等级近者为先、同等级亲属以共同居住为先、亲属均未与之共同居住时以年长者为先的原则，选取五人组成。与澳门方面政府主导、亲属参与的体例不同，台湾的亲属会议仅在被监护的未成年人血亲中选择，且严格遵循亲属等级、长者为先等原则，反映出其对"家文化"以及"宗族"理念的强化。综合来看，无论是倾向亲属作为父母外的未成年人的监护人，还是明确亲属会议介入监护，一定程度上都有利于未成年人延续亲情和成长，但过度强化家族、宗族在监护中支配性地位，一定程度上削弱了公权力乃至社会力量介入、支持和监督监护作用。

---

① 石燕：《我国台湾地区儿童及少年保护工作：实践、反思及启示》，载《南京工程学院学报（社会科学版）》2021年第2期，第27页。

当前，我国内地正在构建新时代中国特色未成年人监护体系，现有的经济社会发展水平、区域差异、多民族结构、传统文化都是我们必须关注和考量的重要因素。学习和借鉴西方社会未成年人监护理论与做法，不能跨过经济发展的历史阶段，不能脱落当前的国情民意，也不能有悖于我优秀的传统文化精神，更不能简单采取"拿来主义"甚至照抄照搬，须因地制宜、审慎推进。例如在我东部发达地区，尤其是一些国际化都市，在未成年人监护理念与机制的构建进程中，可以借鉴和汲取香港、澳门地区部分成熟经验和先进做法。而对于我国内地的中西部欠发达或少数民族地区，则须充分考虑当地经济发展、人文传统等因素，在政府社会介入与原生家庭监护之间找到适当的平衡点，稳妥推进未成年人监护工作。

（二）夯实原生家庭尤其是父母对未成年人的监护义务与作用

在香港、澳门和台湾地区，都明确规定父母作为未成年子女天然的监护人，监护职责不得随意放弃。只有在父母死亡或无能力履行监护职责的特定情形下，才能通过遗嘱指定监护、委托监护、法定监护或委任监护等方式，由父母以外的监护人履行监护职责。强化原生家庭尤其是父母作为未成年子女天然的监护义务，与我国内地未成年人监护制度设计的总体精神是一致的，体现了对未成年人合法权益的维护，更凸显了家庭在监护中的首要地位以及其在维护社会稳定与和谐进步方面的基础性作用。

其次，香港地区将非婚生未成年人的父亲排除在天然监护人之外，且生父通过法律程序确认也可能仅获得对非婚生子女部分而非全部职责，这从侧面强调了合法稳固的婚姻家庭对未成年子女健康成长的重要性，符合积极正向的价值理念。在实际工作中，这种做法也有利于避免婚外生育子女、被性侵生育子女的监护争议问题，对于破解我国内地诸如被性侵生育子女收养是否征求犯罪生父意见等工作瓶颈，具有现实的借鉴意义。

（三）强化对父母外其他监护人的审慎选择

为未成年人审慎选择除父母以外的其他合适监护人，是维护和践行最有利于未成年人原则的集中体现和真实写照。在澳门地区，父母去世后，若出现缺少遗嘱指定监护或委托监护，或遗嘱指定监护或委托监护不被法院认可的情形，当地法院在听取亲属会议意见的基础上，在未成年人的血亲或姻亲、在事实上曾经或正在照顾未成年人的人等范围内指定监护人，同时须征求已年满12周岁的未成年人的意见。在台湾地区，将与未成年人同居之祖父母、与未成年人同居之兄姐、不与未成年人同居之祖父母作为法定监护顺序，不能依法定顺序确定其监护人时，再从近亲长辈、主管机关、社会福利机构或其他适当之人中选定为监护人。澳门、台湾地区将近亲属、适龄未成年人意见、共同居住及其连带的情感依恋和生活习惯一并纳入了监护人选择的考量范畴，体现了其在制度设计方面于法有据、于情有理的有机统一，符合最有利于未成年人的原则。同时，澳门还将精神错乱、行为不检点、与未成年人或其父母曾有诉讼纠纷等9类人员排除监护人范畴，并以公职避嫌、监护能力等因素为考量，将政府高官、司法公职人员、正在担任他人的监护人、年过65岁、因病或因工作忙碌等8类人士列为可以拒绝担任监护人的情形，进而减少了事后发生监护缺失、不力或侵害被监护人合法权益的潜在风险，有利于维护未成年人合法权益。同时通过具体列举的方式明确了诸如职务、年龄等客观评判标准，减少了主观判断可能存在的认识偏差，方便主管机关和当事人依规执行。其中一些具体做法和标准，可以作为我们研究和完善内地未成年人监护工作机制的参考借鉴。

此外，在父母外的其他监护人的最终确立或变更上，香港、澳门和台湾地区都须走法律程序并经"法院"判定，这虽然统一了监护职责身份确认的资格及程序，体现了法律的权威性，减少了争议或质疑，但客观增加了司法机关工作压力，不排除待判案例积压等问题。对此，内地则采取双轨并行的确认方式，即赋予村（居）委会和民政部门在监护争议程序中对父母外的法定监护人予以指定的职责，同时将不服村（居）委会和民政部门指定或其他诸如撤销监护权等情形归入人民法院判决范畴，这种分权分流的做法，坚持了原则性与灵活性的统一，有利于最大程度发挥基层自治组织、民政部门、人民法院的作用，避免监护空缺、提高工作效率，更符合内地工作实际。

（四）推进监护职责的细化与监督

1. 细化委托监护职责

在台湾地区，父母对其未成年子女，因特定事项，于一定期限内，可以书面委托他人行使监护之职务。其特定事项，包括事实上的保护教育以及由此监护产生的居住所指定权或惩戒权等，但不涉及身份行为的同意权、被收养的代理权、财产行为的代理权、同意权等。委托职责可由父母随时终止。内地《未保法》也有类似委托照护的规定，但两者也有不同。一是委托主体不同，台湾地区委托主体仅限于父母，而内地包括了父母和其他监护人；二是委托缘由不同，台湾地区没有具体明确委托缘由，即意味着主客观原因均可，而内地强调父母或其他监护人外出务工等特殊原因；三是委托权责清晰度不同，台湾地区明确委托的是部分人身监护职责，而内地仅设定为临时照护但未明确具体委托职责的类型及连带的权利义务。此外，内地还对不得担任委托人的情形进行了规定。可见，内地的委托照护更多是从未成年人保护角度出发，强调家庭尤其是父母对孩子应尽的监护义务，而台湾则是从监护职责本身出发，赋予了父母更多的自主权。

随着社会经济的发展，除之前提及的外出务工等情况外，我国内地城市中生育二（三）胎、父母双职工作以及独自照顾未成年子女的现象日益普遍，在未来一段时间内，父母将部分监护职责委托他人的客观需求依然存在，且内地部分地区正在着手制定或已经出台委托照护的工作制度，台湾地区做法中涉及具体委托职责的区分和限定，有利于避免因权责不清或职责不细引发实际履职中的监护缺失或越位问题，值得研究借鉴。

2. 强化财产监护监督

香港、澳门和台湾地区均强调对未成年人财产的监护。澳门和台湾法律详细列举了禁止监护人作出有关财产处置的各类情形，台湾还规定了在监护开始、监护中、监护终止后须编制、提交和转交财产清册等相关事项，包括监护过程中原监护人离世时，原监护人继承人代为提供财产清册的义务等。明确财产处置禁止事项、加强事前事中事后监管的做法，是对监护职责的进一步细化，更是实质性的强化。内地《民法典》虽然规定了监护人应当保护被监护人的人身、财产及其他合法权益，除为被监护人的利益外，不得处理被监护人的财产，但这些规定还仅仅停留在法律条文上，较为原则和笼统，在明确禁止事项、完善报告审批机制、健全环节监管等工作机制方面，有待进一步明确和完善。

3. 探索设立与规范监护报酬

从现代监护法立法趋势看，除父母和近亲属外的其他监护人实施监护职责，有权取得一定的报酬，符合权利义务相一致的原则。香港、澳门和台湾地区均对监护报酬进行规定。尤其是澳门还设定了数额限制，除被监护人父母在遗嘱或协议文书明确报酬数额的情形外，监护报酬不得超过未成年人财产纯收益的十分之一。监护报酬的设立有利于激发监护人积极性、参与度，其数额限制也体现了监护作为一种社会责任的公益性，有利于保护被监护的未成年人的合法权益。

目前，我国内地《民法典》对监护报酬没有明文规定，但也未作出禁止性的要求。众所周知，父母与祖父母、外祖父母等近亲属履行对未成年人的监护具有天然的义务性，政府、公立机构及基层自治组织无偿承担监护职责则更多体现了国家兜底监护职责，而其他个人或社会组织并不属于法定强制履责的范畴，且大多通过遗嘱指定、委托等方式承担监护或临时照护职责，这就为设立监护报酬留下了研究论证的空间。从长远来看，设立监护报酬对发挥社会监护的补充功能具有积极意义。同时，我们也需清醒认识到，探索设立监护报酬仅仅是第一步，更重要的在于规范和正确引导。要充分考量国情民情，坚持社会主义核心价值观的正确导向，强调履行监护的社会责任与义务，对监护报酬数额予以合理设定。在宣传方面，不宜过度强调、提倡和渲染监护报酬，防止误读曲解，避免将监护报酬与市场化服务等同化进而偏离正确价值导向等问题。

（五）优化监护监督责任人的设置

监护监督是未成年人监护体系的一个重要环节，香港、澳门和台湾地区对监护监督都作出了明确规定。尤其是澳门还专门设立了监护监督人制度，明确监护监督人须从亲属会议中选任，负责监督监护人的工作、与监护人合作履行监护职务、监管未成年人的财产、在未成年人与监护人有利害冲突时代理未成年人法律事宜等。台湾地区虽然没有设立监护监督人，但其亲属会议在一定程度上也扮演了监护监督人的角色，包括对开具未成年人财产清册、财产状况报告、财产清算的监督等。澳门监护监督人从亲属会议成员中选取以及台湾选派亲属会议人员参与监护监督的做法，均凸显了亲属在监护监督中的作用，与两地社会强调"家文化"的理念息息相关。我国内地虽然没有明确设立监护监督人，但内地《民法典》、《未保法》对村（居）民委员会等基层自治组织和民政部门的职责进行了相应明确，在实际工作中也扮演了监护监督人的角色。

香港、澳门和台湾地区将监护监督职责单列，并落到具体人并明确其权责的方式，更利于发挥相关责任人工作主动性，强化责任心，压实监督责任，避免出现权责不清、相互推诿的问题，防止监护监督流于形式。

（六）借鉴和完善未成年人监护支持相关工作机制

香港、澳门和台湾地区立足自身实际形成了以政府为主导、社会力量积极参与的监护支持服务保障网络。例如，香港地区保护家庭及儿童服务课，通过分区设课、建立热线，实现了全区域、全时段服务覆盖；打造集服务咨询、数据查询、个案举报和受理为一体的服务平台，实现了工作服务的高度集成；构建了个案举报评估、实时危机介入、同步医疗救治与临时照顾、举报调查、个案工作、小组工作等全方位介入机制，实现了未成年人监护支持服务的无缝衔接；采用"多专业合作模式"，多专业个案会议讨论，会同警方开展联合调查，推行社区教育等方式，实现了社会多方资源的高效整合。又例如台湾借鉴境外强制报告制度做法，开通24小时报告热线，从强制报告到转介服务的设置，打造预防未成年人侵害从干预到支持的闭环。将传统的家庭寄养儿童拓展到须接受保护、感化的未成年人，并提供紧急保护的工作理念，以及以未成年人利益为导向的一整套接案、安置、结案的服务流程，反映了其在未成年人监护及保护方面的积极探索和实践，具有较强的可行性。

此外，推进未成年人监护工作也必须坚持事权统一的原则，避免政策及服务落地难、实效差等问题。以台湾地区为例，其儿童及少年保护工作在地区层面为"卫生福利主管部门"，到市县则为社会局或科，行政体例上分属于不同部门，条块壁垒在一定程度上为其业务委托与对接增加了难度，难以形成工作合力；且其行政管理部门聘用的主责社工并不执行个案管理工作，一些具体工作，如家庭维护计划或家庭重整计划，完全委托民间组织负责，直接参与和监督力度不够，客观影响了工作实效和服务水平。这些问题值得我们重视并引以为鉴。

（七）积极推进社会专业力量参与未成年人监护

在推进包括未成年人监护在内的社会福利体系的历程中，香港、澳门和台湾地区都强调社会组织和民间力量的介入和参与，并通过政府购买服务、公建民营等多种方式，支持社会组织参与，发挥其在专业性、地域性的独特优势。

从发展历程看，香港、澳门和台湾地区的社会组织和民间力量参与未成年人监护在内的社会福利均经历了从最早单纯提供实物救济，发展到当前以政府购买服务及社会慈善捐赠为支撑，面向监护儿童争议、虐待等权益侵害等问题提供个案介入和后续专业化服务的演变过程，并在此历程中逐步发展壮大，形成了诸多例如防止虐待儿童会、性侵犯综合辅导服务中心等专注于儿童保护特定领域的专门组织，成为当地未成年人监护及支持中不可或缺的力量。

从服务规模和水平来看，香港、澳门和台湾地区当地政府主要依托社会组织承接未成年人监护和保护支持具体服务，尤其是香港、澳门社会组织几乎包揽了当地服务的绝大部分，工作触角延伸至城市的各个社区，构建了家庭、社区乃至社会保障和支持未成年人监护的服务网络。同时，澳门在社会工作教育方面，依赖香港方面的支持，在一些具体社会实务上，澳门地区政府也倾向香港社会组织参与，提供直接落地服务，实现资源共享。

从社会工作发展来看，香港、澳门和台湾地区均注重社会工作专业化的培养，并形成了较为成熟的社工培养考核评估机制。其中，香港地区社会工作较澳门和台湾发展更早、水平更高，截至 2022 年 12 月香港地区总人口约为 747 万，同期在其社会工作注册局注册的社工人数就高达 27436 名[1]，几乎每 272 人中就有 1 名专业社会工作者，并就职于在政府机构及 3000 多家社会组织。严格来说，香港社工已经从一项职业技能发展为一门职业，政府部门有社工职位，代表政府机关履行职责，具有一般社工所不具备的官方权威性，而社会组织社工的"中立"身份，在处理许多个案问题时又具备了灵活性，容易被当事人接纳和配合。

内地未成年人监护体系的构建离不开社会力量的参与和支持，需要专业化社会工作理论和服务的广泛介入。加大政府购买服务力度，明晰委托权责分工，加快社会工作培育，以及设置政府社工等做法，值得学习借鉴。我国内地幅员辽阔、区域发展不平衡、民族及文化差异的存在，应当鼓励不同的地方"因地制宜"引入社会专业力量支持未成年人监护，实现"百花齐放"。

---

① 香港注册社工统计数字 https：//www.swrb.org.hk/tc/statistic_ rsw.asp，最后访问日期 2022 年 12 月 2 日。

第七章　完善未成年人监护体系对策建议

王云梅　孙怀凤　李　欣　张　静　王宏丽[①]

本研究在第一、二、三、四章，通过对形势与趋势的分析和预判、问题与特点的查找和归纳，对历史沿革的梳理、概念内涵的厘清，对多元主体之间关系的解析、功能职责的定位，对工作机制构建与运行情况的剖解和深探，明确了取舍未成年人监护有关概念与范畴的态度和立场，理顺了家庭、社会、国家在未成年人监护方面的责任边界和衔接程序，摸清了未成年人监护工作的措施安排和实施现状，找准了完善未成年人监护体系的堵点和困难。本章将进一步尝试对我国未成年人监护体系的深层特征进行挖掘和提炼，同时在对我国国情和本研究第五、六章所介绍的其他国家或地区的相关经验进行适当结合的前提下，提出完善未成年人监护体系的目标、原则与路径，以及具体对策建议。

一、未成年人监护体系的深层特征

（一）重视家庭监护的价值取向

我国未成年人监护体系的建设从一开始就是以尊重家庭自治为前提、以家庭监护为逻辑起点的，这符合人类社会的基本规律，也契合中国社会重视子嗣等文化传统和长久以来的现实国情。正因如此，以"家庭监护为基础、社会

---

① 王云梅，中国儿童福利和收养中心政策理论研究室副主任，研究方向：儿童福利与儿童保护政策和制度、儿童收养制度、儿童发展、循证实践，电子邮箱地址：wym@ cccwa.cn；孙怀凤，中国儿童福利和收养中心政策理论研究室职员，研究方向：未成年人保护；李欣，中国儿童福利和收养中心综合部职员，研究方向：未成年人保护；张静，中国儿童福利和收养中心儿童发展部职员，研究方向：未成年人保护；王宏丽，中国儿童福利和收养中心综合部主任，研究方向：未成年人保护。

监护为补充、国家监护为兜底"的未成年人监护制度，着重强调家庭在未成年人监护方面要起到基础性作用、承担法定职责。

1. 家庭监护对于未成年人具有重要的作用和价值

因为监护职责具有广泛性，包括为未成年人提供生活、健康、安全等方面的保障，以及对未成年人在生理、心理、情感、认知等方面需求的关注和回应，所以家庭监护状况的好坏、父母或者其他监护人监护能力的强弱，对未成年人能否健康成长和全面发展具有直接和根源性的影响。其中的作用机制可以从家庭功能理论和依恋理论得以探知。前者从家庭内部功能的角度分析家庭环境对儿童的影响，指出家庭功能实现的顺畅程度将对家庭成员，尤其是儿童的身心发展和社会化过程产生重大作用。后者从亲子间情感依恋的角度分析父母对儿童的影响，指出儿童在生命早期与其照顾者（一般为母亲）建立感情联结和纽带的情况，将决定其适应生存、形成健康心理和未来实现社会化的能力和结果。[①] 稳定的监护状况、良好的监护能力，代表着完整有效的家庭功能，有利于未成年人同其固定照顾者建立安全的依恋连接、为其身心成长提供"安全基地"，是未成年人健康发展的必要条件。

2. 家庭监护是成熟的未成年人监护法定形态

未成年人作为无民事行为能力人或者限制民事行为能力人，需要其父母或者其他监护人积极履行法定代理、人身保护、财产管理、注意义务等当然责任，全力做好未成年人的权益守护者、诉求主张者、利益代言者和侵权责任承担者的多重角色，以填补自身民事行为能力的不足。《民法典》为此设置了完备的机制，使家庭监护成为成熟的未成年人监护法定形态。

（1）监护人确定机制。按照亲疏远近的亲等秩序，确立法定监护顺位。父母基于血缘及家庭关系自然成为未成年子女的监护人，具有天然的正当性。父母之外，其他有监护资格的自然人相较于社会组织、民政部门在监护顺位上更为靠前，由私及公的排序具有法定性。

（2）法定监护弹性缓和机制。以遗嘱指定监护人、协议确定监护人的方式缓和法定顺位的刻板与僵硬，实现由顺序在后的人担任监护人，或由不同顺位的人共同担任监护人的结果。

---

① 吴培材：《父母外出务工对农村留守儿童身心健康的影响研究》，载《南方经济》2020年第1期，第95~111页。

（3）争议解决机制。以指定监护人的方式，为监护人确定有争议的情况提供解决方案，由居民委员会、村民委员会、民政部门或者人民法院对监护人进行指定，其中，人民法院的指定具有终局效力。

（二）体现社会法融入公法特质的倾向

以"家庭监护为基础、社会监护为补充、国家监护为兜底"的未成年人监护制度，在本质上是社会治理对家庭的渗透和对未成年人监护需求的回应，包含强化家庭尤其是父母责任感的价值指引和推进社会、政府有效介入的规范保障。

1. 国家、社会对未成年人监护的介入具有必然性

家庭结构的深刻嬗变、儿童权利理念的积年渗透和家庭国家关系的全新重构，以水到渠成的态势，将国家和社会推入家庭内部事务之中。未成年人监护私领域比以往任何时候都更需要外部的指导、支持、帮助和监督，以实现父母与子女之间互动关系的良性调整和未成年人成长发展得更优结局。

（1）家庭对客观归因的监护问题应对策略不足。伴随城市化进程加速，人口流动及家庭变迁加剧，家庭原子化、离散化趋势凸显，原有的熟人支持体系和家庭内部互助结构日渐解体。在此背景下，流动儿童、农村留守儿童和事实无人抚养儿童大量产生。尽管父母外出务工所获得的经济收益和社会收益有利于儿童的身心健康发展，但是这一"收入效应"远远无法对冲监护无力、监护缺失所带来的消极影响。[1] 而对于这个问题，家庭自身能够把握的修复、支持和改善手段极其有限，需要国家、社会两大外部主体给予帮扶和干预。

（2）家庭对主观归因的监护问题不能自行消解。尽管我国参与了1989年联合国《儿童权利公约》起草和制定的全过程，并很快签署批准了该公约，但社会对儿童权利观念认同和涵养的土壤还不够深厚，家庭将未成年人视作附属品的观念并未尽除，家长制的作风、"棒打出孝子"的育儿策略还在为不少家庭所信奉，许多父母也还缺乏恰当监护未成年人的觉悟和知识，未成年人各项权利仍时常遭到不同程度的漠视甚至损害，监护不当、监护侵害等情况不见减少，而且越发引起政府和社会有识之士的关注。而对于监护问题，家庭要么

---

① 吴培材：《父母外出务工对农村留守儿童身心健康的影响研究》，载《南方经济》2020年第1期，第95-111页。

意识不到，要么无力解决或者会刻意隐瞒，需要国家和社会及时从外部发现并深刻介入才有可能得到消解。

2. 法律为国家公权力进入未成年人监护领域提供依据

自《民法通则》颁布并正式确立未成年人监护法律制度以来，《反家庭暴力法》《民法典》《未成年人保护法》《家庭教育促进法》等社会法以及相关司法解释陆续出台，并适度融入公法特质，为国家公权力介入未成年人监护提供了有力支撑。

（1）法律明确国家在未成年人监护方面的责任。《未成年人保护法》第七条规定，国家采取措施指导、支持、帮助和监督未成年人的父母或者其他监护人履行监护职责。《家庭教育促进法》第四条规定，国家和社会为家庭教育提供指导、支持和服务。如此，国家作为参与未成年人监护的当然主体之一，其角色经由法律确立下来，并将以提高家庭监护能力和质量为目标导向，依法为家庭、父母或者其他监护人提供指导、支持、帮助和服务，同时对其进行监督，全面保障未成年人健康成长。

（2）法律赋予国家机关未成年人监护有关职责。《民法典》在临时生活照料、临时监护、监护人资格撤销与恢复等方面作出制度安排，《未成年人保护法》通过具体明确父母或者其他监护人履行监护职责的积极行为和禁止行为、设置委托照护和强制报告等制度，对《民法典》进行立法完善，赋予人民法院指定监护人和撤销与恢复监护人资格等职责，赋予民政部门对委托照护进行监督和兜底监护等职责，赋予公安机关、人民检察院、人民法院对不依法履行监护职责或者侵犯未成年人合法权益的父母或者其他监护人进行训诫或责令其接受家庭教育指导等职责，在家庭监护出现问题时，突破家庭壁垒，由国家公权力介入，对问题进行强力的、及时的补救，并在必要时采取替代措施。

3. 社会主体成为完善未成年人监护体系的活跃要素

除了私人领域，家庭监护未成年人的相关行为也会发生在公共领域，未成年人权益的实现也更多嵌套于学校、社区、娱乐休闲活动场所等社会公共空间。充分发挥社会主体的作用已经成为激活社会发现机制，即强制报告机制和监护干预的社会承载机制、开展监护监督和监护支持工作、保障未成年人监护质量的必然选择。

（1）村（居）民委员会为公权力进入家庭内部建立通路。居民委员会、村民委员会作为基层群众自治组织,《民法典》对其在法定监护中的作用多有着墨,其部分职责理论上与民政部门相当。尽管居民委员会、村民委员会受限于人员组成少、经济实力小和法律地位弱等现实情况,在直接承担监护未成年人的职责方面存在障碍,但因其源自民间,在社会中具有广覆盖、深嵌入的优势,最为贴近家庭、熟悉情况,能够在确定监护人、解决监护争议方面更切实际地行使同意权和决定权。其他涉及未成年人监护的法律法规和政策文件同样看重这一优势,纷纷在发现报告、应急处置、评估帮扶、监护干预等工作中规定居民委员会、村民委员会的职责,始终将其作为加强和改进流浪儿童救助保护、做好家庭暴力受害人庇护救助、提高监护侵害行为发现和处置成效、加强困境儿童保障、加强农村留守儿童关爱保护、加强事实无人抚养儿童保障、促进家庭教育指导等诸多工作任务的一线执行力量和服务递送终端。

(2)来自社会的资源和力量为家庭监护输送支持和服务。儿童服务类法律服务机构、社会工作服务机构、公益慈善组织和志愿服务组织等社会资源和力量,作为国家公权力或社会进入未成年人监护领域的重要载体,作用日益凸显,通过建立与行政、司法体系相适应的服务支持系统,推动实现了未成年人监护领域社会调节同政府治理、居民自治的有序衔接和良性互动。一是通过政府购买服务等方式,开展监护支持、监护监督、监护能力评估、家庭教育指导等工作,同时不断促进相关工作的规范化、标准化建设。二是在健全农村留守儿童关爱服务机制、优化事实无人抚养儿童评估帮扶机制、执行受监护侵害未成年人临时安置和人身安全保护裁定等方面,充分利用自身专业优势、资源优势,确保评估帮扶、应急处置、监护指导等干预工作具有针对性,心理疏导、行为矫治、精神慰藉等关爱服务具有适宜性。

(三)选择以实践为引领的发展范式

我国在未成年人监护干预和处置的司法实践和地方探索方面,主要以提供细节支撑的方式对法律进行落细补全,也由此挖掘出更多的着力点和发力点,法律的纵向贯彻和经验的横向推广交错进行,促成了实践探索、经验总结同法治建设的正向互动和共同推进。

1. 固化经验成果,吸纳上升为法律规定

2019年5月31日,最高法发布保护未成年人权益十大优秀案例,其中包括

"胡某诉张某变更抚养关系案——全国第一道未成年人'人身安全保护令'"①及"林某虐待子女被撤销监护人资格案——全国首例撤销监护人资格判决"②。在胡某诉张某变更抚养关系一案中，经办法院发出了全国第一道适用在未成年人身上的"人身安全保护令"，为加强对未成年人的保护做出有益探索，开人身安全保护令适用之先河，也为推动"人身安全保护令"写入《反家庭暴力法》积累了实践素材。在林某虐待子女被撤销监护人资格一案中，经办法院主动探索由村民委员会作为主体申请撤销监护人资格的监护权转移工作，系撤销监护人资格之先例，直接推动了两高两部《处理监护侵害的意见》的颁布，为该意见中关于有权申请撤销监护人资格的主体及撤销后的安置等规定的确立，贡献了实践依据。

2. 开展有益尝试，解决法律要素不足问题

2019年，上海市普陀区人民法院首创"儿童权益代表人"制度，由中立的第三方作为儿童权益代表人直接参与诉讼，代表儿童表达其关于身份、财产权益的诉求，制约父母的不当行为，保障儿童权益的有效实现，为离婚案件儿童权益主张程序辅助人制度的建立提供了"上海智慧"。2021年北京市人民检察院第一分院探索"监护监督人"制度③，以委托监护代替变更监护权（仅将监护职责转

---

①　在该案中，父亲张某在离异后对女儿张某某长期存在严重家暴行为，为防止危害后果进一步扩大，经法官释明后，母亲胡某向法院提出保护张某某人身安全的申请。法院经审理认为，被告张某与其女张某某共同生活期间曾多次殴打、威胁张某某，限制张某某人身自由的情况属实，原告的申请符合法律规定。依法裁定：一、禁止张某威胁、殴打张某某；二、禁止张某限制张某某的人身自由。裁定作出后，法院向市妇联、区派出所、被告所在村委会下达了协助执行通知书，委托上述单位监督被告履行裁定书确定的义务。后以调解方式结案，张某某自2011年4月28日起由胡某抚养。

②　在该案中，被申请人林某于2004年生育小龙，因小龙的生父一直身份不明，故小龙自出生后一直随林某共同生活。林某对小龙疏于管教，经常让小龙挨饿，而且多次殴打小龙，致使小龙后背满是伤疤。2014年5月29日凌晨，林某再次用菜刀划伤小龙的后背、双臂。同年6月13日，该村村民委员会以被申请人林某长期对小龙的虐待行为已严重影响小龙的身心健康为由，向法院提出请求依法撤销林某对小龙监护人资格的申请。法院经审理认为，被申请人林某作为小龙的监护人，采取打骂等手段对小龙长期虐待，经有关单位教育后仍拒不悔改，继续对小龙实施虐待，其行为已经严重损害小龙的身心健康，故不宜再担任小龙的监护人。依法撤销林某对小龙的监护人资格，并依法指定该村民委员会担任小龙的监护人。

③　该案是《民法典》实施、新修订的《未成年人保护法》颁布后，北京市未成年人检察部门办理的首例委托监护暨监护监督案件。兰兰（化名）为北京市某中学学生，2020年底，兰兰母亲涉嫌将兰兰父亲伤害致死，被北京市检察院一分院批准逮捕。父亲死亡、母亲被羁押，未成年的兰兰临时由表哥、表嫂照顾。北京市检察院一分院专司未成年人检察工作的第七检察部为了解决兰兰监护缺失的问题，结合《民法典》中的委托监护制度，立足检察机关法律监督职能，探索出"监护监督人"制度。在充分征求其表哥、母亲、本人意见的基础上，确定将监护职责转移给受托人兰兰表哥行使。检察官结合本案案情草拟了《监护委托书》，就委托监护的主体、事项、期限等进行明确。为让受托人切实感受到监护职责的重要性，一分院举行委托监护仪式。在委托监护仪式上，检察官对受托人签字过程进行监督。委托监护仪式后，又组织召开监护监督座谈会，凝聚各方力量共同做好委托监护后的监护履职监督工作。

移给受托人兰兰表哥行使，监护人依然是兰兰母亲），由检察官担任监护监督人，监督委托监护过程合法性，并搭建监督机制平台，强化全过程跟进，为解决涉案未成年人的监护缺失问题、创新委托监护实现方式提供了"北京经验"。

二、完善未成年人监护体系的目标、原则和路径

（一）工作目标

《民法总则》2017 年公布施行，在此基础上，2020 年，经对个别条款按照法典编纂体系化要求进行文字修改后，《民法典》总则编形成，其中保留了为未成年人设立的以"家庭监护为主体、社会监护为补充、国家监护为兜底"的多层次保障结构。此后，《未成年人保护法》修订，与《民法典》形成呼应，在吸纳多年司法实践经验的前提下，进一步明确了以"家庭监护为基础、社会监护为补充、国家监护为兜底"的未成年人监护制度架构。一些学者将此认定为对我国未成年人监护体系建设目标的总结，似有扩大解释之嫌。这一说法本质上仅是从主体实现职责的角度进行了角色划分，虽然确实能够高度凝练地概括出未成年人监护制度的设计思路，但是一来不足以呈现整个未成年人监护体系的目标追求，二来缺少未成年人的视角，故而建议将完善未成年人监护体系的工作目标确定为：建成法律制度健全、流程机制明确、措施保障到位，家庭尽职尽责、社会参与广泛、政府介入恰当，能够充分满足未成年人监护需求、全面促进未成年人成长发展的，具有中国特色的未成年人监护体系。

（二）指导原则

1. 最高原则

依据联合国《儿童权利宣言》"儿童最大利益"原则，《民法典》总则编在第三十一条[①]、三十五条[②]、三十六条[③]反复重申最有利于被监护人原则，

[①] 《民法典》第三十一条规定："对监护人的确定有争议的，由被监护人住所地的居民委员会、村民委员会或者民政部门指定监护人，有关当事人对指定不服的，可以向人民法院申请指定监护人；有关当事人也可以直接向人民法院申请指定监护人。居民委员会、村民委员会、民政部门或者人民法院应当尊重被监护人的真实意愿，按照最有利于被监护人的原则在依法具有监护资格的人中指定监护人。"

[②] 《民法典》第三十五条规定："监护人应当按照最有利于被监护人的原则履行监护职责。监护人除为维护被监护人利益外，不得处分被监护人的财产。"

[③] 《民法典》第三十六条规定："监护人有下列情形之一的，人民法院根据有关个人或者组织的申请，撤销其监护人资格，安排必要的临时监护措施，并按照最有利于被监护人的原则依法指定监护人：……"

婚姻家庭编在第一千零四十四条①、第一千零八十四条②分别确立最有利于被收养人、最有利于未成年子女原则，对处在监护、收养、父母离婚等关系或情形中的未成年人加以保护；新修订的《未成年人保护法》则在第四条直接确立最有利于未成年人原则，同时明确提出，处理涉及未成年人事项，应当给予未成年人特殊、优先保护，尊重未成年人人格尊严，保护未成年人隐私权和个人信息，适应未成年人身心健康发展的规律和特点，听取未成年人的意见，保护与教育相结合。毋庸置疑，无论称谓为何，被监护人、被收养人、未成年子女或者未成年人，最有利于未成年人必然是未成年人保护的基础性、统领性原则，更是未成年人监护的最高原则。而完善未成年人监护体系，在现有基础上填补欠缺、解决难题、理顺关系、强化重点、扩大优势，该原则也必然是最高指导原则，除了应该充分应用于未成年人监护法律制度、流程机制等建设，还应该更加直接地应用于实践，在司法和行政过程中指导探索创新，以便合理且恰当地将法律原则性条款具有模糊性的缺点转变为在促进解决难点堵点问题方面具有灵活性的优点。

2. 一般原则

（1）比例原则。

国家对未成年人监护的介入，必须遵循适当性、必要性和均衡性三项标准，尊重和保护父母对其子女的相关权利，尽力协助维持和巩固原生家庭作为未成年人监护最优场域的地位，必须基于合理且克制的态度和未成年人利益受损的真实情况采取干预措施，在父母、子女和国家各方利益之间找到平衡点，此所谓"比例原则"。原本作为行政法的基本原则之一，这一原则被应用于未成年人监护领域，是许多国家，尤其是发达国家经过长期实践总结后采取的策略，并且得到历经数十年的大型纵向队列研究等各类研究的有力证实。要完善我国未成年人监护体系，加强国家包括社会对未成年人监护的介入已呈必然之势，为了明智避开试错过程，需要吸纳别国经验，趁早嵌入比例原则。非如

---

① 《民法典》第一千零四十四条规定："收养应当遵循最有利于被收养人的原则，保障被收养人和收养人的合法权益。"

② 《民法典》第一千零八十四条规定："父母与子女间的关系，不因父母离婚而消除。离婚后，子女无论由父或者母直接抚养，仍是父母双方的子女。离婚后，父母对于子女仍有抚养、教育、保护的权利和义务。离婚后，不满两周岁的子女，以由母亲直接抚养为原则。已满两周岁的子女，父母双方对抚养问题协议不成的，由人民法院根据双方的具体情况，按照最有利于未成年子女的原则判决。子女已满八周岁的，应当尊重其真实意愿。"

此，便可能拖延完善未成年人监护体系工作目标的达成，对未成年人的成长和发展造成不利影响，还可能对国家资源造成不必要的消耗。

（2）效率原则。

完善未成年人监护体系必须讲求用尽可能低的成本投入、在尽可能短的时间内取得尽可能大的效益，此所谓"效率原则"。一方面，尽管近年来我国人口出生率呈现下降趋势，但鉴于人口基数大，未成年人群体依旧庞大，要做好对 2.98 亿未成年人的监护工作，尤其是在国家介入力度将不断加大的趋势下，需要调动和投入巨量的资源并不断进行动态调整，在最大限度做到尽力而为、形成优先支持未成年人的财政机制的同时，又要理性做到量力而行，避免落入"福利陷阱"，因与经济社会发展状况不相适应而造成政府的财政负担和对社会的负向激励。另一方面，未成年人的成长不会等人，一些关键时期需要着重把握，一旦错过难以追偿，而且未成年人的身心尚在发育、仍不成熟，许多因素未必能对成年人产生作用，但在未成年人身上却可能即刻造成危害，甚至一旦发生便难以弥补。可以说，未成年人监护天然地带有时间的刻度、具有明显的紧迫性。由此，需要充分认识并考虑资源配备情况，同时将反映未成年人成长发展规律的理论实践研究成果作为基本依据，科学设置未成年人监护体系内相关要素和环节，去除冗余内容，形成精炼、高效的体系运转机制。非如此，便不能快速、精准地匹配和利用资源，不能及时、准确地赶上未成年人成长的时间节律，不能在最大范围内使未成年人监护需求得到合理、公平、均等、专业，乃至个性化的满足。

（3）整体原则。

要做到对未成年人监护体系的完善，理念、法律政策制度、流程机制、基本保障等子系统都必须分别得到完善，不容其中任何一个存在明显短板，同时各个子系统还必须能够相互咬合、相互支撑、相互促进，共同形成方向一致、动作统一、运转高效的有机体，此所谓"整体原则"。仅以人员保障举例，无论理念多么先进、法律政策制度和流程机制多么无懈可击，如果没有足够的、对未成年人保护工作充满热情的执行人员去实施、践行，一切都将成为镜花水月，无法落地生根，未成年人尤其是受到监护侵害的未成年人将无从获益。简言之，完善未成年人监护体系，需要杜绝木桶效应，讲求整体推进。非如此，未成年人监护体系将难以协调发挥作用并进而产生不竭的内部动力、卓越的运转效力，在通过保障、救助、支持、服务等途径强化未成年人监护、促进未成年人取得更好发展结果方面，容易造成迟滞、乏力、无效的情况，甚至危害。

（三）路径选择

在对未成年人监护体系进行具体完善的过程中，应以未成年人保护为宗旨和要义，以法律规章为依据和标尺，以制度机制为支架和驱动，以经济发展和民生福利为后盾和保障，以社会治理和服务递送为抓手和途径，把父母作为主力、家庭作为首要阵地，由政府发挥枢纽和统筹作用并在必要时补缺补位，同时充分发挥社会的辅助支持作用，对未成年人基本人身权利、财产权利以及其他合法权益全面加以保障。通过综合保护未成年人、父母或者其他监护人、未成年人监护工作参与人员的权益，实现对未成年人更高质量的监护。通过建立健全相关制度机制，使父母或者其他监护人法定监护职责各项内容悉数得以落实。通过强化福利保障、社会救助和公共服务，帮助父母或者其他监护人更好监护未成年人。通过鼓励社会参与、压实相关政府部门和职业人员职责、健全流程机制，落实监护监督，加强对父母或者其他监护人侵害未成年人、不履行或者不当履行监护职责等情况和问题的主动发现和及时纠正。通过适度推动公权力更多介入未成年人监护，以司法和行政主体不缺位也不越位为前提，执行监护干预和监护替代，提升未成年人监护整体水平。通过创新开展探索实践、结合域外有益经验，促进解决未成年人监护工作中的难点堵点问题。通过加强父母或者其他监护人同社会、政府之间，政府部门之间，政府部门同司法机关之间，以及政府部门、司法机关同社会力量之间的相互协作，促进未成年人监护各项工作取得实效。通过在人、财、物、智等方面加强保障和支持，切实补齐未成年人监护体系短板，推动未成年人监护各项实践不断取得实质性进展。

三、对策建议

（一）夯实家庭监护职责

家庭是未成年人最佳的成长环境。这是国际社会公认的结论，也得到了理论实践研究的有力支持。在某种意义上，家庭可以大致分为原生家庭（包括单亲家庭）、重组家庭、收养家庭（包括三代以内旁辈同系血亲收养家庭）、亲属家庭①等几种类型。若把监护未成年人利好程度作为排序标准，通常情况

---

① 亲属家庭：由亲属担任未成年人监护人的家庭。

下，原生家庭必居首位，接下来是重组家庭或者收养家庭，最后是亲属家庭。基于此，要完善未成年人监护体系，实现充分满足未成年人监护需求、全面促进未成年人成长发展的工作目标，就必须尽量确保由原生家庭对未成年人实施监护，在其力量不足时给予支持和帮助、方法不当时进行纠正和指导，仅在其缺失或严重侵害未成年人合法权益时安排补位或替换，尽最大可能确保未成年人得到家庭的有效监护。

1. 强化家庭监护职责意识

（1）广泛开展宣传教育引导。民政、卫生健康等部门和妇联、关工委等群团组织，应灵活运用结婚或离婚登记提醒教育、孕期培训、学校家长会、家长学校等方式或平台，结合各类普法宣传和政策宣讲活动，面向广大未成年人父母或者其他监护人开展宣传教育引导。一方面，强化家庭，特别是父母监护未成年人的职责意识，帮助其充分认识良好的监护对未成年人的特殊意义，促进其接纳和认同未成年人具有独立人格、人权的理念，指导其优化监护未成年人的方式方法，使家庭对未成年人的监护不致缺位，质量还能得到提高；另一方面，督促父母或者其他监护人认识并深化未成年人监护系家庭、社会和国家共同职责的理念，在需要时能够有意识、有章法地向政府、社会寻求监护支持与协助，自觉做到对国家的适度介入既不决绝抗拒又不过度依赖，从符合未成年人最大利益的角度出发，使未成年人得到更高质量的监护，从而实现更优的未成年人监护结果。

（2）恰当辅以规制惩戒警示。民政部门应加强对未成年人居所地的居民委员会、村民委员会，教育部门应加强对中小学校、幼儿园，妇联组织应加强对基层妇女联合会的监督、指导和问责，督促以上主体对未依法履行监护职责或者侵犯未成年人合法权益的父母或者其他监护人，以及拒绝、怠于履行家庭教育责任或者非法阻碍其他监护人实施家庭教育的父母或者其他监护人，切实予以批评教育、劝诫制止。公安机关、人民法院、人民检察院应对未成年人监护问题，包括未成年人实施严重不良行为的情况给予更多关注和更高重视，根据问题严重程度，对父母或者其他监护人进行训诫，督促其履行监护职责或者责令其接受家庭教育指导，必要时发出人身安全保护令、督促监护令、禁止令，甚至撤销其监护人资格。公安机关、人民法院、人民检察院还应加大对存在遗弃、虐待或忽视未成年人的情形和涉及未成年人监护纠纷等案件的受理和办理力度，适度加重对不履行法定监护职责、侵犯未成年人合法权益相关行为的惩罚力度，加强对相关典型案（事）例的发布力度，以便对履行监护职责不到位或者方式存在重大问题的父母或者其他监护人形成警示。

（3）稳妥创新引领方式。由最高法、最高检探索推动司法工作创新实践，对与监护未成年人的意愿有关的问题，包括法律尚未作出明确规定的问题，在法无禁止且不违背公序良俗的前提下，寻求人性化解决方案。比如，在遇到未成年人监护人申请主张监护报酬或者补偿请求权等法律未作规定之情形时，将是否最有利于未成年人作为决策的依据和标准，通过适度支持未成年人监护人实现合理诉求，增强其履行监护职责的主观能动性，避免其消极履行监护职责甚至侵害未成年人的行为发生。

2. 稳妥落实委托照护

（1）加强委托照护管理。由民政部牵头出台《未成年人委托照护管理办法》，加强对委托照护未成年人相关行为的管理，使相关工作有章可循，加强部门间的协同配合，特别是信息共享，在父母或者其他监护人确定被委托人时，对其进行必要的协助或干预，避免其因信息不对称，误将未成年子女交予曾实施性侵害、虐待、遗弃、拐卖、暴力伤害等违法犯罪行为，有吸毒、酗酒、赌博等恶习，曾拒不履行或者长期怠于履行监护、照护职责，或者存在其他不适宜担任被委托人情形的人员进行照护的情况发生。

（2）避免委托照护与监护脱节。充分发挥各级未成年人保护工作协调机制作用，促进留守儿童关爱保护和困境儿童保障相关政策措施精细化落实，依靠未成年人救助保护机构、未成年人保护工作站、儿童督导员、儿童主任，以及社会组织等力量，加强对未成年人照护人的指导、支持、帮助和监督，同时加大对未成年人父母或者其他监护人的指导和监督力度，使其不至于因为将照护职责委托他人而淡化履行法定监护职责的意识，特别是关注未成年人生理、心理状况和情感需求，教育和引导未成年人遵纪守法、勤俭节约、养成良好思想品德和行为习惯，预防和制止未成年人不良行为和违法犯罪行为并进行合理管教等方面的监护职责，促进未成年人照护人同其父母或者其他监护人形成合力，确保未成年人健康茁壮成长。

（3）拓宽委托照护功能范围。探索拓展对父母或者其他监护人委托他人代为照护未成年人正当理由的解释，将重病重残的未成年人、需高密度接受康复训练的未成年人纳入其中，从最有利于未成年人原则出发，允许在康复、护理等方面不能满足未成年人特殊长期需求的父母或者其他监护人，将未成年人委托给具有法人资格的机构，比如儿童福利机构，进行中长期照护，以弥补家庭在康复设备和技能方面的不足，为有需求的未成年人提供更好的康复训练条件，促进其身心功能加速恢复，同时也为父母或者其他监护人更好监护家庭中其他未成年人提供可能。

3. 建立健全变更监护人措施制度

（1）优化监护能力评判标准。对现实中原生家庭以及其他监护人丧失监护意愿、能力等情况，应确立更为合理的、能够综合主客观因素的监护能力评判标准，以便为变更监护人提供充分的事实依据，帮助未成年人脱离严重不利于其生存生活的家庭环境，进入对其更加有利的、新的家庭环境，尽量确保未成年人"在家庭环境里，在幸福、亲爱和谅解的气氛中成长"①。尤其应将监护意愿作为重点内容进行考察，对主观不愿意的，基于思想是行动的先导这一常识，从客观不能的预期结果和易对未成年人造成忽视或伤害的风险出发，将其视为监护能力重要负向评判标准之一。对父母丧失监护能力、主动申请变更监护人，而其他法定监护人均无监护意愿意的，不强迫其他法定监护人担任监护人，由民政部门担任监护人，优先通过委托亲属抚养、家庭寄养、类家庭养育等方式，条件具备的，也可依法安排送养，尽量在家庭的环境中实现对未成年人的照护和监护。对客观上具备一定监护能力的其他监护人主动申请变更监护人的，经教育指导甚至劝诫训诫仍坚持辞任监护人的，应当同意变更监护人，同时对具有监护意愿的其他法定监护人进行指定，确保家庭监护职责得到接续、有效的落实。

（2）建立变更监护人行政制度。根据《民法典》第二十七条②、第三十一条③等规定，对未成年人父母已经死亡或者没有监护能力、由其他愿意担任监护人的个人担任监护人，对监护人的确定有争议、需指定监护人等情形，村

---

① 参见《联合国儿童权利公约》序言。

② 《民法典》第二十七条规定："父母是未成年子女的监护人。未成年人的父母已经死亡或者没有监护能力的，由下列有监护能力的人按顺序担任监护人：（一）祖父母、外祖父母；（二）兄、姐；（三）其他愿意担任监护人的个人或者组织，但是须经未成年人住所地的居民委员会、村民委员会或者民政部门同意。"

③ 《民法典》第三十一条规定："对监护人的确定有争议的，由被监护人住所地的居民委员会、村民委员会或者民政部门指定监护人，有关当事人对指定不服的，可以向人民法院申请指定监护人；有关当事人也可以直接向人民法院申请指定监护人。居民委员会、村民委员会、民政部门或者人民法院应当尊重被监护人的真实意愿，按照最有利于被监护人的原则在依法具有监护资格的人中指定监护人。"

（居）民委员会和民政部门负有法定相关职责。而相较于村（居）民委员会，民政部门拥有更为明确的行政权力、更为丰富的执行资源，能够更为有力地保障监护人的平稳变更、保护未成年人的基本权益，因此应当主动担当作为，加强对变更监护人相关事宜的行政管理。民政部应制定"未成年人监护人变更工作指导意见"，为地方民政部门开展相关工作提供指导和规范。一是明确变更监护人的申请受理方、变更监护人应具备的条件及认定方式、变更监护人应履行的行政手续、后续监护支持与服务及监督等内容。二是明确由未成年人居所地县（市、区）级未成年人救助保护机构负责变更监护人具体事宜，通过开展监护能力评估，确定变更监护人是否具备条件，对满足变更条件的，根据法律规定确定新的监护人，签发"监护关系确认书"，正式确立其与未成年人之间的监护关系，并运用电子化手段留存相关信息。三是加强对由其他监护人而非父母担任未成年人监护人情形的全面摸排，追溯既往补发"监护关系确认书"并登记相关信息，同时加强同人民法院的沟通协作，定期了解并记录涉及变更监护人案件的办理结果，以便为未成年人监护提供及时、精准、必要的指导、支持、帮助和监督。

（3）建立变更监护人协助制度。应充分发挥儿童主任的作用，由其密切关注未成年人家庭监护情况，尤其注意对年事已高、出现肢体残疾、患上精神疾病或重大疾病的监护人是否仍具备监护能力进行初步判断，并将有关情况及时报告儿童督导员和未成年人救助保护机构。未成年人救助保护机构应当安排专职工作人员或委托专业社会组织开展监护能力评估，并及时为相关家庭提供必要的支持和帮助，对监护人确实没有监护能力或监护能力不足的，指导其委托他人照护未成年人或者申请变更监护人，以避免监护无力、监护缺失、监护不当、监护侵害情形的发生，更好保护未成年人权益。未成年人年龄和认知水平达到一定标准的，应听取并尊重其真实意愿。

（4）健全变更监护人司法程序。人民法院应当对普通程序、特别程序、简易程序进行深度优化，进一步结合变更监护人相关诉讼请求加以区别使用，通过有效降低案件办理和判决执行难度，更好实现监护关系在不同的家庭与未成年人之间必要且合理的动态调整。同时，增设"紧急监护令"或"临时监护令"签发环节，并加强同民政部门以及未成年人救助保护机构的沟通协作，以避免出现监护空档期或未成年人遭到忽视甚至侵害等情况的发生。

(二) 完善监护监督机制

在许多国家，政府介入未成年人监护的原始初衷主要在于，避免未成年人无人监护，避免父母或监护人的忽视或虐待行为对未成年人造成伤害。但由于未成年人监护天然具有私密属性，政府对上述问题的探知并不容易，必须倚靠监护监督，包括强制报告机制方可实现。我国的监护监督制度已经在新修订的《未成年人保护法》中得以确立，但仍然需要在实践中加以健全，需要通过建立"分级监督、敏锐识别、及时应对"的预防、发现和处置机制，争取变事后报告、追责和救助为事前预防和阻断，有效减少监护问题的发生，防止监护问题由轻微向重度、由偶发向常态恶性转变。

1. 明确监护监督重点范围

应深入落实《国务院未成年人保护工作领导小组关于加强未成年人保护工作的意见》，加强对未成年人父母或者其他监护人履行监护职责情况的监督，根据监护问题是否已经发生以及未来可能发生的风险程度，从开展工作的频次和深度进行区分，由低到高确定两类对象范围。一是重点关注对象。家庭或未成年人本身存在某方面困境，可能发生监护问题但尚未实际发生的，列为重点关注对象，通过关注和帮扶，预防监护问题的发生。此类对象主要包括：有留守儿童的、有留守回归儿童的①、有流动儿童的、有事实无人抚养儿童的、有病残儿童的、有发育迟缓儿童的家庭；父母品行不端或有犯罪/吸毒前科的、父母患有精神疾病或残疾的、父母离异或单亲的、父母再婚的、家庭关系不睦的、父母社会支持网络薄弱的、由能力较弱的祖父母作为监护人的未成年人。二是重点监督对象。发生过监护无力、监护缺失、监护不当、监护侵害有关情况，再次发生的风险较高的，列为重点监督对象，通过督促改正、提供指导和支持服务，防止监护问题再次发生。此类对象主要包括：曾发生过家庭暴力或存在忽视未成年人情形的、未成年人失学的、被相关人员起诉撤销监护

---

① 2016 年，国务院印发《关于加强农村留守儿童关爱保护工作的意见》，高位推动留守儿童保护工作。随着经济社会的发展和时间的推移，一些外出务工人员在城市站稳脚跟，因就学需要将子女接到身边；也有一些农民工返乡创业、生活，从而和子女团圆。我们将符合此类情况的儿童称为留守回归儿童。留守回归儿童家庭中的父母与子女长期分离后重聚，但重聚后往往并非其乐融融，而是"相看两厌"。子女对父母的感情疏淡，而父母则认为子女的发展不符合其预期，现实情况与预先设想的严重错位，导致父母从心理上难以接受子女，在管教过程中过于严厉，甚至达到监护侵害的程度。

人资格但人民法院判决不予撤销的、监护人资格被撤销后又恢复的家庭。

2. 压实监护监督责任

（1）推动未成年人救助保护机构落实落细监护监督职责。民政部等 10 个部委《关于进一步健全农村留守儿童和困境儿童关爱服务体系的意见》首次明确了未成年人救助保护机构的功能定位①，其中包括为乡镇人民政府（街道办事处）、村（居）民委员会开展的监护监督等工作提供政策指导和技术支持。作为落实未成年人保护工作的重要基层阵地，未成年人救助保护机构应当加强未成年人监护监督职责作用的发挥，细致履行以下职责：①指导儿童主任对辖区内未成年人的监护情况进行广泛探知，确定重点关注对象和重点监督对象；②对重点关注对象和重点监督对象进行不同频次、不同深度的走访，随时掌握两类群体的监护情况。具体来说，指导儿童主任对重点关注对象进行走访，并根据走访情况，为相关家庭提供指导与支持；委派专职工作人员或委托专业社会组织走访重点监督对象，并根据走访情况，按需为未成年人及其家庭提供或链接相关支持、救助、帮扶等服务；③利用掌握大量相关案例的便利条件，开展调查研究，总结归纳发生监护问题风险较高的群体特征，以及对应的监护问题类型，合理调整监护监督重点对象范围；④根据当地实际情况编制《监护监督工作指南》，为村（居）民委员会相关工作提供指引；⑤定期协调人民检察院等司法机关派遣相关人员到社区、中小学以及幼儿园进行宣传、走访，了解和关注可能受到监护侵害的未成年人的实际状况。

（2）强化基层群众自治组织监护监督作用。近年来，我国社会治理重心下沉，以自我管理、自我教育、自我服务、自我监督为主要自治模式的基层群众自治组织，在社会治理中发挥起越来越重要的作用。2017 年 6 月，中共中

---

①　负责对生活无着的流浪乞讨、遭受监护侵害、暂时无人监护等未成年人实施救助，承担临时监护责任；负责定期分析评估本地区农村留守儿童关爱保护和困境儿童保障工作情况，有针对性地制定工作计划和工作方案；负责为乡镇人民政府（街道办事处）、村（居）民委员会开展的监护监督等工作提供政策指导和技术支持，为乡镇人民政府（街道办事处）推进农村留守儿童关爱保护和困境儿童保障工作提供政策支持；负责指导开展农村留守儿童和困境儿童基本信息摸底排查、登记建档和动态更新；负责协调开通未成年人保护专线，协调推进监护评估、个案会商、服务转介、技术指导、精神关怀等线上线下服务，针对重点个案组织开展部门会商和帮扶救助；负责组织或指导开展儿童督导员、儿童主任业务培训；负责支持引进和培育儿童类社会组织、招募志愿者或发动其他社会力量参与农村留守儿童关爱保护和困境儿童保障工作，并为其开展工作提供便利；负责组织开展农村留守儿童、困境儿童、散居孤儿等未成年人保护政策宣传；负责对流浪儿童、困境儿童、农村留守儿童等未成年人依法申请、获得法律援助提供支持；负责协助司法部门打击拐卖儿童、对儿童实施家暴以及胁迫、诱骗或利用儿童乞讨等违法犯罪行为。

央、国务院印发《关于加强和完善城乡社区治理的意见》，强调提升社区矛盾
预防化解能力，要求完善心理疏导机制，依托社会工作服务机构等专业社会组
织，加强对城乡社区社会救助对象、建档立卡贫困人口、困境儿童、精神障碍
患者、社区服刑人员、刑满释放人员和留守儿童等群体的人文关怀、精神慰藉
和心理健康服务。作为植根于基层的群众性自治组织，村（居）民委员会与
辖区居民接触最为密切，而其中，儿童主任对未成年人及其家庭的情况最为了
解，最便于对未成年人的监护情况进行实时监督，应当由其兼任《未成年人
保护法》第四十三条①要求村（居）民委员会设置的、负责未成年人保护工作
的专人专岗，或者配合上述专人专岗，履行以下主要监督职责：①广泛探知辖
区内未成年人的监护情况，确定重点关注对象和重点监督对象。根据未成年人
家庭的具体情况，向其宣讲相关社会救助、福利保障等政策和公益扶助项目情
况，并协助符合条件的未成年人家庭进行申请，以改善其监护状况；②对重点
关注对象进行走访，定期掌握未成年人监护情况，并视情直接开展或通过链接
资源，提供家庭教育指导、婚姻调解、就业支持、心理辅导等服务，优化家庭
环境，帮助家庭有效缓解监护压力。对因自身职权或认知所限无法帮助解决的
困难，报告儿童督导员和未成年人救助保护机构，以便安排其他有效措施为未
成年人及其家庭提供支持，帮助未成年人家庭依法履行监护职责并提高监护质
量；③发现符合强制报告情形的，按规定启动相关程序，同时为未成年人及其
家庭提供干预支持服务。

3. 优化强制报告机制

（1）全面强化主体责任落实。一是加强宣传和培训工作。相关单位应加
强对侵害未成年人行为强制报告法律政策的宣传，扩大社会对强制报告的认知
度，强化保护未成年人、与侵害未成年人违法犯罪行为作斗争的意识，营造良
好社会氛围。公安、教育、卫生健康、民政等部门应加强对工作人员的培训，
未成年人救助保护机构应对村（居）民委员会以及从事未成年人保护相关工
作的社会组织加强培训，以提高强制报告意识，提升报告情形识别能力，降低
报告顾虑，切实保障强制报告制度的落实。二是明确重点责任主体特殊职责。

---

① 《未成年人保护法》第四十三条规定："居民委员会、村民委员会应当设置专人专岗负责
未成年人保护工作，协助政府有关部门宣传未成年人保护方面的法律法规，指导、帮助和监督未
成年人的父母或者其他监护人依法履行监护职责，建立留守未成年人、困境未成年人的信息档案
并给予关爱帮扶。"

各中小学校、幼儿园、特殊教育学校、中等职业学校、专门学校、校外培训机构及未成年人校外活动场所等教育机构，应采取普遍教育与重点关注相结合的方式，更好落实强制报告制度的实施。比如，通过开设专门课程，帮助学生识别监护侵害的各类情形，并鼓励其在遭遇侵害时主动向老师、学校或未成年人保护热线求助；也可通过收集学生基本信息，了解其家庭状况，对有监护支持与服务和监护干预需求的学生，视情提供帮扶，并报告未成年人救助保护机构。三是完善追责机制。以《关于建立侵害未成年人案件强制报告制度的意见（试行）》为基础，进一步明确、细化对应报未报责任主体的惩处事项。惩处对象应具体到人，措施安排除行政、民事、刑事处罚外可增加经济处罚。此外，应探索建立举报制度，允许任何个人或组织针对任何强制报告履责不力的情形（如私下调解等），向监察委、检察机关等进行举报，一经核实即对举报人进行物质等奖励，同时对举报人信息严格保密。四是拓宽责任主体范围。鉴于除居家环境外，公共场所也是未成年人监护侵害的高发地点，应将公共场所的经营者、管理者也纳入强制报告责任主体范围。五是保护责任主体。针对责任主体，应制定并完善以下保护措施：允许匿名报告；对泄露责任主体身份信息、报复责任主体的行为进行严格惩戒，对相关责任人增设经济处罚；豁免善意报告错误；报告人因信息被泄露而面临安全风险，可获得人身安全保护、法律援助等支持。

（2）建立健全报告响应机制。一是建立分级分流响应机制。为使案件得到精准干预，同时避免资源浪费，应建立分级分流机制，即按照一定标准将案件分为高、中、低三个风险级别，并进行相应分流处置。首先，民政部门在接到报告或举报后应当对案件进行初筛，视具体情况初步分为低风险、中风险和高风险案件。对于低风险案件，由未成年人救助保护机构指导儿童主任进行处置并对家庭进行跟踪监督。对于中风险案件，由未成年人救助保护机构或接受委托的社会工作服务机构等专业机构，进行调查评估，形成评估报告和结论，制定详细的个案服务计划，并由未成年人救助保护机构负责协调实施。评估过程中若发现未成年人遭受家庭暴力或面临家庭暴力的现实危险，未成年人救助保护机构应依法向人民法院代为申请人身安全保护令。对于高风险案件，转交公安机关。其次，公安机关接到报案或转介后应立即受理，对案件进行初步核实后，第一时间安排出警。涉嫌违反治安管理的，依法受案审查；涉嫌犯罪的，依法立案侦查。

对超出管辖范围的，及时移送拥有管辖权的公安机关。发现未成年人遭受家庭暴力或面临家庭暴力的现实危险，应依法向人民法院代为申请人身安全保护令。公安机关、人民检察院应当加强办案过程中的协商、沟通与配合。人民检察院认为公安机关应当刑事立案侦查而未立案的，应当依法开展监督。对于监护人不依法履行监护职责，或者侵害未成年人合法权益的，应当予以训诫或者责令其接受家庭教育指导，情节严重的依法依规予以惩处或启动建议撤销监护人资格程序。公安机关、人民检察院发现未成年人需要保护救助的，应当委托或者联合民政部门等对未成年人及其家庭实施必要的调查评估，制定个案服务计划，按需采取经济救助、医疗救治、心理干预等保护措施；所涉未成年人生活特别困难的，应当及时启动司法救助程序。二是健全响应保障机制措施。各强制报告责任单位应按照《关于建立侵害未成年人案件强制报告制度的意见（试行）》认真履行各自职责。公安机关应当制订《强制报告响应规范》，明确应受理情形、处置流程以及与其他部门的衔接机制，并指导基层民警按照规范妥善处理强制报告案件。民政部门应对未成年人救助保护机构相关工作人员进行定期培训，不断提升其实施调查评估、制定个案服务计划、协调相关部门、链接相关资源等能力和技巧，以便更好响应和处置强制报告案件。各地应落实《关于建立侵害未成年人案件强制报告制度的意见（试行）》提出的关于建立强制报告联席会议制度的要求，加强工作衔接和信息共享。各级人民检察院应切实承担起强制报告联席会议制度日常工作，牵头组织监察委员会、公安机关、司法行政部门和教育、民政、卫生健康行政部门以及妇联、共青团组织开展相关工作，定期对强制报告宏观工作进行研讨，随时针对难点个案进行协商并制定干预和救助计划，同时开展跟踪回访和监督。

4. 建立财产监护监督制度

顺应我国因经济社会文化发展、未成年人经济行为和获利机会增多，未成年人拥有财产的情况越来越多的社会现实，借鉴国外和港澳台地区的经验，在现有法律框架下，遵循最有利于未成年人原则，开展制度创新、实践探索，满足更为普遍的未成年人财产监护监督需求。将人民检察院或者人民法院确定为财产监护监督主体机构，具体由人民检察院未检部门或人民法院少年法庭执行，明确财产监护监督的方式、内容、范围、程序、措施等，对未成年人父母或者其他监护人的财产监护行为进行监督、制约（包括对特殊财产监护事务的批准）甚至处罚，以切实保护未成年人的财产权益。

（三）加强家庭监护支持与服务

伴随国家的发展、社会经济文化的进步，未成年人监护需求早已超越满足温饱的初等层次，实现了多元化、高阶化转变。然而，并非所有家庭都具备很好满足未成年人监护需求的条件和能力，总是会有家庭由于身处困境、认知有限或同未成年人之间存在利益牵绊等原因，而无法完备履行相关监护职责。这正是公权力对未成年人监护加大介入力度的又一重要背景和逻辑所在。只有帮助存在相关需求的家庭恰当填补条件和能力上的不足，在经济和物质、知识和技巧等方面提供一定的支持，才能确保未成年人拥有更好的生活成长环境、得到更高质量的监护。

1. 完善未成年人救助保障相关政策措施

（1）加强未成年人社会救助保障力度。应推广北京、上海等地社会救助救济政策经验，进一步完善社会救助分类保障措施，优化最低生活保障家庭、低收入家庭的监护条件，为两类家庭监护的未成年人成长成才提供更加有力的保障。一是加强部门间的沟通协作和信息共享，对符合社会救助政策条件的未成年人家庭，做到及时发现、应保尽保，同时加速推进全国城乡低保标准一体化进程，建立为最低生活保障家庭中的未成年人全额发放保障金或单独提高保障金标准的制度。二是对存在医疗需求的未成年人或其家庭，经基本医保、大病保险、医疗救助三重制度综合保障后负担仍然较重的，给予倾斜救助，必要时链接医疗救治、康复训练、公益慈善医疗项目等资源，防止未成年人因自身或家中成员患病而陷入困境的情况发生。三是对两类家庭监护的未成年人给予教育救助，对处于学前教育阶段的，减免保育教育费、伙食费；对处于义务教育、普通高中教育、中等职业教育阶段的，免学费，发放助学补助，并对寄宿的学生免收寄宿费，发放国家助学金，发放伙食补助。四是做好失业家庭就业帮扶工作，及时采取转移就业、自主创业、技能培训、特困援助、就业服务等措施，帮助未成年人家庭实现再就业，对残疾家庭优先提供帮助，对经多方协调帮扶仍无法实现社会就业或产业发展的，由村（居）、乡镇（街道）安排公益性岗位。

（2）健全孤儿、事实无人抚养儿童相关保障措施。一是开设未成年人保障账户，接收政府为孤儿、事实无人抚养儿童等困境儿童发放的基本生活费等津补贴。儿童主任应当面向监护人或者照护人深入宣讲基本生活费用途，督促监护人或者照护人切实将经费用于保障孤儿、事实无人抚养儿童基本生活，而非家庭整体生活开支，以便更好发挥儿童津补贴的政策效应、实现将津补贴用于困境儿童本身的初衷。二是理性分析和看待经济发展、婚恋观念、文化传统等背景因素对监护行为的影响，对父母"失联"情形进行从宽解释，将联络频次低于一定水平作为判定依据，从而避免保障困境儿童基本生活的好政策反倒促成父母，特别是农村地区父亲死亡后改嫁或去往他乡的母亲，彻底放弃履行监护职责、切断同子女血脉亲情联系的恶劣情况发生。

（3）深化义务教育有保障工作。应进一步加大控辍保学力度，督促父母或者其他监护人保障适龄未成年人平等接受义务教育。一是加强宣传教育，确保法律政策深入人心。采取"乡校联合、村校联动"等措施，宣传《义务教育法》和《未成年人保护法》，让广大群众熟知关于适龄未成年人接受义务教育的法律政策和优惠措施，明悉涉及义务教育的权利和义务，督促父母或者其他监护人自觉送适龄未成年人上学。二是加强保障支持，确保困境儿童入学就读。对留守儿童、事实无人抚养儿童、孤儿等困境儿童，学校应逐一建立特殊家庭学生档案卡，并链接相关资源资助困境儿童，使其不至于因为家庭经济困难而放弃就学。三是解决好困境儿童学得进、学得懂、学得好的问题。教育部门应当指导学校加强对困境儿童的学习辅导，同时切实提高偏远地区、经济欠发达地区教师的教学水平，通过教育这个治本之策，阻断贫困代际传递，同时也为困境儿童铺架起发展成才之路。四是坚持依法维护未成年人受教育权利。对父母或者其他监护人不送适龄未成年人入学或阻止其返学的，经宣传教育批评劝诫仍不悔改的，学校、村（居）民委员会、乡镇人民政府或街道办事处，应当开展个案会商，必要时依托相关层级未成年人保护领导协调机制，加大介入深度和解决力度，必要时提起诉讼，依法维护未成年人受教育的权利。

（4）推进未成年人权利司法保障实践探索。借鉴美国、澳大利亚、德国、日本等国的经验，同时总结上海市普陀区人民法院、安徽合肥市庐阳区人民法院、湖北襄阳市中级人民法院等，在涉及未成年人的离婚、变更抚养关系、继承等案件处理过程中，探索创设儿童权益代表人机制的经验,[①] 建立儿童权益代表人制度，由未成年人救助保护机构根据人民法院的选任要求以及未成年人的情况和需求，履行相关选任程序，选派机构工作人员或者委托社会工作者、心理医生、心理咨询师或律师等专业人士，担任儿童权益代表人，使未成年人能以独立诉讼主体的身份直接参与诉讼，并在开展社会调查和深入了解未成年人真实意愿的前提下为实现其最佳利益而发声，避免父母在离婚诉讼等案件中忽视、利用，甚至操弄未成年人的情况发生。

2. 普及家庭教育指导

（1）加快家庭教育指导专业队伍的建设。针对当前我国家庭教育指导服务工作专业力量不足的问题，依据《家庭教育促进法》相关规定，应加快推进覆盖城乡的家庭教育指导服务体系建设，尤其应加大对专业化家庭教育指导服务机构和专业人员队伍的培育力度。通过政府购买服务等方式，引导和培育专业社会组织参与家庭教育指导服务工作。通过吸引社会工作、教育、法律等领域专业人才以及志愿者加入，推广家庭教育指导师职业资格认证等方式，壮大家庭教育指导服务工作队伍。通过加强家庭教育学科建设、建立家庭教育指导师继续教育机制等方式，不断提高家庭教育指导工作队伍的专业性和职业性。

（2）科学规划家庭教育指导服务的实施。一是区分未成年人成长阶段开展有针对性的家庭教育指导服务，帮助家庭了解把握未成年人发育发展规律，

[①] 2017 年，上海市普陀区人民法院在离婚案中首次探索创设儿童权益代表人机制。该案中，原被告一致同意离婚，但均表示无法继续抚养女儿，其 3 岁的女儿身患罕见的遗传代谢疾病，法院聘请儿童权益代表人在案件中代表未成年人，作为独立的诉讼主体直接参与诉讼。儿童权益代表人的设置让孩子能够直接参与诉讼，表达其身份、财产权益的诉求，在妥善化解家庭纠纷的同时切实保障了涉案儿童权益。2021 年，安徽省合肥市庐阳区人民法院受理变更未成年人抚养人案中引入权益代表人。该案中，未成年子女随离婚的母亲生活，3 年后因母亲生活条件和健康状况发生变化，起诉变更抚养人。法院在开庭前了解到，父母双方均不愿意直接抚养其子女，未成年人与其法定代理人产生利益冲突，遂委派第三方作为未成年人权益代表人参与本案诉讼，让未成年人声音真正被听到，权益真正被保护。2022 年，湖北襄阳市中级人民法院在继承诉讼权案中引入权益代表人。夫妻离婚，各抚养 1 名子女，后女方发现男方离婚时隐瞒了房产拆迁补偿事宜，偷转补偿款，遂起诉分割财产。一审法院判决拆迁款男方分得 40%、女方分得 60%。男方不服，上诉。二审期间男方去世。作为继承人，男方母亲坚持上诉请求；两个孩子的母亲作为二人的法定监护人，代为表示放弃被继承人上诉请求。两名未成年子女作为男方的法定继承人继承父亲在本案中的诉讼权利义务后，与其法定监护人、本案被上诉人女方的诉讼地位对立且与其存在利益冲突。为此，襄阳市中院委托妇联指派未成年人权益代表人，由未成年人权益代表人作为独立的诉讼主体直接参与诉讼，维护未成年人权益。

掌握重要科学理论，特别是约翰·鲍尔比的依恋理论、马斯洛需求层次理论等，学会使用合理有效的方法确保未成年人在关键时期形成身体、心理和人格发展阶段性成果。应借鉴吸收美国、英国等国家实施"开端计划"、"确保开端计划"的成功经验，在具备条件的地区试行"家庭早期教育指导服务计划"，从母亲孕期开始，至儿童长至学龄，对家庭进行以育儿为重点的监护指导和保障支持，为之后履行更为宽泛的监护职责奠定良好基础。二是指导家庭树立优良家风，弘扬家庭美德，重视家庭文明建设，加强未成年人思想道德教育。帮助父母或者其他监护人充分认识家庭矛盾冲突和错误管教方式对未成年人身心成长可能造成的伤害，尤其对矛盾爆发时不回避未成年人，甚至对未成年人恶语相加、大打出手，以及用谩骂、侮辱、暴力相向的方式管教未成年人的做法予以否定，同时传授正确处理家庭矛盾冲突和管教未成年人的方法。三是针对未成年人人身安全事故多发问题，加强家庭监护安全教育和必要的应急与救护技能培训，以避免未成年人意外伤害甚至死亡事件的发生。四是针对未成年人辨识能力弱、自控能力差等特点，开展家长网络素养、管教能力提升培训，以便预防未成年人网络沉迷或严重不良行为。

（3）提高家庭教育指导服务的可及性。一是加强宣导。针对儿童发展重要科学理论以及科学养育方法尚未在家庭中普及的现状，加大宣传推广力度，帮助家庭提高认知水平、掌握方法技巧。教育部、全国妇联应当切实担起家庭教育指导职责，通过录制和投放专题宣传片，组织专家学者以广播、电视、新媒体为媒介面向社会进行宣讲，提高家庭对家庭家教家风建设的重视程度和行动力度；通过开设公益性网上家长学校和网络课程，开通咨询服务热线，为存在需求的家庭提供线上指导和帮助。二是主动服务。相关部门和单位应当充分利用各种机会主动提供家庭教育指导服务。教育行政部门应当指导中小学校、幼儿园在定期召开的家长会中，民政部门、妇联组织应当在以儿童之家、社区家长学校等为平台组织开展相关活动时，科学嵌入家庭教育指导相关内容。儿童主任、儿童督导员、未成年人救助保护机构、学校等应当在为存在监护无力、监护缺失、监护不当、监护侵害问题的家庭提供或链接专业支持或干预服务时，有意识、有针对性地开展家庭教育个案指导。

（四）精准实施家庭监护干预措施

从动机和后果看，监护无力、监护缺失、监护不当、监护侵害4类监护问题的严重程度、恶劣程度是逐渐递进的，但不管它们是否带有主观故意、是否交叉发生，哪怕是看上去最轻微的监护无力，都会造成未成年人基本权利得不到全面保障的结果，而且存在助长未成年人不良行为甚至严重不良行为的可能性。鉴于此，及时发现监护问题并进行干预，既是保护未成年人的需要和途径，也是保护他人权益和社会公共利益免受未成年人不良行为、严重不良行为影响甚至损害的需要和途径，必须借助于有效的制度措施加以落实。

1. 建立监护评估制度

（1）制定"未成年人监护评估办法"。科学、准确判断未成年人家庭监护状况和未成年人成长状况，是对家庭监护问题、未成年人问题精准施策的必备前提。为此，民政部应制订《未成年人监护评估办法》，对评估目的和原则、对象范围、评估组织方、实施方式、评估执行方及其资质条件、评估内容、评估流程、评估结论与对策、评估监管等进行明确。除申请恢复监护人资格等法律政策规定应当进行监护评估的情形外，还应当对经批评教育、指导帮扶仍发生监护无力、监护缺失、监护不当、监护侵害等问题的家庭，进行监护评估。儿童主任在辖区内发现存在上述情况的未成年人家庭，应当主动向未成年人救助保护机构报告，提请开展监护评估，并配合实施。对拒绝或不配合评估的家庭，公安机关应当协助未成年人救助保护机构开展评估。未成年人救助保护机构应当加强对未成年人监护评估工作的管理，并加强调查研究，以便对工作中可能存在的问题做到尽早发现、及时整改。

（2）编制"未成年人家庭监护状况评估"行业标准。应当从未成年人需求出发，制定和开发统一、规范、具可操作性的技术指标和评价工具，以方便责任主体科学精准地评估未成年人家庭监护状况和风险等级。我国相关工作起步较晚，目前，仅上海、江西等个别省份制定了评估标准、评估规范，应当借鉴国内先行者及国外和港澳地区经验成果，加快推进监护评估标准化建设。中国儿童福利和收养中心与爱佑慈善基金会合作，于 2021 年 8 月启动《未成年人家庭监护状况评估指引（草案稿）》行业标准（见附件）的编写工作，后经征求基层民政部门和有关专家的意见，进行了多次修改，应在此基础上进一步开展基层调研，结合实际加以完善。

（3）培养专业评估队伍。家庭监护评估要求评估人员具备一定的社会工作、心理、法律等专业知识储备和实践经验。作为家庭监护评估重要责任主体，未成年人救助保护机构一方面应当抓好自身评估队伍建设，培养专业能力过硬的评估人才，另一方面应当主动培育专业社会组织，推动专业社会组织参与家庭监护评估，以便从中获得专业人才力量的保障。人民法院、人民检察院在办理涉未成年人家庭案件过程中，应根据需要开展家庭监护评估，并以此为依据实现对未成年人的保护。中国儿童福利和收养中心为贯彻落实《民法典》和《民政部收养评估办法（试行）》，于 2021 年组建了由 14 名社会工作师、4 名助理社会工作师、3 名拥有法律职业资格人员、1 名心理治疗师、1 名心理咨询师、1 名医生组成的收养评估队伍，并制定了《国内收养人能力评估接案工作规则》、《国内收养评估服务流程规范》、《国内收养评估人员工作规范》等文件，加强评估流程管理、规范评估人员行为。开展评估工作以来，已经完成 160 余例家庭收养能力评估、收养融合评估和 84 例孤儿安置评估，获得了服务对象的一致认可。中国儿童福利和收养中心应当发挥国家级事业单位优势，扩大评估范围，发挥家庭评估示范引领作用，充分总结和借鉴收养评估有益经验，积极为尚无专业评估队伍的地区提供家庭监护评估服务。

2. 完善监护干预措施

（1）建立个案会商机制。各县（市、区）应当建立由民政部门未成年人救助保护机构、公安机关、人民法院少年法庭、人民检察院未检部门组成的，儿童主任、儿童督导员、专业社会组织参与的个案会商机制，促进形成政府、司法、社会协同应对、齐抓共管的工作局面，将存在监护侵害、监护不当等监护失职行为的家庭和所监护未成年人存在严重不良行为的家庭作为重点对象，及时提供家庭教育指导和监护支持服务，必要时进行批评、教育、训诫。对经帮扶、批评、教育、训诫，问题仍得不到改善的家庭和未成年人，应加强个案对策研究，视情采取出具告诫书，发出家庭教育令、督促监护令、人身安全保护令、禁止令，送专门学校教育矫治，带离家庭、临时监护，提起撤销监护人资格诉讼等措施，对未成年人人身权利等各项基本权利加以保护，包括预防未成年人犯罪。

（2）加强对监护中受到伤害未成年人的支持干预。民政部门应当积极采取措施提高对监护中受到伤害未成年人发现的及时性和识别的准确性，并加强对支持干预方案和工具的统筹研发。未成年人救助保护机构应当安排专职人员或委托专业社会组织，对监护中受到伤害未成年人进行需求评估；对未成年人仍然居家的，安排专业人员进行高频次探访，加强监督监护力度；对需要送医院检查治疗的，及时送医；对不需要送医救治的，根据其需求，提供相应心理疏导和精神抚慰等支持干预服务，尽量消除伤害带给未成年人心理和精神的不利影响。卫生健康行政部门应当指导医疗机构做好对监护中受到伤害未成年人的医疗救治，根据个体情况进行健康检查、伤体医治、心理治疗、精神治疗等，必要时配合提供入户诊疗干预，采用专业方法帮助未成年人恢复身心健康。

（3）提高强制命令的适用性。公安机关、人民法院、人民检察院应合理化使用家庭教育令、督促监护令、人身安全保护令、禁止令等强制命令，进一步促进其发挥各自作用，同时加强调查研究，查找强制命令使用过程中出现的问题以及制约强制命令有效发挥作用的症结，结合地方有益经验，从法律适用、制度机制等入手尝试破解，不断提高强制命令的适用性和有效性。各地公安机关、人民法院、人民检察院应当健全强制命令的监督执行措施，做到一人一跟踪，实现强制命令快速、及时制止监护侵害行为和提高未成年人监护质量的制度目的，最大限度保障未成年人依法及时获得救助和保护。

（4）发挥专门学校作用。应着力解决对部分严重不良行为未成年人，家长管不了，公安机关"抓了放、放了抓"的恶性循环问题，让专门学校教育矫治严重不良行为未成年人的功能作用得到切实发挥。一是加快专门学校建设。截至2022年5月，全国共有专门学校110余所，9个省份没有专门学校，其他省份，甚至包括一些人口大省仅有1所专门学校。① 针对专门学校数量不足的问题，地方政府应当采取有效措施，推进专门学校建设进程，为严重不良行为未成年人接受教育矫治创造必要条件。二是健全专门学校矫治教育功能。地方政府应加紧落实《预防未成年人犯罪法》，中共中央办公厅、国务院办公厅《关于加强专门学校建设和专门教育工作的意见》等有关规定，健全专门学校分级分类制度规范，规范专门学校教育教学，满足学校对心理、社会工作等专业师资的需求和干警入驻的需求，对严重不良行为未成年人，根据其罪错程度，按照分类施教、分别管理、分校区安排的原则，进行矫治教育，有效预防其违法犯罪。三是加强检察机关与专门学校工作衔接。应强化专门教育与治安管理处罚、刑事处罚等配套衔接，构建既有别于普通学校又有别于司法监所的专门教育体系。检察机关应抱着挽救严重不良行为未成年人的负责任态度，加强同专门学校的协作，促进结案工作与专门教育安排紧密衔接，最大限度减

---

① 戴佳：《专门学校：该如何"专门"建设》，载《检察日报》2022年7月21日，第5版。

少因家长存在顾虑等原因造成严重不良行为未成年人失教、再次犯罪的情况发生，通过矫治教育帮助"问题少年"回归正常人生轨道、回归家庭监护。

3. 健全临时监护制度机制和撤销监护人资格程序

（1）优化临时监护制度措施。新修订的《未成年人保护法》扩大了民政部门承担临时监护职责的对象范围，同时明确了委托照护制度。民政部门应当细化临时监护、委托照护制度措施，进一步规范两项工作。一是完善临时监护工作制度。民政部应当依据新修订的《未成年人保护法》，以及《关于进一步健全农村留守儿童和困境儿童关爱服务体系的意见》、《关于做好因突发事件影响造成监护缺失未成年人救助保护工作的意见》等文件，制定"临时监护工作规范"，明确未成年人救助保护机构对居住在其辖区内未成年人进行收留、抚养的责任，包括户籍不在本辖区的未成年人；同时，明确对未成年人临时监护接收、安置评估、安置、特殊情况处置、回归安置，以及档案管理等各环节的工作要求，加强对临时监护的管理。二是建立临时监护、委托照护转换机制。民政部门应当根据实际需求在临时监护、委托照护二者之间建立动态转换机制。对被临时监护的未成年人，监护人确定且能够取得联系，但暂时无法接回的，监护人可以委托未成年人救助保护机构或儿童福利机构进行照护，并在委托协议中明确相关事项。对被委托照护的未成年人，监护人失去联系的，民政部门应当承担临时监护职责，在提请公安机关协助查找监护人的同时，按照临时监护工作规范开展相关工作。

（2）简化撤销监护权司法程序。关于撤销监护权，《处理监护侵害的意见》和《民法典》总则编都没有把人民检察院列为有权提起诉讼的主体。前者的规定更加细致，但也仅是明确："对于监护侵害行为符合本意见第35条规定情形而相关单位和人员没有提起诉讼的，人民检察院应当书面建议当地民政部门或者未成年人救助保护机构向人民法院申请撤销监护人资格"。而实践中，检察机关在办理涉未成年人刑事案件时，会一并审查是否存在相关民事纠纷和损害，也具有将处理刑事案件过程中搜集的证据直接用于民事诉讼的便利条件。由检察机关提出书面建议，再由民政部门或者未成年人救助保护机构提起诉讼并进行调查取证，显然不利于节约资源、减少时间成本，不符合法的效率价值。鉴于此，当人民检察院在处理涉未成年人刑事案件过程中发现撤销监护人资格适用情形时，应考虑将建议民政部门或者未成年人救助保护机构向人民法院申请撤销监护人资格，改为直接提起撤销监护人资格诉讼。

4. 完善监护失职问责措施

（1）完善法律适用解释。最高法应当落实最有利于未成年人的法律原则，针对父母或者其他监护人因监护失职导致未成年人伤亡事件发生的恶性发展态势，加强法律适用研究。特别是在过失致人死亡、重伤刑责追究适用上，应当对父母或者其他监护人过失致未成年人死亡、重伤情形的适用做出司法解释，以列举方式明确追责情形和刑期，比如父母或者其他监护人将未成年人锁于汽车内，造成未成年人死亡或重伤、致残；在看护未成年人过程中，将精力集中于看手机，造成未成年人因落水、遭遇交通事故而死亡或重伤、致残等情形，以此解决目前法律仅对致未成年人死亡的主动侵害行为追究刑事责任，对父母或者其他监护人过失致未成年人死亡、重伤、致残不予追责的问题，向社会表明法律坚决保护未成年人人身权利不受任何人侵犯的鲜明立场。

（2）修改相关法律。全国人大应当呼应《反家庭暴力法》第三十三条①、《未成年人保护法》第一百二十九条②的规定，对《治安管理处罚法》、《刑法》进行适度修改修订，惩戒监护侵害、监护不当等监护失职行为。一是修改《治安管理处罚法》"侵犯人身权利、财产权利的行为和处罚"一节中关于处罚虐待家庭成员行为须由被虐待人提出处理要求的规定③，允许强制报告相关执行主体根据未成年人遭受家庭成员身体和精神侵害之情形代为提出，避免未成年人作为无民事行为能力人或者限制民事行为能力人，遭到父母或者其他监护人虐待的情形即便被报告也不能申请处理的情况发生。二是在《刑法》中增设监护失职罪，就监护人对包括未成年人在内的被监护人因故意忽视，或者虽无主观故意但因疏忽、失察造成伤害事实，情节严重的，追究监护人刑事责任，借此在未成年人监护方面为父母或者其他监护人设置道德底线和行为规范，也为相关司法实践提供必要依据，推动实现公权力对监护关系适度的介入和管理，以及对未成年人权益的切实保护。

---

① 《反家庭暴力法》第三十三条规定："加害人实施家庭暴力，构成违反治安管理行为的，依法给予治安管理处罚；构成犯罪的，依法追究刑事责任。"

② 《未成年人保护法》第一百二十九条规定："违反本法规定，侵犯未成年人合法权益，造成人身、财产或者其他损害的，依法承担民事责任。违反本法规定，构成违反治安管理行为的，依法给予治安管理处罚；构成犯罪的，依法追究刑事责任。"

③ 《治安管理处罚法》第四十五条规定："有下列行为之一的，处五日以下拘留或者警告：（一）虐待家庭成员，被虐待人要求处理的；（二）遗弃没有独立生活能力的被扶养人的。"

(五) 优化兜底监护安置

长久以来,民政部门一直承担着兜底监护孤弃儿童、流浪乞讨等生活无着未成年人的职责。新修订的《未成年人保护法》在《民法典》的基础上进一步完善了国家对未成年人进行兜底监护的制度,明确了民政部门对未成年人进行临时监护和长期监护的各类情形。面对更为宽泛的监护范围和更为复杂的监护职责,民政部门应当加强对机构资源的调度和使用,对措施制度的优化和完善,作为国家的代表当好监护人,保障好由其监护的未成年人的各项基本权益。

1. 充分发挥民政部门和机构职能作用

(1) 厘清民政部门和两类机构权责任务。《未成年人保护法》第九十六条明确,未成年人救助保护机构、儿童福利机构两类机构负责收留、抚养由民政部门监护的未成年人。尽管未成年人由两类机构"收留、抚养",但其与民政部门之间的监护关系不会发生改变,在民政部门同两类机构之间并不存在监护关系的转移,而只是形成类似委托照护的关系。然而,关于这一点,长期存在责任界限不清和角色错位的问题。为此,民政部门一是应当建立权责任务清单,细化明确各方在兜底监护未成年人方面的职责、权限范围,以及请示和审批事项等内容,为依法行政提供清晰的参考;二是应当通过加强对未成年人救助保护机构、儿童福利机构各项工作的管理、指导、支持和监督,切实履行对交由两类机构抚养的未成年人的监护职责;三是应当规范依法托养、寄养临时监护未成年人相关工作,完善签订委托协议等法律程序,并对未成年人监护人的情况保持关注,对经评估重新具备履行监护职责条件的,将未成年人送回监护人抚养,同时加强对儿童福利机构寄养和类家庭养育工作的监督管理,不断结合实践中发现的问题优化调整履行监护职责的策略和方法;四是应当承担起送养儿童福利机构未成年人的具体责任,对安置评估显示符合送养条件的未成年人,及时帮助其回归收养家庭,消除儿童福利机构甚至仅是机构负责人独自拥有送养决定权的不合理现象。

(2) 拓宽未成年人救助保护机构职责范围。针对基层民政部门人员编制少、工作力量不足的现实,应将县级未成年人救助保护机构作为未成年人保护工作的专门单位,承担未成年人保护,包括未成年人监护以下具体工作:①组织开展未成年人保护政策宣讲;②牵头开展区域内农村留守儿童、社会散居孤儿和困境儿童关爱服务工作；③开展家庭监护监督工作，由儿童督导员、儿童主任落实未成年人监护随访、信息摸底排查、重点关注对象和监督对象确定、档案登记和动态更新等工作任务；④组织家庭监护能力评估和未成年人需求评估；⑤开展未成年人监护人变更行政确认工作；⑥组织疑难问题个案会商；⑦为困难家庭提供救助帮扶支持服务，链接所需资源；⑧指导乡镇人民政府和街道办事处未成年人保护工作站业务建设；⑨收留、抚养无法进行家庭托养或寄养的、由民政部门负责临时监护的未成年人。

2. 完善安置政策措施

（1）健全收养制度。一是优化收养政策。民政部应通过修订《中国公民收养子女登记办法》，牵头出台工作意见、标准或指引等方式，指导各地合理界定生父母有特殊困难无力抚养的子女范围，本着最有利于未成年人的原则，将父母或者其他监护人主观上强烈不愿监护的未成年人，包括非婚生育、因遭强奸生育、未成年少女生育的子女纳入可送养范围，使其在新的家庭中得到监护、享受关爱。二是畅通并规范收养、送养信息对接渠道。基于省域间收养、送养需求不平衡，收养方、送养方信息不对等的现实，民政部应推动建立全国、省、设区市、县级收养、送养信息分级管理制度，并建立全国收养信息管理系统作为全国范围内的统一平台，畅通收养、送养信息对接渠道，在更大范围内帮助有需求的未成年人寻找家庭。有收养、送养意愿的公民，可向所在地县级民政部门提出申请，经评估符合收养、送养条件的，由民政部门进行信息登记，在确立和遵循合理的原则和标准的前提下，对有收养、送养意愿的双方进行配对，并在征得同意后指导收养人、送养人和被收养人共同办理收养关系登记。如在本辖区内无法实现配对，则将收养或送养申请信息报至上级民政部门，经评估符合收养、送养条件的，由上级民政部门在其管理的辖区内进行选配，直至最后进入全国平台，由民政部统筹开展资格条件认定，制定收养、送养配对方案，并指导相关地方民政部门完成后续程序。三是建立收养前培训制度。基于收养的特殊性，为帮助收养人和被收养人顺利完成收养并尽快融合，应建立收养前培训制度，重点从 4 个方面对收养人进行辅导：①收养法律法规、收养人权利义务、收养登记办理程序及注意事项、监护人法定职责等；②未成年人身心发展特点、科学育儿知识、亲子沟通技巧、常见问题处理、压力应对技巧等；③弃婴（儿）及被忽视、侵害未成年人的行为特点和心理需求，以及应对策略等；④对涉及收养事实、被收养人身份等话题的正确处理方式。四是加强收养后支持。首先，应将机构内病残儿童康复治疗相关项目纳入补充医疗覆盖范围，参照孤儿基本生活费的拨付方式，由中央、地方财政按比例分担。机构内病残儿童被收养后，保证其继续享受补充医疗，并鼓励具有康复治疗训练能力的儿童福利机构提供延伸服务，以覆盖被收养的残疾儿童。其次，为了不影响被收养人就医、就学，公安机关应当在当事人完成收养登记后，即刻为被收养人办理户籍。对于限时落户的一线城市，当地未成年人保护工作领导小组办公室应大力敦促公安机关即刻解决。最后，应当参照生育假有关规定为收养父母适当提供育儿假，以促进其引导被收养人尽快融入新的环境。

（2）优化家庭寄养制度。一是充分发挥家庭寄养作用。2021年，《民法典》施行，规定在指定监护人前，被监护人相关权利权益处于无人保护状态的，由民政部门等担任临时监护人[①]；因发生突发事件等紧急情况，监护人暂时无法履行监护职责，被监护人无人照护的，由民政部门等为被监护人安排必要的临时生活照料措施[②]。同年，新修订的《未成年人保护法》施行，进一步明确了民政部门临时监护未成年人的7种情形[③]，并规定了委托亲属抚养、家庭寄养和交由未成年人救助保护机构或者儿童福利机构进行收留、抚养的安置方式。鉴于维持原有生活和就学环境对于上述未成年人更为有利，而由机构收留、抚养会不利于未成年人同其亲属保持亲情联系，或者会因机构地理位置所

---

① 《民法典》第三十一条规定："对监护人的确定有争议的，由被监护人住所地的居民委员会、村民委员会或者民政部门指定监护人，有关当事人对指定不服的，可以向人民法院申请指定监护人；有关当事人也可以直接向人民法院申请指定监护人。居民委员会、村民委员会、民政部门或者人民法院应当尊重被监护人的真实意愿，按照最有利于被监护人的原则在依法具有监护资格的人中指定监护人。依据本条第一款规定指定监护人前，被监护人的人身权利、财产权利以及其他合法权益处于无人保护状态的，由被监护人住所地的居民委员会、村民委员会、法律规定的有关组织或者民政部门担任临时监护人。"

② 《民法典》第三十四条规定："因发生突发事件等紧急情况，监护人暂时无法履行监护职责，被监护人的生活处于无人照料状态的，被监护人住所地的居民委员会、村民委员会或者民政部门应当为被监护人安排必要的临时生活照料措施。"

③ 《未成年人保护法》第九十二条规定："具有下列情形之一的，民政部门应当依法对未成年人进行临时监护：（一）未成年人流浪乞讨或者身份不明，暂时查找不到父母或者其他监护人；（二）监护人下落不明且无其他人可以担任监护人；（三）监护人因自身客观原因或者因发生自然灾害、事故灾难、公共卫生事件等突发事件不能履行监护职责，导致未成年人监护缺失；（四）监护人拒绝或者怠于履行监护职责，导致未成年人处于无人照料的状态；（五）监护人教唆、利用未成年人实施违法犯罪行为，未成年人需要被带离安置；（六）未成年人遭受监护人严重伤害或者面临人身安全威胁，需要被紧急安置；（七）法律规定的其他情形。"

限打破未成年人认为安全舒适的活动范围和节奏，委托亲属抚养、家庭寄养的安置方式显然更具优势。然而，现行的《家庭寄养管理办法》是2014年民政部根据旧的《未成年人保护法》制定的，上述未成年人并不在寄养范围之内。对此，应加紧推动修改《家庭寄养管理办法》，将新修订的《未成年人保护法》规定民政部门负责临时监护的所有未成年人均纳入家庭寄养范围，并相应补充规范管理条款，使家庭寄养的优势作用得到充分发挥。二是建立寄养家庭准备机制。为满足民政部门监护的未成年人，特别是临时监护的未成年人对家庭寄养的需求，各地民政部门应建立爱心家庭库，以便及时为有需求的未成年人匹配寄养家庭。我国地域辽阔、区域发展不平衡问题短时间内难以消除，且地域文化传统存在不同，各地应因地制宜，结合本地实际情况，确立并不断细化具有可操作性的寄养家庭资格认定条件，并面向社会进行广泛招募，对经评估符合条件的，进行相关培训，对培训合格的，签发寄养资格证明，同时将其信息录入爱心家庭库。对于长期未进行匹配的爱心家庭，应定期开展再评估，对不再满足资格条件的，进行劝退并将信息从爱心家庭库中移除，以保证等待寄养安置家庭的资格条件始终维持一定水准。三是建立寄养家庭支持、监督机制。首先，民政部门应自行或委托未成年人救助保护机构、儿童福利机构定期开展培训，指导并帮助寄养家庭提高照护未成年人的能力，并对寄养家庭在照护过程中发现的问题及时予以回应，帮助解决现实困难，以保障被寄养未成年人的各项权益，促进其健康成长。其次，各地应建立寄养家庭工作群，将寄养家庭纳入群内，及时交流问题、指导工作，并定期组织开展家庭寄养经验交流分享会，帮助寄养家庭获得同一群体成员的支持。最后，民政部门应做好对儿童福利机构家庭寄养工作的监督管理，派遣工作人员或委托第三方机构定期走访寄养家庭，了解未成年人与家庭成员间相互融合，以及居住环境、生活状况、家庭教育、成长发育、邻里关系等情况。对寄养家庭好的做法予以肯定、鼓励，对不当的做法及时提出批评、指正。

（3）强化集中供养保障措施。一是各地应深入推动落实民政部、中央编办、发展改革委等14个部门和单位联合印发的《关于进一步推进儿童福利机构优化提质和创新转型高质量发展的意见》，在整体推进儿童福利机构儿童养育、医疗、康复、教育、社会工作一体化发展的同时，切实实现儿童福利机构资源配置的优化，以及儿童福利机构同未成年人救助保护机构之间的整合与转型，以便更高质量地完成收留、抚养民政部门依法监护的未成年人的工作任务。二是儿童福利机构和未成年人救助保护机构应加强机构专业化建设。一方面，通过引入专业技术人才，定期开展职业技能培训，鼓励工作人员参加社会工作、心理辅导、康复治疗训练、特殊教育等专业学习和相关职业资格考试或者职称评定，并且按照国家有关政策，妥善解决医疗、康复、教育、社会工作等专业技术人员的职称、工资及福利待遇，留住人才，用好人才，以整体提升并保持机构工作人员专业服务水平。另一方面，通过引入专业社会组织项目、公益慈善项目、志愿服务项目等，借助于外部资源力量，带动和促进机构内各类服务功能的专业化发展。三是民政部应适时调研各地儿童福利机构开展类家庭养育工作情况，提炼优秀模式，总结经验，查找问题，并在此基础上制定《类家庭养育管理规范》，为各地儿童福利机构开展类家庭养育工作提供指引，同时加强规范，使机构中不适宜送养或寄养或者正在等待被送养或寄养的未成年人也能够享受或者提前享受到模拟家庭环境的滋养。

3. 优化安置策略

国内外实证研究表明，机构养育的未成年人相较于生活在家庭环境中的未成年人，普遍存在发育迟缓、社会化不足的情况，且成年后社会融入能力低下、易出现心理健康问题、创造经济价值的能力不足。由此可见，机构养育对于未成年人来说并非良选。鉴于此，民政部门对长期监护的、具备回归家庭条件的未成年人，应为其选择收养家庭，实现家庭永久安置；对临时监护或不符合送养条件、无法送养的未成年人，应优先选择家庭寄养安置；对需长期接受医疗康复、特殊教育等专业照护服务且不具备送养、家庭寄养条件的重度残疾儿童，应由儿童福利机构集中养育。安置过程中，应采取"收养优先于寄养、寄养优先于机构集中养育"、"收养、寄养亲属优先"、"尊重未成年人本人意愿"的安置方式和原则，根据每一名未成年人的具体情况，为其制定最优安置方案。

（六）推进普惠性儿童福利制度建设与执行

加强儿童福利保障和服务是国家履行联合国《儿童权利公约》等国际公约签约国责任，将制度优势向更高的治理效能、治理体系和治理能力现代化水平转化的重要内容之一，是促进未成年人监护实现更优成效必要且关键的途径，也是家庭和社会的迫切需要和殷切期盼。此外，国家统计局数据显示，2021年我国人均 GDP 达到 80976 元，按年平均汇率折算达 12551 美元，超过世界人均 GDP 水平。① 可以说，强化惠及全体的儿童福利体系建设既存在需求又具备条件。

1. 推动出台儿童福利法

完善儿童福利法律法规，特别是出台儿童福利法是将有益的儿童福利政策、举措和实践成果固定下来的必然需要，也是全方位、规范化推行普惠性儿童福利的不二选择。基于此，应加速出台儿童福利法，并将加强未成年人保护，包括未成年人监护确立为立法目标之一，在概念方面，对虐待未成年人做出明确定义，特别是要将忽视、剥削（包括性剥削）等情形纳入其中；在赋权方面，赋予其他监护人医疗决定权、监护报酬或者补偿请求权等权利，赋予法定当然监护人、遗嘱指定监护人、临时监护人等拒绝监护等权利；在追责方面，丰富执行手段，比如强制报告报告人履责不到位的，酌情罚款等，引入人性化做法，比如强制报告报告人所报告情形不能得到确切证实的，且能够排除主观恶意的，视情免责；在制度方面，明确建立监护监督人、财产监护及监护监督、监护支持、紧急安置等制度，并对已有制度，比如委托照护、临时监护、寄养或类家庭养育等，作出必要的完善；在福利措施方面，加强孕期教育、托育服务、发育迟缓和听力障碍及自闭谱系障碍等患儿早期筛查和干预，病残儿童医疗救治和康复服务，收养后支持服务，父母亲职教育，家庭赋能，特殊教育（包括残疾儿童特殊教育、专门教育）等方面的安排。

2. 加强公共服务供给

（1）满足家庭托幼托育需求。一是加强普惠性托育服务供给。应有针对性地解决普惠性托育服务供给不足问题，发挥政府主导作用，推动各地，尤其是人口生育水平相对较高、人口流入量相对较大的地方加快建设一批公立托育服务机构。同时，统筹各方资源，鼓励多方参与，加强政策支持力度，通过减免场地租金、落实水电气费用优惠、提供财政补贴等措施，降低运营成本，让托育服务价格更实惠、更亲民。二是满足家庭就近和多元托育需求。应支持社区设立托育服务点，为家庭提供就近便利的托育服务；鼓励公立幼儿园开设婴幼儿半日照料班；鼓励企事业单位在单位内部兴办托育班；引导有资质的社会机构提供全日托、半日托、临时托，以及以病残儿童为对象的托育服务，满足

---

① 无：《2021 年国民经济运行情况答记者问》，载国家统计局官网 http：//www.stats.gov.cn/ztjc/zthd/lhfw/2022/lh_hgjj/202202/t20220228_1828006.html，最后访问日期：2022 年 9 月 14 日。

家庭的多元化需求。三是加强托幼托育机构管理。应加大对托幼托育机构的监管力度，在消防安全、食品安全、岗位安全等方面加强监督管理，强化对人员准入制度的落实，尤其是对工作人员性侵害、虐待、拐卖、暴力伤害等违法犯罪情况核查工作的落实，确保入托婴幼儿得到安全照护。四是提高托幼托育机构教师素质。应提升师范专科学校和师范学院培养专业婴幼儿教师的能力，扩大婴幼儿教师，特别是能够满足病残儿童特殊需求的婴幼儿教师的培养规模，并建立托幼托育机构教师全员培训和特殊教育等专业能力培训制度，为托幼托育机构提供人才保障，同时提高婴幼儿教师保教专业能力和职业素养。

（2）提供医疗康复保障。应根据未成年人医疗康复需求，加大优质服务供给。一是推进医疗服务均衡化发展。各地政府应着力推动优质公共医疗资源下沉，提升基层医疗服务能力和水平，促进医疗资源匹配均衡化发展，满足未成年人就近接受医疗和康复治疗的需求。尤其应提升县、社区医疗机构对脑瘫、自闭谱系障碍等患病未成年人的康复治疗训练能力，提高相关服务的可及性。二是加强医疗救助保障。应提高病残儿童康复救助标准、扩大救助范围，保障有需求的病残儿童都能及时得到医治和康复训练。三是普及医学卫生知识。卫生健康行政部门应加大对新生儿出生缺陷或儿科身心疾病相关知识的普及力度，特别是关于一些特殊疾病，比如脑瘫、自闭谱系障碍等早期表现的知识，使父母、托幼托育机构、基层医疗服务机构能够对未成年人患病的情况作到早发现，进而作到早确诊、早干预，实现更好的干预结果。四是加强儿科医学学科建设。卫生健康行政部门应指导医学类院校和医学研究机构进一步加强儿科学科建设，指导医疗机构加强儿科建设，为医疗机构提供儿科人才保障，提升儿科医疗服务能力和水平，更好满足未成年人就医需求。

（3）探索推进全纳教育。全纳教育①作为一种教育思潮，相关实践已经在国际上推行了近30年。我国为残疾儿童设立随班就读政策便是饱含全纳教育理念的一项尝试。鉴于全纳教育有助于家庭监护、有助于特需未成年人②权利保护，应当探索将其更加全面、系统地纳入公共服务供给。一是加快完善无障碍设施和学校特教设施设备。建设部门应加快完善社区、社会、学校无障碍设

---

① 全纳教育的核心主张：一是平等关注和对待每一个学生，反对任何排斥和歧视学生的行为；二是满足学生个性化需求，为其提供适合身心发展需要的教育；三是通过教育，帮助学生为成年和独立生活做好准备。

② 特需未成年人：因存在身心健康等问题而需要特别照护和帮助的未成年人。

施，保障特需未成年人出得了家门，进得去教室。普通学校应添置适合特需未成年人就学需要的设施设备，保障相关教学工作的顺利开展。二是优化特需未成年人教育安排。教育部门应指导普通幼儿园、普通学校扩大特需未成年人随班就读的接收范围，保障具备随班就读条件的未成年人就近进入普通幼儿园、普通学校接受保育、教育。普通幼儿园、普通学校应当开办特教班，接收适合进入普通学校就学，但不具备随班就读条件的未成年人，满足特需未成年人就近入园入学的需求。民政部门应指导具备条件的儿童福利机构设立特教班、特教幼儿园，满足特需未成年人教育、医疗康复训练融合实施的特殊需求。三是加强特殊教育教师队伍建设。应当鼓励和支持高校、专科学校特殊教育专业扩大招生规模，同时在其他师范类专业教育教学计划中适当增设与特殊教育有关的科目，还应当对普通学校管理人员，以及特教班、有随班就读学生的教师，进行特教培训，以便壮大特殊教育教师队伍，提高特需未成年人教育服务质量。四是加强特需未成年人教育经费保障。财政部门应当全额保障特需未成年人教育投入，包括为完善相关设施设备、优化相关教育安排、培养职业队伍等提供资金保障，以促进特需未成年人教育的普及和质量提升。

3. 加强未成年人工作队伍建设

（1）建立专职专业儿童主任队伍。针对儿童主任工作内容过多、工作量过大且普遍缺少专业知识技能，对辖区未成年人监护情况，特别是未成年人遭受监护侵害的情况无法作到全面、准确、公允判断的问题，应创新和规范儿童主任人才管理制度，优化儿童主任工作队伍，确保有人干事而且工作到位。一是推进儿童主任工作队伍职业化建设。应在村（居）民委员会设置儿童主任公益性岗位，规范儿童主任选任标准，明确儿童主任应当具备的职业道德和专业条件，并建立工作薪酬制度及收入随工作年限、职级晋升增长机制，以吸引更多人才加入儿童主任队伍。二是建立儿童主任职级体系。应为儿童主任设定初、中、高三个职级，明确各职级评价指标，并确立职级晋升制度。初级能力评价指标应明确从事儿童主任工作的基本资质要求，晋升制度应分别明确中、高职级晋升标准，以激励儿童主任通过加强专业学习、提高工作素养和能力，实现职级进阶。三是建立各职级梯度培训机制。应加强儿童主任岗位培训，对初级职位人员重点开展基础知识和技能培训，对中高级职位人员开展技能和理论培训，循序渐进地提高儿童主任职业素养和专业能力，为儿童主任提升专业能力提供支持。四是拓展儿童主任发展空间。应建立同等条件下，未成年人救助保护机构、儿童督导员岗位优先聘用优秀高职级儿童主任的制度，以吸引优秀专业人员担任儿童主任，并通过人才的流动和补充促进形成工作活力。

（2）加大工作队伍培训力度。公安、教育、卫生健康、民政、人民法院、人民检察院等参与未成年人监护问题治理的单位，应建立专职岗位培训、专题培训、定期培训等制度，并纳入法律政策、工作规范、个案解析，以及未成年人成长阶段与心理发展相关理论和专业知识等培训内容，以提高相关人员的办事能力和业务水平，特别是运用法律政策、开展群众工作、评判家庭监护状况和未成年人安危状况、提供未成年人关爱保护的能力和水平。应加强职业操守教育，引导工作队伍加强职业道德建设，提高责任意识，尊重未成年人独立人格，始终把最有利于未成年人作为开展工作的最高遵循。应鼓励相关工作人员通过自学、接受培训，考取社会工作师、家庭教育指导师、心理治疗师、法律职业资格等资质，增强开展未成年人监护相关工作的专业能力。应常态化开展工作督导，促进一线工作人员不断提高工作质量，形成高素质专业化的未成年人保护工作队伍。

（3）加强学科建设。教育部门应指导高等院校、研究机构加强未成年人保护学科建设，通过未成年人保护学科化、专业化发展，带动未成年人监护问题治理能力提升。广泛培养未成年人保护工作，包括未成年人监护工作需要的社会工作、教育、心理、精神医学、法律等各学科专业人才和跨学科复合型人才。开创未成年人保护专业，并采取到岗退费或公费培养、定向培养等方式，重点吸引具有一定基层工作经验的人员报考。积极开展相关课题研究，对未成年人监护相关问题及其背后深层次社会原因作到及时和具有前瞻性的发现和解析，并为解决问题、推动相关工作实践提供理论支撑和方法策略。探索开设面向儿童主任、儿童督导员、医生、教师、警察等未成年人保护工作一线人员的培训班，提高其开展相关工作和解决实践问题的综合技能。财政部门应加大对以上工作的支持力度，视情将相关费用，特别是重点科研项目经费、专业化培训经费等纳入财政预算。

4. 促进社会力量参与

（1）培育专业社会组织。民政部门应针对未成年人专业服务社会组织发展不充分不均衡的问题，加快扶持培育社会工作、心理辅导、家庭教育指导等专业社会组织。依托乡镇（街道）综合服务中心和社区服务站等设施，为社会组织提供组织运作和活动场地。未成年人保护相关行政单位应采取政府购买服务、开发项目等方式支持专业社会组织参与未成年人监护问题治理，发挥社会组织在家庭监护指导、家庭矛盾调解、困境儿童心理疏导、不良行为矫正、家庭监护能力评估等方面的专业作用。民政部门应将未成年人救助保护列入政府购买服务目录，稳定公益项目，促进优秀专业社会组织良性发展。

（2）鼓励志愿服务。民政部门应建立完善未成年人监护支持志愿服务机制，引导志愿者、志愿服务组织参与未成年人监护支持工作。未成年人监护支持志愿服务应由乡镇人民政府、街道办事处主导，结合"五社联动"① 相关社会关爱服务项目的开展，在村（居）民委员会调查掌握社区未成年人监护相关需求的基础上，合理安排志愿力量参与未成年人监护工作。为切实保护接受支持服务的未成年人，同时全面发挥志愿服务积极作用，应注意加强招募管理，对相关志愿者开展必要的性侵害、虐待、拐卖、暴力伤害等违法犯罪情况核查；加强背景考量，优先选派具有社会工作、心理、法律、教育、精神医学等学业或职业背景的志愿者；加强岗前培训，在志愿者正式执行岗位任务之前，安排专业人员对其开展未成年人保护相关知识技能培训；加强过程管理，通过科学配置职业力量和志愿力量、严格工作规程、确立客观公允的评价投诉管理机制，保证志愿服务质量。

（3）引入慈善力量。民政部门应加强同慈善基金会以及大型企业公益慈善部门的合作，在家庭监护帮扶需求同慈善资源之间建立适配的链接，推动并指导慈善力量更加活跃地参与到未成年人监护问题治理中来，促进第三次分配在未成年人监护支持与服务方面发挥重要作用，重点以项目方式，投入资金、专业力量等资源，为困难家庭提供经济援助、就业帮扶、医疗康复救助、家庭教育指导、心理辅导、喘息服务等支持，通过改善家庭境况，实现对未成年人监护状况的优化。

---

① "五社联动"：社区与社会组织、社会工作者、社区志愿者、社会慈善资源的联动机制。

参考文献

[1] 中华人民共和国民法典（中华人民共和国主席令第45号）

[2] 中华人民共和国未成年人保护法（中华人民共和国主席令第57号）

[3] 国务院未成年人保护工作领导小组关于加强未成年人保护工作的意见（国未保组〔2021〕1号）

[4] 关于加强农村留守儿童关爱保护工作的意见（国发〔2016〕13号）

[5] 关于加强困境儿童保障工作的意见（国发〔2016〕36号）

[6] 关于依法处理监护人侵害未成年人权益行为若干问题的意见（法发〔2014〕24号）

[7] 关于建立侵害未成年人案件强制报告制度的意见（试行）

[8] 关于进一步健全农村留守儿童和困境儿童关爱服务体系的意见（民发〔2019〕34号）

[9] 中华人民共和国家庭教育促进法（中华人民共和国主席令第98号）

[10] 社会工作综合能力（中级）2021年版

[11] 社会工作实务（中级）2021年版

[12] MZ/T 086—2017 受监护侵害未成年人保护工作指引

[13] DB 3211/T 1007-2019 困境未成年人评估规范

附录

附录1：

ICSXX. XXX

AXX

M Z

中 华 人 民 共 和 国 民 政 行 业 标 准

MZ/T XXX—XXXX

未成年人家庭监护状况评估指引

Evaluation guideline of family guardianship status of children

草案稿

2022－XX－XX 发布   2022－XX－XX 实施

中华人民共和国民政部

目　次

7.1 未成年人状况（权重约 34%）

7.1.1 未成年人生存状况

7.1.2 未成年人发展状况

7.1.3 未成年人受保护状况

7.1.4 未成年人社会化状况

7.2 监护人和家庭状况（权重约 58%）

7.2.1 监护人基本情况

7.2.2 家庭基本情况

7.2.3 监护意愿和家庭教育

7.3 家庭社会化程度（权重约 8%）

8. 评估流程

8.1 评估委托

8.2 评估准备

8.2.1 制定方案

8.2.2 资料收集

8.2.3 核对预约

8.3 现场评估

8.4 评估结果与反馈

9. 评估方法

9.1 观察法

9.2 访谈法

9.3 问卷法

10. 评估结果使用

10.1 监护能力分级

10.2 后续干预帮扶

11. 材料归档

前　　言

　　本标准按照 GB/T 1.1-2020《标准化工作导则第 1 部分：标准的结构和编写》给出的规则起草。

　　本标准由中国儿童福利和收养中心提出。

　　本标准由中华人民共和国民政部儿童福利司归口。

　　本标准起草单位：中国儿童福利和收养中心、爱佑慈善基金会。

引　言

在习近平新时代中国特色社会主义思想指导下，为深入贯彻党的二十大精神，认真落实习近平总书记关于民生民政工作的重要论述，牢固树立以人民为中心的发展思想，全面推动《中华人民共和国民法典》《中华人民共和国未成年人保护法》《中华人民共和国家庭教育促进法》《国务院未成年人保护工作领导小组关于加强未成年人保护工作的意见》（国未保组〔2021〕1号）以及相关法律政策规定，制定《未成年人家庭监护状况评估指引》。本指引的制定以未成年人需求为视角出发，为评估未成年人的监护状况提供统一、规范、具备可操作性的技术指标和评价指引，便于相关评估机构科学精准评估未成年人家庭监护状况和风险等级，为民政部门及其他有关单位实施未成年人监护干预措施提供有益参考。

未成年人家庭监护状况评估指引

1. 范围

本标准规定了未成年人家庭监护状况评估工作的相关术语和定义、评估对象、评估原则、评估主体、评估指标体系及分值权重、评估流程、评估方法、评估结果使用的要求。

本标准主要适用于民政部门或者受民政部门委托，由相关评估机构开展的未成年人家庭监护状况评估工作。

其他依法具有或受托行使未成年人保护职责的相关单位，可依本标准组织评估，并参考使用评估结果。

2. 规范性引用文件

MZ/T 086-2017《受监护侵害未成年人保护工作指引》。

3. 术语和定义

下列术语和定义适用于本标准。

3.1 未成年人 children

在中国境内长期生活的未满十八周岁的中国公民。在本标准中与儿童同义。

3.2 家庭监护 family guardianship

未成年人在家庭中接受的监护，主要包括父母（包括生父母、养父母以及形成抚养关系的继父母等）或者其他自然人监护人对未成年人负有抚养、教育和保护的义务。

3.3 监护能力 guardianship ability

代理未成年人的人身、财产事务，维护未成年人身心健康及财产等合法权益的能力。包括监护人的身体健康状况、经济条件，以及与被监护人在生活上的联系状况等因素。

3.4 监护状况 guardianship status

在家庭监护中，未成年人的人身、财产事务，以及未成年人身心健康及财产等合法权益所处的情境。

3.5 监护意识 consciousness of guardianship

对代理未成年人的人身、财产事务，维护未成年人身心健康及财产等合法权益的觉察和关注程度。

3.6 困境儿童 children in especially difficult circumstances

因家庭贫困导致生活、就医、就学等困难的未成年人，因自身残疾导致康复、照料、护理和社会融入等困难的未成年人，以及因家庭监护缺失或监护不当遭受虐待、遗弃、意外伤害、不法侵害等导致人身安全受到威胁或侵害的未成年人。

3.7 留守儿童 children left-behind

父母双方外出务工或一方外出务工另一方无监护能力、不满十六周岁的未成年人。

3.8 未成年人保护服务 child protection service

旨在预防和处置未成年人遭受忽视、遗弃、虐待、剥削、拐卖、性侵害等伤害而开展的社会服务。

3.9 家庭和社会背景调查评估 family and social investigation assessment

由相关评估机构开展的，就未成年人个案搜集和分析资料，了解未成年人监护状况、未成年人及家庭的需求、监护人监护意愿和监护能力等信息，为未成年人保护计划的制定及会商等提供资讯与建议。

4. 评估对象

主要包括：

A）未成年人，特别是困境儿童和留守儿童；

B）A 项的监护人；

C）其他可能对 A 项、B 项及 A 项的家庭监护状况产生重要影响的民事主体。

5. 评估原则

5.1 最有利于未成年人

尊重未成年人权利主体地位，优先考虑未成年人的利益，充分听取其意见与建议，评估未成年人生存与发展的现状与需要。

5.2 客观性

评估过程可根据评估对象的实际情况与需要，参照本标准中所使用的评估指标，以客观事实为依据，多方面着手分析，分析得出科学的结论。

5.3　公正性

评估人员应保持开放态度，客观、完整听取并记录各评估对象的意见，避免因自身的道德立场或情感偏见影响评估。

5.4　专业性

以社会工作、法律、心理、教育等专业为主导，推进专业机构、专业人员运用科学的评估方法及规范的评估流程开展专业的评估工作。

5.5　充分性

不仅围绕未成年人的父母、祖父母、外祖父母及其他亲属开展评估，必要时还应通过其居住地或户籍所在地的村（居）民委员会干部、社会工作者、学校老师、办案民警、医务人员、邻居等知悉情况的人员或可能抚养未成年人的利益相关方收集相关资料。

5.6　隐私保护

评估主体应保护在评估过程中获得评估对象的隐私及其他个人信息，不得向与未成年人家庭监护状况评估、未成年人保护工作无直接关系的第三方泄露调查评估内容。若因工作交流、科研教学等原因确需引用时，调查评估机构应进行技术处理，不可公开未成年人及其亲友的真实姓名等隐私及其他个人信息。

6. 评估基本要求

6.1　评估组织方

依法具有或受托行使未成年人帮扶、保护职责的相关单位。包括但不限于：

A）民政、教育等有关部门；

B）乡镇人民政府、街道办事处；

C）司法机关；

D）共青团、妇联等群团组织或人民团体。

6.2　评估执行方

6.2.1　评估机构

评估机构应同时具备下列条件：

A）具有法人资格，依法登记注册的事业单位或社会组织登记评估为3A及以上等级的未成年人服务机构；

B）职责或业务范围包含未成年人保护与福利服务，且具备相关工作经验；

C）具有不少于3名以上的全职工作人员，且其中至少有一人持有社会工作资格证书。

6.2.2 评估人员

评估人员应同时具备下列条件：

A）拥护中国共产党的领导，无违法犯罪记录；

B）具备完全民事行为能力；

C）具有大专及以上学历，认同未成年人权利和理念，熟悉并掌握未成年人保护知识；

D）持有国家认定的社会工作者、法律等职业资格证书或取得医疗、教育、社会工作、心理咨询等相关专业初级及以上职称。

7. 评估指标体系及分值权重

本标准的评估指标采用"扣分制"，起始满分为120分。评估人员以未成年人个案数量为单位开展评估，填写、计算各指标所扣分数，并汇总各部分所扣分数形成最终剩余分数。

评估指标共3个部分，分别为未成年人状况、监护人和家庭状况、家庭社会化程度，其中：

A）未成年人状况部分一级指标共4个，包括未成年人生存状况、未成年人发展状况、未成年人受保护状况、未成年人社会化状况。在此基础上设二级指标14个。

B）监护人和家庭状况部分一级指标共3个，包括监护人基本情况、家庭基本情况、监护意愿和家庭教育。在此基础上设二级指标19个。

C）家庭社会化程度部分一级指标共1个，在此基础上设二级指标3个。

评估人员据实选择各二级指标中对应选项，并扣减相应分数，得出每部分剩余分数（若出现二级指标选项中未涵盖的情况，可在"其他备注或说明事项"栏中填写内容，并在该二级指标总分范围内酌情扣分）。并将各部分剩余分数相加，得到未成年人家庭监护状况评估的总分。

7.1 未成年人状况（权重约34%）

7.1.1 未成年人生存状况

未成年人生存状况包括但不限于：

A）性别、出生日期、户籍、居住地等基本信息；

B）身心健康情况；

C）医疗照护情况；

D）居住、卫生条件。

7.1.2　未成年人发展状况

未成年人发展状况包括但不限于：

A）教育学习情况；

B）家庭氛围情况；

C）休闲娱乐情况。

7.1.3　未成年人受保护状况

未成年人受保护状况包括但不限于：

A）受到身体伤害（含性虐待）的情况；

B）受到精神伤害的情况；

C）受到忽视、遗弃的情况；

D）受到剥削、过度控制或干预的情况。

7.1.4　未成年人社会化状况

未成年人社会化状况包括但不限于：

A）基本生活技能；

B）生活习惯情况；

C）道德品质情况；

D）社会交往情况。

7.2　监护人和家庭状况（权重约58%）

7.2.1　监护人基本情况

监护人基本情况包括但不限于：

A）性别、出生日期、婚姻状况、户籍、居住地等基本信息；

B）身体健康情况；

C）文化程度和就业情况；

D）经济状况；

D）道德品质情况；

E）遵纪守法情况。

7.2.2 家庭基本情况

家庭基本情况包括但不限于：

A）监护人之间的关系；

B）家庭经济情况；

C）监护人与未成年人关系情况；

D）家庭成员之间的沟通方式，对未成年人的家庭养育、教育方式。

7.2.3 监护意愿和家庭教育

监护意愿和家庭教育包括但不限于：

A）对家庭监护及监护人职责的认识程度、监护意愿；

B）对未成年人基本权利的了解和认可程度；

C）对未成年人成长阶段、特点和需求的了解程度；

D）对《未成年人保护法》《家庭教育促进法》等相关法律法规的了解程度；

E）对未成年人基本生活技能、生活习惯、道德品质、社会交往等能力的培养情况。

7.3 家庭社会化程度（权重约8%）

家庭社会化程度包括但不限于：

A）家庭接受救助的情况；

B）家庭与社区建立关系并获得社区内其他资源支持的情况；

C）家庭成员与其他亲属、朋友交往情况，以及获得支持情况。

8. 评估流程

8.1 评估委托

评估组织方通过签订书面合同委托评估机构承担未成年人家庭监护状况评估工作，并根据未成年人个案情况确定评估时限。

8.2 评估准备

8.2.1 制定方案

8.2.1.1 评估机构组建评估小组，为每个未成年人个案单独制定评估方案。评估方案内容包括评估对象、目标任务、评估方法、评估要点、时间进度、人员组成与分工等。

8.2.1.2 每个未成年人个案的评估小组应由至少两名评估人员组成。

8.2.2 资料收集

根据评估方案需要，在现场评估前，评估人员应通过公安机关、医疗机构、未成年人所在学校、监护人所在工作单位、其居住地或户籍所在地的村（居）民委员会等组织收集未成年人个案的基本资料，并填制形成《未成年人信息表》（参见附件2）。必要时前往相关职能部门收集具有法律效力的资料或证据。如有需要可使用《走访村（居）民委员会或单位了解监护人情况访谈要点记录》（参见附件7）作为辅助工具。

8.2.3 核对预约

8.2.3.1 评估人员在核对评估对象的身份、现住地址、联系电话等信息后，与其预约现场评估事宜，告知现场评估的时间安排及要求等。

8.2.3.2 在确定评估的具体时间地点时，应征求评估对象的意见，尽可能在其感觉放松的环境中开展评估。

8.3 现场评估

8.3.1 评估人员开展现场评估时，应着装整洁、正确佩戴工作牌，行为举止应符合礼仪规范，使用文明用语，并采取以下措施，消除评估对象顾虑：

A）介绍自己的身份；

B）说明所属评估机构的性质、职能和可以提供的服务；

C）说明评估的目的和内容；

D）说明评估遵循隐私保密原则。

8.3.2 现场评估开始前，评估人员应出示《开展未成年人家庭监护状况评估通知书》（参见附件1），由评估对象在该通知书上签字确认。

8.3.3 评估人员发现所评估的未成年人生命安全正遭受严重威胁或侵害时，应首先向公安机关报案，将其带离现场后再开展评估。

8.3.4 评估人员现场核实评估对象身份，收集评估所需资料，按评估方案要求开展评估。

8.3.5 经评估对象同意，评估人员可对评估过程进行录音或录像。

8.3.6 评估人员应引导评估对象围绕评估要点主要事项陈述事实或发表观点。遇到评估对象的表达不够具体或意思表示含混时，评估人员可通过微笑、身体前倾、点头、适时重复或及时插话提问等，引导其清晰表达。

8.3.7 评估人员应认真分析评估对象语气，仔细观察其动作、神态与表情，寻找有效信息，但不应对评估对象的观点和言行作出评判。

8.3.8 所评估的未成年人受到过或疑似受到过监护侵害的，应在尊重未成年人的前提下，以友好、安全的方式开展工作，避免让未成年人反复陈述其遭受侵害的过程与感受。

8.4 评估结果与反馈

8.4.1 现场评估结束后，评估人员根据现场评估的情况，结合收集的资料，形成未成年人家庭监护状况评估报告（参见附件8）初稿。

8.4.2 评估报告内容包括但不限于：

A）评估开展情况，包含评估过程、评估人员及评估方法等内容；

B）评估对象基本信息：

a）未成年人状况；

b）监护人和家庭状况；

c）监护人监护意愿和家庭监护能力。

d）未成年人家庭所处社会环境基本信息。

C）监护状况分析；

D）评估结论及以下建议：

a）未成年人是否遭遇监护缺失或监护不当等情况，及其程度如何；

b）未成年人是否需要紧急安置；

c）家庭内其他未成年人是否遭遇监护缺失或监护不当等情况；

d）是否应建议申请人身安全保护裁定或建议有关部门依法撤销监护人资格；

e）针对后续干预服务或安置提出建议；

f）其他建议。

8.4.3 评估机构出具正式评估报告，并在约定时限内送达评估组织方。

9. 评估方法

评估人员可组合使用观察法、访谈法、问卷法、查阅资料、实地走访等评估方法开展评估。所评估得到的情况均应形成书面记录。

9.1 观察法

9.1.1 对未成年人及其监护人的身体状况与生活状况等进行现场观察，了解其实际情况。观察内容包括但不限于：身体样态、精神面貌、衣着打扮、行为表现、人际交往、情绪状况等。

9.1.2 对未成年人的家庭生活状况等进行现场观察，了解其家庭监护环境。观察内容包括但不限于：社区环境、房屋面积、居住卫生、家庭用具、日常用品、日常饮食等。

9.1.3 对未成年人的社会环境等进行现场观察，了解未成年人的日常活动环境。观察地点包括但不限于：学校、其他常去的社会场所等。

9.2 访谈法

9.2.1 访谈形式包括个人访谈和团体访谈，后者评估对象人数宜控制在3人至9人。

9.2.2 对未成年人的访谈应在监护人不在场的情况下进行。对于八周岁以上、具备限制民事行为能力的未成年人应进行访谈，不满八周岁、无民事行为能力的未成年人应通过适当方式了解其对家庭监护的感受。

9.2.3 对未成年人和监护人的访谈要点应围绕本标准评估指标体系（7.1、7.2、7.3）内容开展。如有需要可使用《入户访谈要点记录》（参见附件6）作为辅助工具。

9.2.4 必要时还可对未成年人的其他亲属、其居住地或户籍所在地的村（居）民委员会干部、社会工作者、学校老师、办案民警、医务人员、邻居等知悉情况的人员或可能抚养未成年人的利益相关方就未成年人的相关情况进行访谈。如有需要可使用《走访村（居）民委员会或单位了解监护人情况访谈要点记录》（参见附件7）作为辅助工具。

9.3 问卷法

9.3.1 现场评估中，可利用本标准后附的《未成年人家庭监护状况评估表》（参见附件3、4、5）等问卷收集未成年人的基本信息、监护人状况信息、未成年人家庭监护状况等。

9.3.2 在现场评估结束后，应对问卷填写完整性和内容真实性进行质量复核，并根据复核情况完善资料。

10. 评估结果使用

10.1 监护能力分级

10.1.1 根据评估结果对未成年人家庭监护状况进行分级，具体分为低风险、中风险、高风险、极高风险4个等级。

10.1.2 评分标准：100分及以上为低风险，75-99分为中风险，30-74分为高风险，29分及以下为极高风险。发现监护人有下列情况之一的，表明未成年人处于极高风险，应参照《关于建立侵害未成年人案件强制报告制度的意见（试行）》的要求，在 24 小时内向公安、教育、民政等相关部门报告：

A）性侵害、出卖、遗弃、虐待、暴力伤害未成年人，严重损害未成年人身心健康的；

B）将未成年人置于无人监管和照看的状态，导致未成年人面临死亡或者严重伤害危险的；

C）拒不履行监护职责长达六个月以上，导致未成年人流离失所或者生活无着的；

D）有吸毒、赌博、长期酗酒等恶习无法正确履行监护职责或者因服刑等原因无法履行监护职责，且拒绝将监护职责委托给他人，致使未成年人处于困境或者危险状态的；

E）胁迫、诱骗、利用未成年人乞讨，经公安机关和未成年人救助保护机构等部门二次以上批评教育拒不改正，严重影响未成年人正常生活和学习的；

F）教唆、利用未成年人实施违法犯罪行为，情节恶劣的。

10.1.3　评估过程中，监护人已经口头或书面明确表示或用行动表示拒绝履行未成年人家庭监护职责的，评估人员应告知其可能承担的不利后果和法律责任，并据实记录在《未成年人家庭监护状况评估表》（参见附件 3、4、5）的"其他备注或说明事项"处或《入户访谈要点记录》（参见附件 6），以供备查参考。

10.1.4　未成年人家庭监护状况评估结论、等级将作为评估组织方判断后续干预帮扶工作的重要依据和参考。

10.2　后续干预帮扶

评估组织方可根据未成年人家庭监护状况评估等级组织开展相应的干预帮扶工作，包括但不限于以下内容：

A）家庭监护状况评估为低风险的家庭，评估组织方可继续对评估对象进行跟踪观察；

B）家庭监护状况评估为中风险的家庭，评估组织方可组织为其提供家庭照料等支持性服务，或亲职教育及治疗性服务等；

C）家庭监护状况评估为高风险的，评估组织方可组织提供亲职教育及治疗性服务等，建议申请人身安全保护裁定或建议有关部门依法撤销监护人资格；

D）家庭监护状况评估为极高风险的，评估组织方可建议申请人身安全保护裁定或建议有关部门依法撤销监护人资格。

11. 材料归档

11.1　归档内容应包括评估方案、使用评估方法开展评估的完整过程记录、评估报告以及其他评估过程中的书面和音视频电子材料及记录等。

11.2　评估机构应在每个未成年人个案评估工作完成后的 30 个工作日内，以一个未成年人个案为一档，将评估材料归档。归档评估材料的保存期限以及保密措施参照国家相关档案管理规定执行，确保档案的真实性、完整性、准确性和保密性。

开展未成年人家庭监护状况
评估通知书

_____先生/女士

  你（们）为 (未成年人姓名) 的监护人。为进一步评估未成年人家庭监护状况，保障未成年人的合法权益和健康成长，根据《中华人民共和国民法典》《中华人民共和国未成年人保护法》等规定，(XX 省 XX 市 XX 县) 民政部门（或委托的第三方机构）将对你（们）履行监护职责的情况（包括但不限于照护情况、监护意愿、健康状况、婚姻家庭状况、道德品行、经济状况、社会关系等）进行评估。

机构名称（公章）

年 月 日

  我已仔细阅读以上内容，知晓开展未成年人家庭监护状况评估。

监护人签名：

附录3：

未成年人信息表

__省__市__县（区）__乡（镇、街道）__村（居）档案编号：_____

未成年人基本信息					
基本信息	姓名		性别	出生日期	年 月 日
	民族		证件号		
	是否登记户口	1. 是　　2. 否	户籍地是否本村（居）	1. 是　　2. 否	
	目前常住地	1. 本村（居）居住　2. 在县（区）内学校寄宿　3. 县（区）外就读　4. 独自在外务工不在本村（居）居住　5. 其它			
健康	身高_____（厘米）	体重_____（公斤）	是否按时接种疫苗	1. 是　　2. 否	
	健康状况	1. 健康　　2. 外伤　　3. 艾滋病　　4. 其他疾病_____ 5. 残疾（类型：　视力　听力　言语　肢体　精神　智力）			
	残疾等级	1. 非残疾　2. 一级　3. 二级　4. 三级　5. 四级	是否有残疾证	1. 是　　2. 否	
所属关注类型	1. 留守儿童　2. 散居孤儿　3. 事实无人抚养儿童　4. 困境儿童（　家庭困境　自身困境　监护困境）5. 其他_____				
社会福利保障信息	最低生活保障或特困供养补助	未享受此项保障　开始享受时间_____　补助金额_____			
	医疗救助	未享受此项保障　开始享受时间_____　补助金额_____			
	教育救助	未享受此项保障　开始享受时间_____　补助金额_____			
	残疾人补贴	未享受此项保障　开始享受时间_____　补助金额_____			
	孤儿基本生活费	未享受此项保障　开始享受时间_____　补助金额_____			
	事实无人抚养儿童基本生活费	未享受此项保障　开始享受时间_____　补助金额_____			
	其他福利补贴	名称_____　开始享受时间_____　补助金额_____			

续表

未成年人基本信息								
	姓名	出生年月	性别	职业	与未成年人关系	实际监护人	证件类型及号码	联系电话
父母情况						1. 是　　2. 否		
						1. 是　　2. 否		
其他共同生活人员						1. 是　　2. 否		
						1. 是　　2. 否		

附录4：

未成年人家庭监护状况评估表1

未成年人状况部分（40分）			
一级指标	二级指标	扣分	其他备注或说明事项
（一）生存状况	1. 身体健康：未成年人身体是否符合年龄特点（3分） 　A. 未成年人的身体情况与其年龄特点较为相符，精神面貌良好（0分） 　B. 未成年人的身体情况与其年龄特点存在偏差，或精神面貌欠佳（-2分） 　C. 未成年人的身体情况与其年龄特点严重不符，或精神萎靡（-3分）		
	2. 医疗卫生：未成年人的基本医疗卫生需求是否得到满足（3分） 　A. 未成年人在日常生活中的医疗卫生需求能够得到满足，出现病残情况，能够得到及时医疗救治（0分） 　B. 未成年人在日常生活中的医疗卫生需求能够得到部分满足，出现病残情况，能够得到基本医疗救治（-2分） 　C. 未成年人在日常生活中的医疗卫生需求无法得到满足，未成年人出现病残情况，存在恶化风险（-3分）		
	3. 生活环境：未成年人居住环境是否整洁卫生（2分） 　A. 未成年人居住环境较为整洁有序、干净卫生（0分） 　B. 未成年人居住环境存在脏乱现象（-1分） 　C. 未成年人居住环境卫生状况不佳，存在健康风险（-2分）		

未成年人状况部分（40分）			
一级指标	二级指标	扣分	其他备注或说明事项
（二）发展状况	4. 就学情况：未成年人到学龄阶段的就学情况（3分） 　A. 未成年人在读（在读：＿＿年级）或到学龄期可以入学（0分） 　B. 未成年人在学龄期无法入学，或存在无法入学的风险（－2分） 　C. 未成年人失/辍学（失/辍学时年级：＿＿年级）（－3分）		
	5. 行为表现：未成年人拥有一定的学习能力，能够独立完成与年龄相符的民事法律行为（3分） 　A. 八周岁以上的未成年人能够独立或在指导下完成日常学习或其他年龄特点相符的民事法律行为（0分） 　B. 八周岁以上的未成年人需要在监护人帮助下生活，较少能够独立完成与年龄特点相符的民事法律行为（－1分） 　C. 八周岁以上的未成年人缺乏与其年龄特点相符的自立能力（－3分）		学习成绩： 在学校的表现（是否班干部、喜欢的课程科目、得到过哪些奖励等）：
	6. 兴趣爱好：未成年人是否拥有适合的兴趣爱好，并获得支持（2分） 　A. 未成年人拥有适当的兴趣爱好，且获得相应的支持（0分） 　B. 未成年人尚未发掘适当的兴趣爱好，或拥有适当的兴趣爱好，但只能获得较少的支持（－1分） 　C. 未成年人适当的兴趣爱好得不到支持甚至遭到反对（－2分）		
	7. 网络使用：未成年人对网络的使用（3分） 　A. 未成年人能够正常使用网络，使用时间适度（0分） 　B. 未成年人无法或极少接触、使用网络（－1分） 　C. 未成年人存在浏览、传播不良信息的行为，影响正常生活和学习（－2分） 　D. 未成年人沉迷网络，或存在网络暴力、擅自进行大额网络消费等行为（－3分）		

未成年人状况部分（40分）			
一级指标	二级指标	扣分	其他备注或说明事项
（二）发展状况	8. 不良行为：未成年人是否存在不良行为（4分） A. 无严重的不良行为（0分） B. 有吸烟、赌博行为（-2分） C. 有离家出走、流浪乞讨行为（-3分） D. 有暴力、偷窃、抢夺行为（-4分）		其他不良行为：
	9. 亲属关系：未成年人与监护人、亲属关系是否稳定，关系是否融洽（3分） A. 未成年人与监护人、亲属关系稳定、融洽（0分） B. 未成年人与监护人、亲属关系稳定、但较冷淡或存在分歧（-2分） C. 未成年人与监护人、亲属关系不稳定、不融洽，或存在危机（-3分）		
（三）受保护状况	10. 遭受暴力：未成年人是否遭受过来自外界的暴力行为（4分） A. 在日常生活中几乎未遭受过暴力行为（0分） B. 在日常生活中遭受到轻微的打骂行为（-1分） C. 在日常生活中遭受到较重的肢体、言语暴力，有时会造成明显的外伤（-3分） D. 在日常生活中遭受过严重的暴力行为，或身体存在较重的外伤（-4分）		遭受过或正在遭受性侵害、出卖、遗弃、虐待、暴力伤害，严重损害未成年人身心健康的（-100分）
	11. 遭受剥削：未成年人流浪乞讨或从事与年龄、劳动强度不符的工作，或在工作中遭到剥削以及其他不公正待遇（3分） A. 未成年人没有流浪乞讨、从事与年龄不符的工作，或曾流浪乞讨、在工作中遭到剥削以及其他不公正待遇，但该行为已停止（0分） B. 未成年人存在流浪乞讨现象或从事与年龄不符的工作，或在工作中遭到剥削以及其他不公正待遇的风险（-2分） C. 未成年人正在流浪乞讨或从事与年龄不符的工作，或在工作中处于剥削以及其他不公正待遇的状态（-3分）		

续表

未成年人状况部分（40分）			
一级指标	二级指标	扣分	其他备注或说明事项
（四）未成年人社会化状况	12. 规则遵守：未成年人认同并遵守社会规则（校规等）知悉社会常识的情况（2分） 　　A. 未成年人自身或在监护人的引导下认同并遵守社会规则（0分） 　　B. 未成年人能够遵守或部分遵守社会规则，但不理解或不认可部分或全部规则（-1分） 　　C. 未成年人从内心到行为抵触甚至否定部分或全部社会规则（-2分）		
	13. 社会交往：未成年人与（监护人、共同生活人员以外的）他人的相处情况（3分） 　　A. 未成年人能够正确与他人相处，拥有关系较紧密的同龄朋友（0分） 　　B. 未成年人在与他人相处中过于外向或内向，相处存在障碍（-1分） 　　C. 未成年人与他人相处中存在或易产生矛盾、冲突等情况，或回避和他人相处（-3分）		
	14. 助人行为：未成年人对于帮助他人或利他行为的态度（2分） 　　A. 未成年人愿意尝试助人或利他行为（0分） 　　B. 未成年人因胆怯等原因不敢尝试助人或利他行为（-1分） 　　C. 未成年人不愿尝试助人或利他行为（-2分）		
本部分总扣分：　　　　　　　累计剩余分数：			

附录 5：

未成年人家庭监护状况评估表 2

监护人和家庭状况部分（70 分）			
一级指标	二级指标	扣分	其他备注或说明事项
（一）监护人基本情况	15. 健康状况：监护人健康情况（5 分） 　A. 较为健康，具有完全民事行为能力（0 分） 　B. 至少一方患有较严重的慢性疾病、传染病等，但是具有完全民事行为能力（-1 分） 　C. 至少一方患有重大病残（疾病名称：＿＿，残疾类型：视力 听力 言语 肢体 精神 智力 多重，残疾等级：＿＿级），但具有完全民事行为能力（-2 分） 　D. 至少一方为限制民事行为能力人或无民事行为能力人（-5 分）		监护人包含多重残疾类型的，残疾等级按最严重之等级填报。
	16. 教育程度：监护人接受的最高教育程度（2 分） 　A. 大专及以上（0 分） 　B. 高中、中专/技校（-1 分） 　C. 初中及以下（-2 分）		
	17. 婚姻状况：监护人婚姻状况（4 分） 　A. 已婚（0 分） 　B. 未婚或丧偶（-1 分） 　C. 离异（离婚时间：＿＿＿＿年＿＿＿＿月），双方对抚养照护义务进行了约定（-2 分） 　D. 离异（离婚时间：＿＿＿＿年＿＿＿＿月），且另一方拒绝履行抚养照护义务（-4 分）		
	18. 生活状态：监护人目前是否处于异常生活状态（5 分） 　A. 生活状态无异常（0 分） 　B. 至少一方失联（-3 分） 　C. 至少一方被依法限制人身自由（-4 分） 　D. 至少一方服刑在押、强制戒毒（-5 分）		因服刑等原因无法履行监护职责，且拒绝将监护职责部分或者全部委托给他人，致使未成年人处于困境或者危险状态的（-100 分）

续表

监护人和家庭状况部分（70分）			
一级指标	二级指标	扣分	其他备注或说明事项
（一）监护人基本情况	19. 就业情况：监护人就业情况（4分） 　A. 至少一方有较为稳定的工作（0分） 　B. 至少一方工作不稳定或待业，但具有就业意向（-2分） 　C. 至少一方待业，也无就业意向（-4分）		
	20. 不良行为：监护人存在不良行为或不良记录的情况（5分） 　A. 无不良行为或不良记录（0分） 　B. 有长期酗酒行为（-2分） 　C. 流浪乞讨（-2分） 　D. 有吸毒、赌博、嫖娼行为（-3分） 　E. 有严重暴力行为（-5分） 　F. 因上述行为遭受行政处罚（-4分） 　G. 因上述行为遭受刑事处罚（-5分）		监护人如果有多项不良记录，导致扣除总分计算超过5分的，按照5分扣除。 有吸毒、赌博、长期酗酒等恶习无法正确履行监护职责且拒绝将监护职责委托给他人，致使未成年人处于困境或者危险状态的（-100分）
（二）家庭基本情况	21. 家庭关系：监护人、共同生活人员之间的关系（4分） 　A. 监护人、共同生活人员之间关系均较为和睦（0分） 　B. 监护人、共同生活人员之间经常因琐事争吵（-1分） 　C. 监护人、共同生活人员之间长期存在矛盾（-3分） 　D. 监护人、共同生活人员之间存在严重矛盾和冲突（-4分）		
	22. 收入情况：未成年人家庭收入情况（4分） 　A. 监护人具有稳定的月收入（0分） 　B. 监护人的月收入较稳定，且能够获得救助作为补充（-1分） 　C. 监护人没有稳定月收入，或部分依靠救助（-3分） 　D. 监护人几乎没有月收入，或几乎完全依靠救助（-4分）		

续表

监护人和家庭状况部分（70分）			
一级指标	二级指标	扣分	其他备注或说明事项
（二）家庭基本情况	23. 照护支出：监护人为照护未成年人所提供的经济保障（5分） A. 监护人能够维持未成年人生活照护方面的月度支出（0分） B. 监护人勉强维持未成年人生活照护方面的月度支出（-1分） C. 监护人不能连续维持未成年人生活照护方面的月度支出（-4分） D. 监护人几乎无法维持未成年人生活照护方面的月度支出（-5分）		
	24. 负债情况：未成年人家庭负债情况（5分） A. 未成年人家庭或监护人无负债或承担了一定房贷、车贷等债务，但有偿债能力（0分） B. 未成年人家庭或监护人承担了一定金额的债务，偿债能力有限（-2分） C. 未成年人家庭或监护人承担了一定金额债务，且无偿债能力（-3分） D. 未成年人家庭或监护人承担了较大金额债务（高利贷、民间借贷）或以大额资产进行了担保，且无偿债能力（-5分）		
	25. 沟通交流：监护人和未成年人之间的沟通情况（3分） A. 监护人能够时刻关注未成年人的情绪变化和心理活动，和未成年人沟通次数较多，过程顺畅（0分） B. 监护人对未成年人情绪变化和心理活动关注较少，和未成年人沟通次数较少，或在沟通过程中未成年人对监护人有所隐瞒（-2分） C. 监护人几乎不关注未成年人的情绪变化和心理活动，和未成年人之间几乎没有沟通，或沟通总是以不快、争吵结束（-3分）		

监护人和家庭状况部分（70分）			
一级指标	二级指标	扣分	其他备注或说明事项
（二）家庭基本情况	26. 教育方式：监护人对未成年人的教育方式是否得当（4分） 　　A. 监护人尊重未成年人想法，平等交流，对未成年人既有约束，又有鼓励（0分） 　　B. 监护人对未成年人盲目溺爱、疏于管束，抑或管束过严（-3分） 　　C. 监护人对待未成年人缺少爱心或耐心，管理方式粗暴或缺少责任感，对未成年人放任自流（-4分）		监护人胁迫、诱骗、利用未成年人乞讨，经公安机关和未成年人救助保护机构等部门二次以上批评教育拒不改正，严重影响未成年人正常生活和学习的（-100分）
（三）监护意愿和家庭教育	27. 动机意愿：监护人抚养照护未成年人的动机和意愿（4分） 　　A. 监护人愿意照护抚养未成年人，具有较强的家庭责任感，积极克服不利因素，愿为儿童健康成长奉献付出（0分） 　　B. 监护人愿意照护抚养未成年人，有一定的家庭责任感，但受到一些因素影响和限制，履行家庭责任有所欠缺（-1分） 　　C. 监护人不愿付出太多去抚养照护未成年人（-3分） 　　D. 监护人仅是迫于道德约束、舆论压力，或害怕法律制裁而勉强当监护人（-4分）		监护人拒不履行监护职责长达六个月以上，导致未成年人流离失所或者生活无着的（-100分）
	28. 法律意识：监护人对于未成年人法律知识的理解程度（3分） 　　A. 正确理解并自愿承担监护人法定义务，尊重且保障未成年人各项权益（0分） 　　B. 对未成年人法律规定有一定了解，但对未成年人权益的实现与保障有所忽视或误解（-1分） 　　C. 不了解亦不想了解未成年人法律规定，导致未成年人权益遭受侵害或产生监护风险（-3分）		教唆、利用未成年人实施违法犯罪行为，情节恶劣的（-100分）

续表

监护人和家庭状况部分（70分）			
一级指标	二级指标	扣分	其他备注或说明事项
（三）监护意愿和家庭教育	29. 安全意识：监护人对未成年人的安全意识和自我保护能力的培养（5分） A. 监护人能够使未成年人长期处于较为安全的环境，并重视未成年人安全意识和自我保护能力的培养与提升（0分） B. 监护人不能使未成年人长期处于较为安全的环境，或较少关注和培养未成年人安全意识和自我保护能力（-2分） C. 监护人不关注未成年人安全意识和自我保护能力的培养，且未成年人经常处于安全风险之中（-5分）		监护人将未成年人置于无人监管和照看的状态，导致未成年人面临死亡或者严重伤害危险的（-100分）
	30. 文体活动：监护人通过文体活动培养提升未成年人的文化修养和个人素质（3分） A. 监护人鼓励未成年人参与文体活动，注重其文化修养和个人素质的培养与提升（0分） B. 监护人对未成年人是否参与文体活动采取放任态度，对其文化修养和个人素质的培养提升关注较少（-1分） C. 监护人对未成年人参与文体活动有所限制，不在乎其文化修养和个人素质的培养提升（-3分）		
	31. 稳定关爱：未成年人家庭较为稳定，监护人是否能够提供长期稳定的关爱（3分） A. 监护人在本市区（村）内务农、工作，或在本市区（村）外务农、工作，但是几乎可以做到每天回家，为未成年人提供较为稳定关爱（0分） B. 监护人每年外出，能够定期回家，或虽无法经常回家，但对未成年人的照护事宜进行妥善安排，能够定期与未成年人联系（-1分） C. 监护人每年外出，未对未成年人的照护事宜进行妥善安排，但能够定期回家，能够不定期与未成年人联系（外出时长：_____ 打工地：_____）（-2分） D. 监护人每年外出，未对未成年人的照护事宜进行妥善安排，且无法定期回家，或长期不归，几乎不与未成年人联系（外出时长：_____ 打工地：_____）（-3分）		

续表

监护人和家庭状况部分（70分）			
一级指标	二级指标	扣分	其他备注或说明事项
（三）监护意愿和家庭教育	32. 学习监督：监护人关注未成年人的学习情况以及对其学习情况的了解程度（2分） 　A. 监护人十分关注未成年人的学习情况并清楚了解未成年人的学习状况，可以提供力所能及的学业辅导（0分） 　B. 监护人对未成年人学习情况较为关注，但不是很了解未成年人的学习状况，或几乎没有能力或时间为未成年人提供学业辅导（-1分） 　C. 监护人对未成年人的学习不关注、不了解（-2分）		
	33. 人生规划：监护人对未成年人的成长计划或发展期望（3分） 　A. 监护人对未成年人的成长、发展有较为具体的规划，预期比较理性、合乎实际（0分） 　B. 监护人对未成年人的成长、发展没有清晰的规划，但预期在合理范围之内（-1分） 　C. 监护人对未成年人的成长、发展有笼统的规划，但预期脱离实际（-2分） 　D. 监护人对未成年人的成长、发展缺乏相应的规划，不在乎其未来成长情况（-3分）		
本部分总扣分：　　　　累计剩余分数：			

附录6：

未成年人家庭监护状况评估表 3

家庭社会化程度部分（10分）			
一级指标	二级指标	扣分	其他备注或说明事项
家庭的社会化程度	34. 社会救助：未成年人家庭、监护人、共同生活成员所得到的支持、救助（4分） A. 未成年人家庭、监护人、共同生活成员目前不需要相关支持和救助（0分） B. 未成年人家庭、监护人、共同生活成员已经获得或正在申请相关支持和救助（ 最低生活保障或特困供养补助 医疗救助 教育救助 残疾人补贴 孤儿基本生活费 事实无人抚养未成年人基本生活费 其他救助补贴：＿＿＿＿＿＿）（-1分） C. 未成年人家庭、监护人、共同生活成员希望得到支持和救助，但不了解求助渠道（-2分） D. 未成年人家庭、监护人、共同生活成员安于现状，不愿寻求支持和救助（-4分）		
	35. 社区环境：未成年人家庭与所处社区组织、成员的互动情况（3分） A. 未成年人家庭及其家庭成员与社区组织、成员的关系稳定、融洽，需要时能够及时向社区寻求帮助（0分） B. 未成年人家庭及其家庭成员与社区组织、成员的关系冷淡，仅被动接受社区帮助（-1分） C. 未成年人家庭及其家庭成员几乎不与社区组织、成员进行沟通往来（-2分） D. 未成年人家庭及其家庭成员与社区组织、成员关系紧张，存在矛盾甚至冲突（-3分）		

续表

家庭社会化程度部分（10分）			
一级指标	二级指标	扣分	其他备注或说明事项
家庭的社会化程度	36. 亲属关系：未成年人家庭和其他亲属关系（3分） 　A. 未成年人家庭和其他亲属关系融洽，互相来往、帮助密切或未成年人家庭没有其他亲属（0分） 　B. 未成年人家庭和其他亲属关系冷淡，相互来往较少，或相距较远，来往不便，无法获得帮助（-2分） 　C. 未成年人家庭和其他亲属关系紧张，不愿提供帮助（-3分）		
本部分总扣分：　　　　　　（总）累计剩余分数：			

此表仅供评估未成年人家庭监护情况，仅限内部使用，禁止外传。

评估员签名＿＿＿＿＿、＿＿＿＿＿　　　　日期＿＿＿＿年＿＿＿＿月＿＿＿＿日

附录 7：

入户访谈要点记录

监护人姓名		性别		出生年月		访谈人	
谈话时间		谈话地点				记录人	
访谈参考要点如下：							
1. 监护人健康状况							
2. 监护人婚姻状况							
3. 监护人工作状况（回家频率）							
4. 监护人与未成年人的关系							
5. 监护人对未成年人的家庭教育							
6. 监护人对未成年人的未来规划							
7. 监护家庭经济状况							
8. 监护家庭与社区的关系							
9. 未成年人入学状况、未成年人在校表现							
10. 未成年人兴趣爱好、人际交往							
11. 观察未成年人、监护人（或家庭共同生活成员）精神面貌、行为表现							
12. 观察未成年人居住环境、住所社区周边环境、基础设施情况							

附录8：

走访村（居）民委员会或单位了解
监护人情况访谈要点记录

户籍所在地或住所地村（居）委员会或单位名称	（盖章）				办公电话	
访谈人、记录人					电话	
村（居）委员会或单位访谈人员姓名		性别		访谈地点	访谈时间	
监护人姓名						
监护人住址						
访谈参考要点如下：						
1. 监护人婚姻关系、家庭责任感						
2. 监护人与其他亲属间的往来情况						
3. 监护人性格、心理素质、精神状况						
4. 监护人在社区或单位表现情况、参与社区事务、公益活动情况						
5. 监护人是否存在暴力、虐待、遗弃、酗酒、吸毒等行为，是否遭受过治安管理处罚或刑罚						
6. 监护人收入状况、工作稳定程度						

附录9：

未成年人家庭监护状况评估报告

监护人基本信息					
监护人姓名		身份证号		文化程度	
		家庭地址		联系方式	
监护人姓名		身份证号		文化程度	
		家庭地址		联系方式	
评估开展情况					
评估对象基本信息					
监护状况分析					

续表

评估结论及建议
评估小组成员：   评估日期：　　年　月　日   评估机构（公章）

注：本报告一式二份，一份送达评估组织方，一份评估机构留存备查。